비전

세계문학의 숲 031
A　　　V　i　　s　　i　　o　　n

비전

윌리엄 버틀러 예이츠 지음
이철 옮김

시공사

일러두기

1. 이 책은 윌리엄 버틀러 예이츠(William Butler Yeats)의 《비전(A Vision)》을 우리말로 옮긴 것이다.
2. 번역은 1937년 맥밀런(Macmillan) 출판사에서 나온 개정판 《A Vision》을 대본으로 삼았다. 개정판은 1925년에 나온 초판의 체제와 내용을 예이츠 자신이 대폭 수정한 것이다.
3. 주는 지은이 주와 옮긴이 주를 구분하지 않고 별표(*)로 표시했으며, 머리에 〔원주〕라고 밝힌 것은 지은이 주이고 그 밖의 것은 옮긴이 주이다. 또한 지은이 주 안에서 〔 〕 괄호로 묶인 부분은 옮긴이가 설명을 덧붙인 것이다.

차례

에즈라 파운드를 위한 글 모음   7
    라팔로   9
    《비전》 서문   16
    에즈라 파운드에게   39

마이클 로바츠와 친구들 이야기:
제자들의 기록 글   45

달의 위상   75

1권 거대한 바퀴   85
    1부 주요 상징   87
    2부 바퀴에 대한 검토   102
    3부 28개 시현   129

2권 상징의 완성   221

3권 영혼의 심판   255

4권 고대 문명의 대주기   283

5권 비둘기냐 백조냐   311

모든 영혼의 밤: 에필로그   355

해설 인간과 역사의 본질을 여는 창   363
    윌리엄 버틀러 예이츠 연보   393

에즈라 파운드를
위한 글 모음

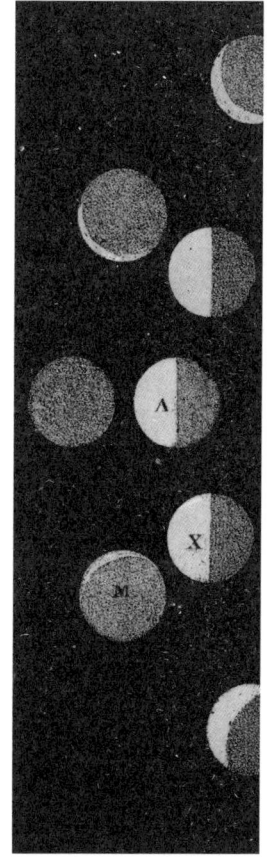

라팔로

1

사방에서 포구로 불어오는 바람을 남풍 빼고는 모두 막아주는 산들, 부드러운 안개처럼 산의 윤곽을 흐리게 하는 낮게 기는 덩굴과 키 큰 나무들의 앙상한 갈색 가지, 거울처럼 거의 움직임이 없는 바다에 비치는 집들, 2마일 정도 떨어진 곳의 동양화를 연상하게 하는 지붕 있는 베란다. 해변을 따라 흩어져 있는 부서진 자개 껍질 같은 라팔로의 가는 해안선. 〈그리스 도자기에 부치는 송시〉*에 묘사된 것 같은 작은 마을. 더블린에서 겨울을 보내거나 들뜨고 혼잡스러운 어떤 도시에서도 살 수 없는 나에게 생애에 몇 번이나 남아 있을지 모르는 겨울을 보내기에 이보다 더 좋은 곳이 어디 있으랴? 해안을 따라 난 넓은 산책길 위로는 이탈리아 농부나 노동자, 작은 가게에서 나온 사람들, 어떤 유명한 독일 극작가, 옥스퍼드 대학의 학장처럼 보이는 이발사의 형, 은퇴한 영국인 선장, 샤를마뉴 가문이지만 가

---

*영국 낭만주의 시인 존 키츠의 시. 4부에 마을 공동 제사로 마을 사람들이 모두 빠져나가 비어 있는 작은 마을이 묘사되어 있다.

진 재산은 우리와 다를 바 없는 이탈리아 왕자, 한적한 곳을 찾아온 몇몇 여행자 등이 지나다닌다. 이곳에는 요트로 가득한 큰 항구도 없고, 큰 갈색 해변도 없고, 큰 연회장도 없고, 큰 카지노도 없어서 부자들은 다른 곳에 가서 시간을 보낸다.

2

나에게 대화 상대가 없는 것은 아니다. 에즈라 파운드는 작품 경향이 나와는 정반대이고, 내가 가장 싫어하는 작품을 오히려 칭찬하는 사람인데, 만약 나와 애정으로 서로 묶이지 않았더라면 누구보다도 언쟁을 많이 했을 법한 인물로, 몇 년 동안 바닷가 옥탑방에서 살았다. 지금까지 한 시간 동안 우리는 정원으로도 쓰이는 그 옥상에 앉아서 그가 쓰고 있는 어떤 거대한 시편에 대해 토론했는데, 이미 출판된 것은 27편에 불과하다.* 파운드의 작품에는 현란하게 인쇄된 트럼프 카드처럼 킹, 퀸, 잭 같은 인물이 등장하지만, 나는 카드 패들이 왜 다른 순서로는 분배될 수 없는지 도대체 알 수가 없었다. 마침내 그는 설명하기를, 100번째 시편이 완성되면 《시편》 전체가 바흐의 푸가 같은 구조를 보여줄 거라고 했다. 정해진 플롯도 없고 사건이 연대순으로 다루어지지도 않고 이야기의 논리도 없이, 호메로스의 작품에 나오는 하계 여행과 오비디우스의 작품에 나오는 변신이라는 두 개 주제로, 여기에 중세와 근세의 역사적 인물들

*〔원주〕 지금은 49편까지 나왔다.〔에즈라 파운드의 《시편》은 최종적으로 완성된 109편과 미완성 8편이 있다—옮긴이〕

을 섞을 거라는 거였다. 그는 발자크의 소설 《미지의 걸작》에서 프렌호퍼가 니콜라 푸생에게 권하는 그림을 재생하려는 것 같았다. 그 그림이란 그저 두루뭉술하게, 튀어나오거나 모나지도 않고, 미미한 색조와 음영을 흩뿌린 듯, 지적인 사람들의 습관이라 할 수 있는 뚜렷한 윤곽 같은 것이 없었다. 파운드는 프렌호퍼가 명백히 암시하는 세잔의 그림이나 《율리시스》와 그 속에 나오는 꿈속에서 연상되는 단어와 이미지처럼 보이는 우리 시대 예술*의 특징을 담은 작품을 만들어내려 했다. 그 시에서는 어떤 요소를 두드러지게 해서 그것을 거듭 궁리하게 하는 법도 없고, 모든 요소가 시 속에 녹아들어 시 일부가 되었다. 파운드는 봉투 뒷면에다, 뭐라고 얘기해야 할지 모르겠지만 어떤 감정이나 원형적 사건을 나타내는 일련의 글자들을 끄적거렸다. 처음에는 ABCD를, 그다음에는 JKLM을 쓴 뒤 이것들을 다시 한 번 반복하고는, 이번에는 ABCD를 역으로 쓴 뒤 또 이것을 반복하고 나서, 새로운 요소 XYZ를, 그다음에는 절대 반복되지 않는 어떤 글자를, 그다음에는 XYZ와 JKLM, 그리고 ABCD 및 DCBA의 모든 가능한 조합을 쓴 뒤, 모든 글자를 빙 돌려가며 썼다. 파운드는 벽에 걸려 있는 세 부분으로 된 코시

---

*〔원주〕윈덤 루이스 씨의 비평은 우리 세대 사람들에게는 아주 설득력이 있는데, 그는 이런 종류의 예술을 《시대와 서양인》이라는 책에서 비판했다. 그는 만일 지적인 사람들의 양식과 범주를 거부하면, 예술에는 감각, 즉 "영원한 흐름"밖에 남지 않을 것이라고 주장했다. 그러나 그러한 거부는 모두 의식적 정신 앞에 멈추게 된다. 스위프트 사제[나중에 성 패트릭 성당의 수석 사제가 되었던 영국 소설가이자 수필가인 조너선 스위프트를 말한다—옮긴이]가 죽어가는 사람의 얼굴을 그리는 여인을 명상하며 얘기하고 있듯 말이다. "지혜로운 논리학자들이 말하듯 / 질료는 형상 없이 존재할 수 없고 / 나도 그들처럼 말하거니와 / 형상은 질료가 양식을 안 대주면 망한다."[스위프트의 〈미의 역정(歷程)〉 중 한 연—옮긴이]

모 투라*의 벽화 사진을 내게 보여주었다. 맨 위에는 〈사랑의 승리〉와 〈순결의 승리〉가, 중간에는 황도대 기호들이, 맨 아래쪽에는 코시모 투라 당대의 사건들이 그려져 있었다. 하계로의 여행과 변신이라는 파운드의 두 주제는—ABCD와 JKLM으로서—고정된 요소로 황도대의 자리에 있고, 원형적 인물들은—XYZ로서—맨 위에 있는 두 〈승리〉의 자리에 있고, 현대의 어떤 사건들은—반복되지 않은 글자들로서—코시모 투라 당대의 사건들 자리에 있는 것이다.

이제 한숨 돌리고 상상력을 발동해보니, 그 수학적 구조는 수학적인 것 이상이었다. 겉으로는 무관한 것처럼 보이는 세부 요소들이 합쳐져서 하나의 주제로 발전하고, 모든 색조와 색채를 그저 어설프게 엮어놓은 것처럼 보이지는 않는, 〈카멜레온의 길〉**이라는 사실을 알게 되었다. 프렌호퍼의 형편없는 그림에 나오는 섬세하게 그린 발 같은 아름다운 세부 묘사가 있는 엉뚱한 부분이 없었다면 말이다.

3

가끔 밤 열 시경에 나는 파운드를 따라 거리에 나가는데, 한편에는 호텔들이 있고 반대편에는 야자수와 바다가 있다. 거기서 파운드는 호주머니에서 뼈다귀나 고깃덩어리를 꺼내서 고양이

---

*초기 르네상스 시대인 15세기 이탈리아의 미술가.
**예이츠의 자서전 시리즈 중 1922년에 나온 《떨리는 베일》 3권의 제목.

를 부르기 시작한다. 파운드는 고양이들의 내력을 모조리 꿰고 있다. 줄무늬 고양이는 그가 먹이를 주기 전에는 해골처럼 보였다는 것, 호텔 주인이 아끼는 살진 회색 고양이는 숙박객의 식탁에서는 절대로 얻어먹지 않고 호텔 집 고양이가 아닌 놈들을 모조리 정원에서 쫓아낸다는 것, 또 이쪽 편 검은 고양이와 건너편 회색 고양이가 몇 주 전에 어떤 4층 집 지붕에서 대판 싸우다가 두 놈 모두 발톱과 털로 된 공처럼 구르며 지붕에서 떨어진 뒤 지금은 서로 멀리하고 있다는 것 등이었다. 그런데 내가 지금 그 장면을 가만히 생각해보니, 파운드는 고양이에 대해 애정이 있는 것 같지는 않다. "어떤 고양이 녀석은 배은망덕하기 짝이 없어"라고 말하는 친구가 있는데, 파운드는 카페 고양이를 돌봐주지도 않고, 또 자기가 직접 고양이를 키울 것 같지도 않다. 고양이는 괴롭힘을 당하는 동물로, 개는 무섭게 으르렁대고 아줌마는 밥도 안 주고 굶기기 일쑤며, 애들은 돌팔매질을 한다. 그리고 모두 멸시하는 말을 한다. 고양이가 인간이라면, 우리는 함께 고양이를 괴롭히는 사람들에게 폭력을 행사할지 의논할 것이며, 고양이에게 힘을 보태주고, 더나아가 억압당하는 고양이를 위한 조직을 만들고, 훌륭한 정치가가 그러하듯 자선 장터라도 열어줄 것이다. 나는 이런 관점에서 파운드의 비평문이나 그의 칭찬을 받으면서도 팔자가 사나워 세계대전 당시 불구가 되어 침대 신세를 지고 있는 작가들을 새롭게 보게 된다. 그래서 나는 파운드와 되도록 비슷하지 않은 어떤 사람을 생각하는데, 그녀는 10대 후반부터 내게 유일한 친구로 남아 있는 사람으로, 고귀한 맹목적 연민 같은 것 때문에 어처구니없이 몸이 몹시 수척해졌다. 그녀는 언젠가 내게 보낸 편지에 "나는 인간의 소소한 야심 때문에 생기는 잔인성에 대항해서 죽을 때까지 싸울 거야"라고 썼다. 이런 연민은 낭만주의 운동을 넘어 살아남은 파운드 세대와 낭만주의가 사멸하는 것을 직접 지켜보았던 나와 그녀 세대 사람들의 특징이라 할 수 있을까? 나도 역시 술잔 밑바닥에 아직도 히스테리가 몇 방울 남아 있는 혁명주의자인데 말이다.

4

나는 교회에 나가서 이곳 빌라에 사는 영국인들과 어울려볼지를 계속 생각하고 있다. 옥스퍼드에 있을 때 나는, 예배 시간에는 참석한 적이 없지만 올 소울스 교회에는 줄곧 나갔고, 《비전》의 몇 부분도 거기서 구상했다. 더블린에서는 성 패트릭 성당에 가서 앉아 있기도 했지만, 그곳은 집에서 너무 멀었다. 그리고 한번은 밀라노에서 산 탐브로조 성당을 빠져나오면서 친구에게 "이게 내 전통이야. 교회 신부들이 내 주머니를 털도록 내버려둘 수는 없지"라고 말했던 기억이 난다. 가끔은 내가 예배를 보지 못하는 것은 단지 하도 오래 교회를 안 다니다 보니 어색해서 그런 게 아닌가 하고 생각하기도 한다. 그런데 어제 바닷가 카페에 앉아 한 백 번째로 그런 생각을 하고 있었던 것 같은데, 그때 누군가 영어로 지껄이는 말이 들렸다. "새로 오신 우리 목사님은 괜찮은 것 같아. 오후 내내 성가 연습을 했는데 말이야, 찬송가를 부르다가 우리나라 국가 〈신이여 왕을 구원하소서〉를 부르고, 또 찬송가를 더 부르다가 〈그는 즐겁고 다정한 친구)*를 불렀지. 바닷가 산책로 끝에 있는 호텔에서 정말 기가 막히게 맛있는 맥주를 마시면서 말이야"라고. 나는 그런 식의 영국적 신앙심을 갖기에는 너무 활기가 없다. 그래서 그저 빈 교회나 들락거리고, 에즈라 파운드를 사귀며, 그를 찾아온 미국인 여행객들을 만나는 정도로 만족할 생각이다.

5

내 책 중 손이 많이 가거나 기계적으로 작업을 해야 하는 부분들은 모두 마쳤다. 나머지 부분은 시를 쓰다가 쉬는 시간에 짬짬이 쓸 생각이다. 눈부시게 빛나는 이 산들이 일종의 감사의 감정을 내게 채운 것이 아니라 할지라도, 틀림없이 바로 이 무거운 짐을 덜었다는 생각이 내게 교회에 참석할 마음을 들게 했을 것이다. 데카르트가 처음으로 철학적 발견을 한 것이 어떤 성모 마리아 성당을 순례할 때였듯이, 라팔로에서 조알리로 난 산길은 내 마음속에 있는 어떤 것, 내가 발견한 그 어떤 것처럼 보인다.

1928년 3월과 10월

*은퇴나 승진, 생일, 출생, 운동 경기에서 이겼을 때 부르는 노래.

《비전》 서문

"언제 나올지 모르는 책에 대한 서문을 먼저 발행하는 방식은 완전히 새로운 것이거나, 아니면 나의 빈약한 독서로는 알 수 없지만 이미 오래전부터 실제로 행해지는 일이다."

—스위프트

1

요전 날 그레고리 여사*가 내게 "당신은 10년 전보다 훨씬 유식해졌고 논리에는 힘이 생겼네요"라고 말했다. 그래서 내 시에 침착성과 힘이 생겼다는 증거로 시집《탑》과《나선 계단》을 내놓았다. 나의 이런 변화는 어떤 믿기 어려운 경험에 의존하고 있다.

*예이츠를 지원하며 아일랜드 문예부흥운동을 이끌었던 인물.

2

우리가 결혼한 지 나흘째 되는 날인 1917년 10월 24일 오후에 아내는 자동기술(automatic writing)을 시도해서 나를 놀라게 했다. 의미가 연결되지 않는 문장들로 이루어진 거의 이해할 수 없는 그 글은 아주 흥미롭고 가끔은 심오한 것으로 보여서, 나는 우리가 자동기술을 하게 하는 그 미지의 작가에게 매일 한두 시간씩 할애하자고 아내를 설득했다. 그런 식으로 약 여섯 시간을 보내고 난 뒤, 그 띄엄띄엄 흩어진 문장들을 맞추고 해석해내는 데 우리의 남은 생애를 보내겠다고 그 작가에게 제안했다. 그의 대답은 "아니, 우리*는 당신에게 시를 위한 메타포를 주러 왔소"였다. 그는 얘기의 주제를 최근에 출간된 《상냥하고 조용한 달빛 속에서》**라는 내 글에서 가져왔다. 나는 인간이 자신과의 싸움에서 얻는 완성과, 환경과의 싸움에서 얻는 완성을 구분했다. 또 이 단순한 구분에 근거하여 미지의 작가는 인간들이 이런저런 유형으로 자신을 다소 확실히 표현하는 정도에 따라 인간을 면밀하게 분류했다. 그는 자신의 이러한 분류를 일련의 기하학적 상징으로 뒷받침하고 이 상징들을 체계화하여, 내가 어떤 글에서 제기했던 의문, 즉 어떤 예언자는 나폴레옹이나 그리스도 같은 인물의 탄생일을 꼭 집어 얘기할 수 있지 않을까 하는 의문에 대한 해답을 주었다. 내 아내나 나에게 생소한 이 상징체계는 언어로 표현되기를 기다렸던 것

---

*예이츠 부부에게 자동기술을 하도록 만드는 영적 존재들로, 이들은 '교신자', '작가' 혹은 '선생' 등으로 지칭되는데, 단수로 표현되기도 하고 복수로 표현되기도 한다.
**이 제목은 베르길리우스의 《아이네이스》 2권에서 따온 것이다.

이 분명한데, 그 작업이 얼마나 걸릴 것인지를 묻자 몇 년이 걸릴 거라는 대답이 왔다. 가끔 이 작업을 처음 시작했던 때를 떠올려보면, 나는 브라우닝이 비잔티움 선생의 요청에 따라 자기 정신의 역사를 기록하고 나서야 그의 〈파라셀수스〉*가 신비로움을 얻을 수 있었고, 또 입문하기 전에 빌헬름 마이스터가 다른 사람이 자신에 관해 쓴 기록을 상기했던 것처럼 그 정신사의 기록들과 나의 책 《상냥하고 조용한 달빛 속에서》를 비교하게 된다.

3

자동기술이 시작되었을 때 우리는 애시다운 숲 가장자리에 있는 호텔에 있었지만, 곧 아일랜드로 돌아와 1918년 한 해의 많은 시간을 글렌달로프와 로시스 포인트, 쿨 파크, 그 근처의 집, 밸릴리 탑** 등에서 언제나 조금 고적하게 지냈다. 아내는 거의 온종일 그 지루한 일을 하느라 지쳐 있었으며, 나 또한 다른 것을 생각하거나 얘기할 겨를이 없었다. 1919년 초, 당시의 교신자—이들은 끊임없이 바뀌었다—는 교신 방법을, 쓰는 방식에서 말하는 방식으로 바꿀 것이라고 말했는데, 이 방식이 아내를 덜 지치게 할 것이라고 했지만, 몇 달 동안 그 방식은

---

*19세기 영국 시인 브라우닝의 시로, 파라셀수스의 지적인 야망과 파멸을 소재로 하고 있다. 파라셀수스는 16세기 르네상스 시대의 의사, 식물학자, 연금술사, 점성술사이며, 신비주의자로서 최초로 식물학 체계를 세운 사람으로도 알려져 있다.
**예이츠 부부가 아일랜드 정부로부터 사들인 고탑. 여기서 예이츠 후기 시의 중요한 부분들이 구상되었다.

바뀌지 않았다. 변화가 생긴 것은 밸릴리 탑의 지붕 수리 비용을 벌기 위해 내가 미국에서 강연 여행을 하고 있을 때였다. 그때 우리 부부는 침대가 두 개 있는 열차 침대칸을 타고 남부 캘리포니아 어딘가를 지나고 있었다. 잠든 지 몇 분이 지나서 아내는 잠을 자면서 얘기를 시작했고, 그 뒤로 모든 교신은 그런 식으로 이루어졌다. 나의 선생들은 아내의 수면 상태에서 얘기한다기보다 마치 물결 같은 잠을 타고 그 위에 떠서 얘기하고 있는 듯이 보였다. 아내가 잠들기 전에 우연히 내뱉은 단어는 가끔은 꿈을 촉발하여 마치 아래에서 올라오는 것처럼 교신에 끼어들어 방해하고 교신을 압도했는데, 아내가 우유를 핥아 먹는 고양이가 되거나 몸을 웅크리고 말없이 잠든 고양이가 되는 꿈을 꿀 때도 그런 경우였다. 매일 밤 아내가 고양이가 되는 일이 반복되자, 나는 아이를 즐겁게 하려고 강아지 흉내를 낼 때처럼 짖는 소리를 내서 그 고양이를 쫓아보려 했다. 아내는 부들부들 떨며 잠에서 깨어났는데, 그녀가 받은 충격이 너무도 커서 나는 다시는 감히 그런 짓을 할 엄두를 내지 못했다. 그러므로 분명한 것은, 교신자의 판단력은 깨어 있지만 아내의 판단력은 잠든 상태라는 점, 아내는 그 소리가 나타내는 내용은 감지하지만 소리 자체는 감지하지 못한다는 사실이다.

4

신호를 받을 때마다(그것이 무엇인지는 나중에 설명하겠다) 나는 종이와 연필을 준비했다. 아내가 의자에 앉아 있을 때 갑자기 교신자들이 아내를 무아지경에 빠지게 한 일이 있고서, 나는 그들이 아내를 잠들게 하기 전에 침대에 누워 있으라고 했다. 교신자들은 우리 부부가 어떤 상황에 있는지 모르기 때문에 난처한 때나 장소에 찾아오기도 했다. 한번은 레스토랑에 있을 때 그들이 신호를 보내왔는데, 우리가 정원에 관한 얘기를 하고 있었기 때문에 정원에 있는 줄 알았다는 것이다. 새로운 주제를 시작해서 교신자들이 아무런 질문을 받지 않은 채 문장을 열 개 남짓 말하거나 질문할 때를 제외하고는 언제나 내가 질문을 던져야 했고, 또 모든 질문은 이전 대답에서 나왔으며, 그들이 선택한 주제를 다루게 돼 있었다. 내 질문은 정확한 말로 표현해야 했고, 그들의 말에 따르면 그들이 생각하는 시간은 우리가 생각하는 시간보다 빨라서 나는 지체하거나 머뭇거리는 일이 없이 곧바로 질문을 던져야 했다. 질문이 모호하고 애매하다는 이유로 나는 늘 질책을 받았지만, 어쩔 도리가 없었다. 애초부터 그들의 설명은 단일한 기하학적 개념에 기초하고 있다는 것이 명백했지만, 그들은 내가 그 개념을 완전히 습득할 수 없게 만들고 있었기 때문이다. 나의 관심이 최고조에 이르거나, 내가 이내 알아차렸듯이 모든 것이 문서로 만들어질 때까지 유보하기로 한 어떤 것이 다음 날이면 분명히 드러날 것처럼 보일 때면, 언제나 그들은 이리저리 태도를 바꾸었다. 1917년 11월은 28개의 기본 시현(示現) 혹은 28상(相)과 '네 기능'의 작용에 대한 설명으로 시간을 보냈고, 12월 6일에는 원뿔 혹은 가이어*가 그려지고 이를 사후 영혼 심판과 연

---

*두 개의 원뿔이 맞물리는 그림으로 예이츠는 이것으로 각 인간의 성격과 역사의 변화를 설명했다.

관 지어 설명했다. 그리고 환생과 심판은 동일하게 서로 맞물려 반대 방향으로 회전하는 원뿔 혹은 가이어를 암시한다는 점을 발견하자마자 그런 원뿔 두 개가 그려졌고, 심판도 환생도 아닌 유럽의 역사와 연관 지어 설명되었다. 1918년 7월 초에 교신자들은 처음으로 유럽사에 관한 상징적 도표를 작성하고 그 위에다 주요한 전환점이 된 해들을 표시했는데, 이것은 슈펭글러의 《서구의 몰락》이 독일어 초판으로 출판되기 며칠 전 일이었다. 슈펭글러의 책은 나의 것과는 다른 철학적 기초를 가지고 있지만, 나와 똑같은 역사적 전환점을 제시하고 똑같은 총체적 결론을 내리고 있다. 그 뒤에 교신자들은 영혼의 심판이라는 문제로 돌아갔다. 내가 생각하기로 교신자들이 그토록 주제를 자주 바꾸는 이유는, 내가 그들 개념의 핵심을 간파하면 참을성과 호기심을 잃어버리고 그들이 개념을 실제에 적용하는 것들을 따라가는 대신 성급하게 실제에 적용하고 싶어 할 것이기 때문이다. 언젠가 한번 그들은 이미 거의 충분히 설명한 환생에 관한 얘기를 제외하고는 그 체계의 어떤 부분에 대해서도 얘기하지 말라고 했다. 그렇게 할 경우 내 말을 들은 사람들은 또 다른 사람들에게 얘기할 것이며, 그러면 교신자들은 잘못 전달된 생각을 그들의 원래 생각인 것처럼 오해할 수 있기 때문이다.

5

마찬가지 이유로 교신자들은 설명을 끝낼 때까지는 철학책을 읽지 말라고 요구했다. 이것 때문에 어려움이 가중되었다. 플라톤의 두세 개 주요 대화록을 빼놓고 내가 아는 철학은 없었다. 아버지의 철학적 신념은 윌리엄 해밀턴 경에 대한 존 스튜어트 밀의 비판*에 기초했는데, 그런 아버지와의 논쟁 때문에 나는 자신감을 상실하고 사색하는 대신 신비주의에 직접적으로 빠져들게 되었다. 나는 한때 블레이크의 난해한 미완성 예언서까지 철저히 읽었고, 스베덴보리와 뵈메**의 책을 읽었으며, '연금술 모임'에 입문하여 내 머리를 온통 카발라 신비 철학 이미지들로 채웠지만, 블레이크나 스베덴보리, 뵈메, 혹은 카발라 철학은 이때 아무 도움도 되지 못했다. 그러나 교신자들은 내가 그들의 역사 논리를 따라 역사를 읽고 그들이 제시한 28개 환생에 연관해 사람의 전기를 읽게 해서, 내가 그들의 추상적인 생각을 구체적으로 표현할 수 있게 했다. 나는 그들의 지식을 토대로 소년 시절 이래로 잊어버렸던 흥분을 모처럼 느끼며 책을 읽으면서 끊임없는 발견을 했다. 그리고 내 정신이 너무 일찍 그들의 순수한 추상의 세계로 돌아가면, 그들은 "우리는 허기가 진다"라고 말하곤 했다.

---

*1863년에 나온 밀의 저서 《해밀턴 철학의 검토》에 관한 언급이다.
**윌리엄 블레이크는 영국의 시인으로 신비주의적 성향이 강했고, 스베덴보리는 18세기 스웨덴의 철학자이자 신비주의자이며, 야콥 뵈메 역시 17세기 초 독일의 신비주의자이자 신학자이다.

6

교신자들이 설명했듯이 그 일은 아주 빨리 끝내야 했는데, 그들이 '훼방꾼'이라고 이름 붙인 다른 존재들이 우리를 혼란스럽게 하거나 시간을 뺏으려고 했기 때문이다. 이 '훼방꾼'이 누구이며 왜 그렇게 행동했는지는 적절하게 설명된 적이 없으며, (이 책의 3권인) 〈영혼의 심판〉을 끝내기 전에는 계속 그럴 것이다. 그들은 언제나 기발하고 이따금 잔인하기도 했다. 자동기술은 질이 떨어지거나 감상적이 되거나 뒤죽박죽이 되기도 했는데, 내가 이 점을 지적하면 교신자는 "모일 모시로부터 모든 것이 실패로 돌아가리라"라고 말하곤 했다. 내가 원고를 펼쳐놓으면 교신자는 그것을 모두 죽죽 줄을 그어 지워버리고 처음 대답으로 되돌아가기도 했지만, 내가 실패를 예견하지 않았더라면 그는 아무 말도 하지 않았을 것이다. 교신을 가능하게 한 조건의 일부인 어떤 상황에 교신자가 제약을 받고 있었던 것일까, 그 상황 자체가 교신의 일부분이었을까, 내가 질문을 하기 전에는 그의 의견이 정해지지 않았던 것일까? 유일하게 한 번 그는 규칙을 깨고, 질문을 기다리는 대신 약 사나흘 동안 일이 잘 안 될 것이라고 선언했다. 그의 선임 교신자는 나를 돕고자 기하학적 상징이 창안된 것으로 묘사했지만 그 상징을 싫어하는 것처럼 보였고, 또 다른 교신자는 내가 상징을 사용하여 그들의 사상을 기계적인 것으로 만든다고 불평했는데, 의심할 여지가 없는 한 '훼방꾼'은 사후 영혼의 상태를 회전 작업대 위에서 돌릴 수 있는 기하학적 모델로 묘사하면서 나의 약점을 가지고 놀았다. 이들이 화를 내며 갑작스럽게 끼어드는 것은, 우리가 종종 악몽을 벗어날 수 있듯이, 자신의 의지만 충분히 강하면 벗어날 수 있는 악몽에 시달리는 정신을 연상하게 했다. 인간의 모든 성과는 자신의 진정한 자아와 정반대되는 것과의 갈등에서 나온다는 점을 확인하게 해주려는 목적의 일부였다. 교신 자체가 그런 갈등이었던가? 그들의 꿈에서 내가 어떤 역할을 할지 결정하는 것이 나에게 달린 것처럼 한 교신자는 "우리가 할 수 있다면 그대를 속일 거라는 점을 기억하게"라고 말했다. 반면에 그들은 마치 산 사람처럼 보였고, 산 사람이 관심을 기울이는 데 관심을 쏟았다. 우리가 옥스퍼드에서 겨울을 보내고 있을 때, 정원에서 우는 올빼미 울음소리를 들을 수 있도록 잠시 조용히 있자고 하며, 어떤 교신자가 "저런 울음소리를 들으면 참 즐겁단 말이야"라고 말했던 것처럼 말이다. 그러나 몇 번 교신에 실패하자 우리는 어쩔 줄 몰랐다. 교신이 끝나기 약 6개월 전에 한 교신자는 새로운 철학 분야를 설명할 것이라고 통보하고는, "제발 아무것도 받아 적지 말게. 모두 다 끝나면 요약된 내용을 불러줄 테니"라고 덧붙이는 듯했다. 내 생각으로는 그 교신자는 세 달 동안 거의 밤마다 말을 걸었다. 그래서 마침내 나는 "기록을 하게 해주시오. 모두 머릿속에 기억할 수가 없소"라고 부탁했다. 그는 내가 그동안 아무것도 받아 적지 않았다는 사실을 알고는 황당해했고, 내가 그 목소리에 대해 얘기하자, 일이 실패로 돌아갔으며 자기는 요약해줄 수 없다고 말했다. 그들은 생각이 방해를 받으면 다시 거론할 적절한 기회를 반드시 찾으며, 가끔 실제로 일어날 사건들을 예언하기도 하지만, 그 일이 일어날 시간은 예측하지 못한다는 점을 나는 이미 간파하고 있었다. 나중에도 여전히 교신자가 꿈을 통해 말을 하지 못하게 되면, 실패는—앞으로 알게 되겠지만—더욱 참담했다.

7

잠자는 동안 행하는 자동기술과 발언은 이상한 현상들로 예시되거나 그런 현상이 동반되었다. 옥스퍼드 근처 마을에 머물 때 우리는 이틀 혹은 사흘 밤 연속으로 같은 길 한쪽 구석 바닥에서 느닷없이 올라오는 따뜻한 김 같은 것을 접했다. 어느 날 밤 나는 그 얘기가 아내 생애의 어떤 사건을 오해하게 할지 모른다는 사실을 망각한 채, 아내에게 어떤 러시아 신비주의자에 관한 얘기를 막 하는 참이었는데, 갑자기 번쩍하는 빛이 우리 사이에 떨어져서, 의자인지 탁자인지를 강하게 내리쳤다. 그러고 나서 휘파람 소리도 여러 번 났는데, 보통 휘파람 소리는 아내가 자고 있을 때 어떤 교신자가 올 것이라는 예고였다. 처음에 나는 이 휘파람 소리를 아내가 자기도 모르게 내는 소리라고 생각하려 했었다. 그런데 한번은 내가 듣는 휘파람 소리를 아내는 듣지 못하는 상태에서, 아내는 마치 자신이 휘파람을 부는 것처럼 자기 양 입술 사이로 숨결이 지나가는 것을 느꼈다고 했다. 나는 집 다른 곳에 있던 일꾼들 사이에 '휘파람 부는 유령' 때문에 소동이 났을 때 이런 설명을 할 수가 없었고, 그래서 교신자들에게 다른 신호를 택할 것을 요청했다. 가장 지속적으로 나타난 현상은 달콤한 향기였는데, 어떤 때는 향을 피우는 냄새가 나고 또 어떤 때는 제비꽃이나 장미꽃 혹은 다른 꽃향기가 났다. 언젠가 아내가 히아신스 향기를 맡았을 때 어떤 친구가 오드콜론 향을 맡은 경우를 제외하고는, 우리 부부뿐만 아니라 친구 대여섯 명도 향을 똑같이 느꼈다. 우리 아들이 태어났을 때는 장미 향기가 온 집 안에 진동했고, 그 향기는 거기에 있던 의사와 나와 아내가 모두 맡았다. 물어보지는 않았지만 간호사와 일꾼도 모두 틀림없이 맡았을 것이다. 그런 향기는 나와 아내가 문을 통과하거나 밀폐된 좁은 장소에 있을 때 찾아오는 일이 가장 잦았지만, 가끔은 내 호주머니나 심지어 손바닥에서 나기도 했다. 우리가 글래스턴베리로 가는 길에 내가 호주머니에서 두 손을 뺐을 때 손에서 아주 강한 향내가 났다. 손을 내밀어 아내에게 맡아보라고 했더니, 아내는 "아마도 글래스턴베리 산사나무 꽃향기일 것"이라고 말했다. 나는 왜 그런 향내가 나는지 이유를 알 수 없었고, 또 왜 그때그때마다 특정 향이 나는지 알 수 없었지만, 가끔은 이미 언급한 어떤 것에 대한 긍정의 신호로 나타났다. 한번은 머지않아 은퇴하면 옛 경전에 통달한 노인들이 있는 마을에 가서 살려고 마음을 정한 어떤 늙은 벼슬아치의 얘기를 담은 중국 시를 내가 얘기했을 때, 대기가 갑자기 제비꽃 향기로 가득 찼다. 그날 밤 어떤 교신자가 설명해준 바로는, 그런 곳에서 인간은 격정의 '사슬'을 피할 수 있는데, 이 사슬은 '존재의 통합'을 방해하는 것이며, 이승과 저승 사이에서든 내세에서든 반드시 풀어야 할 것이다. (바로 그런 마을을 내가 여기 라팔로에서 발견하지 않았던가? 에즈라 파운드가 그렇게 나이 든 사람은 아니지만, 함께 귀도 카발칸티*에 대해 논할 수 있고 말다툼은 조금만 하니까 말이다.)

가끔 내가 병이 들면 송진 같은 싸한 냄새가 온 방에 진동했고, 아주 드물기는 했지만 가끔 아주 고약한 냄새가 났다. 이런 냄새는 종종 있는 일종의 경고였다. 고양이 배설물 냄새는 집에서 쫓아내야 할 존재가 있다는 표시이고, 막 꺼진 촛불 냄새는 교신자들이 '허기졌다'는 표시였다. 아들이 태어난 지 얼마 되지 않아 내가 집에 돌아오니 아내가 "마이클이 아파요"라는 말로 나를 맞았다. 나는 아내와 의사가 숨겼던 것을 새털 태우는 냄새로 이미 눈치채고 있었다. 정규 교신의 끝이 다가오고 나의 연구와 정리 작업이 시작되었을 때, 나는 곧 '훼방꾼'이 나와 우리 아이들의 건강을 공격할 거라는 얘기를 들었다. 그런데 어느 날 오후, 나는 새털 태우는 냄새 때문에 우리 아이 중 하나가 세 시간이 못 되어 병이 들 거라는 걸 알고는, 자제심을 잃고 중세 사람들이 주술에 대해 느꼈을 법한 어쩔 도리 없는 공포감을 느꼈다. 나는 자연적인 냄새와 초자연적인 냄새를 분명하게 구별할 수 없었지만, 단지 차이라면 자연적인 냄새는 서서히 나타났다가 서서히 사라지는 데 반해, 초자연적인 냄새는 갑자기 특정 시간과 장소에 나타났다가 갑자기 사라진다는 것이었다. 그러나 다른 현상들도 있었다. 가끔 교신자들은 아내의 귀에만 들리는 작은 종소리로 내 생각에 반응하기도 했다. 한번은 오후 같은 시간에 아내는 밸릴리 탑에 있고 나는 쿨 파크에 있을 때, 두 사람이 동시에 서너 개 음조가 있는 작은 피리 소리를 들었다. 또 내가 한밤중에 터질 듯한 음악 소리를 들은 적도 있다. 글과 잠을 통한 정규 교신이 끝났을 때, 때

*13세기 후반 이탈리아의 시인, 철학자.

때로 교신자들은 단어로, 또는 온전한 문장을 갖추어 말했다. 내가 아내에게 구술하고 있던 때 같은데, 문장 쓰는 걸 반대하는 어떤 목소리가 들렸지만, 휘파람 소리가 어디서 나는지 알 수 없었듯이, 그 목소리가 어디서 오는지 알 수 없었다. 그 목소리가 아내의 개성을 통해 나온 것이라는 점은 확신하지만 말이다. 한번은 우리 부부와 함께 식사한 적이 있는 한 일본인이, 교육받은 많은 일본인이 열광해마지않는 톨스토이의 철학을 말했을 때, 나는 강력하게 반대 의견을 표시했다. 나는 "동양이 무력으로 서양에 맞서는 것은 미친 짓이에요"라는 말과 그런 내용을 담은 얘기를 덧붙였다. 그 일본인이 가고 나서 "당신은 우리가 말하고 싶어 하는 것을 대신 말해주었소"라는 크고 또렷한 목소리가 들렸다. 그때 나는 과장되고 허황된 얘기를 한 것을 자책했다. 방의 다른 쪽 끝에서 편지를 쓰던 아내는 아무 소리도 듣지 못했지만, 편지와는 아무런 연관성도 없는 이 말을 편지에 썼다는 사실을 발견했다. 가끔 아내는 환영을 보았는데, 우리 아들이 태어나기 직전에는 커다란 까만 새와 16세기 말과 17세기 말 의상을 입은 사람들도 보았다. 한층 더 이상한 현상이 있었지만, 그것에 대해서는 당분간 입을 다물고 싶다. 그 현상들은 너무 믿을 수가 없어서 얘기하자면 긴 설명과 논의가 필요하기 때문이다.

8

아내가 자는 동안 이루어지는 교신자들의 설명은 1920년에 끝났고, 그래서 나는 약 50권에 달하는 자동기술 기록과, 그보다 수는 훨씬 적지만 잠잘 때 일어났던 일들을 기록한 공책을 철저히 검토하기 시작했다. 글로 쓰인 것만큼 많은 얘기가 수면 중에 말로 나타난 것은 분명하지만, 단지 그 내용을 요약할 수밖에 없었고 또 훼방 때문에 많은 얘기가 소실되었다. 나는 이미 커다란 원고에 작은 용어 색인을 만들어놓았는데, 이제는 그것을 훨씬 크게 만들어 카드 색인처럼 정리했다. 그러고 나서, 내가 능숙해진 것은 28상과 역사 체계밖에 없었지만, 반드시 글로 써야만 한다는, 익었지만 썩기 이전의 순간을—그들은 나무에서 떨어지기 직전이나 막 땅에 떨어진 사과 비유를 들었다—포착해야만 한다는 지시를 들었다. 내가 정리를 시작할 때 그들은 줄곧 신호를 보내 거들어주거나 나와 뜻을 같이 한다는 점을 보여주었다. 가끔 글쓰기를 멈추고 한 손을 다른 손 위에 포개면 내 손에서 제비꽃이나 장미꽃 향기가 났다. 가끔은 내가 찾는 진리가 꿈속에서 나를 찾아왔으며, 내가—소년 시절부터 겪은 일이지만—마음속에서나 종이 위에서 어떤 문장을 만들고 있을 때 제지당하는 느낌을 받았다. 《비전》*이 나오고 몇 주 뒤 1926년에 슈펭글러의 책 영문판이 나왔을 때, 나에게 교시되었던 역사적 시점뿐만 아니라 나의 독자적인 작업이라고 생각했던 비유와 상징이 모두 그의 것과 같다는 사실을 발견했다. 슈펭글러와 나는 둘 다 그리스 조각상의 아무것도 그려져 있지 않거나 채색된 눈동자와 로마 조각상의 구멍 뚫린 눈동자를 비교함으로써, 그리스와 로마 사상의 차이를 상

---

*〔원주〕 1925년 워너 로리 출판사에서 초판이 출간되었다.

징화했다. 또 둘은 맨 몸통 위에 나사로 박아놓은 자연주의적 초상 머리를 로마의 성격을 담은 예로 보았고, 비록 슈펭글러 자신이나 그의 번역가들이 나의 "기적을 응시하며"라는 표현보다 "무한을 응시하며"라는 표현을 더 좋아하기는 했지만, 비잔티움 조각상의 새 눈처럼 둥근 눈 속에서 똑같은 의미를 발견했던 것이다. 나는 슈펭글러와 나 사이의 공통적인 바탕이나 연결점을 찾을 수 없었다.

> 내 책상 주위에서 왔다 갔다 하는
> 원초적 존재들

을 통하지 않고는 말이다.

9

이 책《비전》의 초판은, 28상에 관한 부분과 수정 없이 그대로 다시 실은 〈비둘기냐 백조냐〉 부분을 제외하고는, 나를 아주 부끄럽게 한다. 나는 기하학을 잘못 해석했었고, 철학에 대한 무지 때문에 체계 전체의 일관성이 기초하고 있는 차이점들을 이해하지 못했었다. 그리고 아내는 자신이 이 책을 함께 만든 사실이 알려지는 것을 싫어했고, 그래서 내가 유일한 저자처럼 되었기 때문에, 부자연스럽기 짝이 없는 아라비아 여행자 얘기를 만들어냈던 것이다. 이 얘기 없이는 이해할 수 없을 여섯 편의 시를 쓸 만큼 나는 어리석었기 때문에, 나중에 수정해서 제자리를 찾아주어야겠다.*

10

이 책의 교정지가 도착했을 때 나는 철학 서적을 읽지 않겠다는 약속에서 벗어난 것처럼 느껴져서, 조지 버클리 책부터 읽기 시작했다. 아주 위험한 삶을 살았던 어떤 젊은 혁명군이 "인간에게 필요한 철학은 모두 버클리 속에 있어요"라고 말했고, 내가 그 문장을 인용하는 것을 듣고 레녹스 로빈슨이 더블린 부두에서 버클리의 헌책 한 권을 사주었기 때문이다. 그리고 나는 아내가 전에 읽었던 작품 목록을 만들었는데, 여기에는 빌헬름 분트의 책 두세 권, 헤겔의 《논리학》 일부, 토머스 테일러의 《플로티노스》 책 전부와, 피코 델라 미란돌라의 라틴어 작품, 그리고 중세 신비주의에 관한 아주 많은 책이 있었다. 피코의 책은 그냥 넘어가야 했는데, 나는 학교 다닐 때 배웠던 라틴어를 다 잊어먹고, 아내도 나와 결혼할 때 짐을 줄인다는 이유로 번역본을 태워버렸기 때문이다. 나는 교신자들이 아내나 나의 기억에 의존하지 않는다는 것을 알았기 때문에, 그들이 얘기하는 내용이 아내가 읽었던 책 내용을 반복한다고 생각하지 않았다. 그 대신 그들의 상징적 기하학을 자세히 설명할 수 있는 어떤 것을 어디에선가 찾기를 기대했다. 그들이 내 책 《상냥하고 조용한 달빛 속에서》를 이용했던 것처럼 말이다. 플로

*[원주] 〈마이클 로바츠와 친구들〉 이야기가 수정된 이야기이다.

티노스는 매케너의 견줄 데 없이 훌륭한 번역으로 읽었는데, 그중 일부는 여러 번 읽었다. 그리고 아내의 독서 목록에 있든 없든 플로티노스의 선배 철학자와 후배 철학자의 작품을 읽었다. 지난 4년 동안 나는 그 밖의 다른 책은 전혀 읽지 않고, 다만 밤에 머리를 식히려고 가끔 절도와 살인 이야기를 읽었을 뿐이다. 독서를 더 많이 할수록 교시받았던 내용을 더 잘 이해할 수 있었지만, 그들의 기하학적 상징이나 그것에 영감을 준 그 어떤 것도 엠페도클레스의 소용돌이를 제외하고는 찾을 수가 없었다.

11

칸에서 일이 생기지 않았다면, 철학책을 이삼 년은 더 읽었을 것이다. 나는 폐렴과 신경쇠약을 앓았다. 조금 회복되다가도 다시 병이 도져서 대부분의 시간을 침대에 누운 채, 나선형으로 점점 작아지는 원을 생각하며 지냈다. 두 달 전에 알헤시라스에서는 항구까지 2마일을 걷고, 한 달 전에는 칸에서 항구까지 1마일을 걸었지만, 이제는 200야드도 버겁다는 생각이 들었다. 나의 산책 반경은 다시 넓어지기 시작했다. 어느 날 오후 다섯 시 십오 분 전에 산책에서 막 돌아왔을 때 아내가 방문을 잠그는 소리를 들었다. 아내는 흐리멍덩한 눈으로 몽유병 증세를 보이며 연결된 문을 지나서 소파에 가 누웠다. 교신자의 말이 시작되자마자 누군가가 아내의 방으로 들어가려 하는 소리가 들렸고, 간호사가 매일 오후 다섯 시에 우리 딸을 그리로 데려온다는 사실을 기억했다. 아내는 그 소리에 반쯤 깨어나 일어나려 하다가 넘어졌다. 아내는 간호사와 딸에게 자신의 당황스러움은 감출 수 있었지만, 그것 때문에 받은 충격으로 고생을 했다. 다음 날에도 교신자는 왔지만 좀 늦게 나타났고, 여러 가지 다른 말로 "이 시간에는 아무도 안 오니까 다시는 그런 일이 안 일어날 거요"라는 얘기를 그저 되풀이할 따름이었다. 그 뒤 매일매일 내가 써놓았던 것에 대해 논의했다. 아내의 흥미는 음악적이고 문학적이며 실질적이어서, 말투를 제외하고는 내가 구술하는 것에 대해 절대 논평하지 않았다. 또 사소한 오류 때문에 새삼 피로해지면, 자동기술 문서를 수정하지 않았던 것처럼, 그것도 수정하지 않았다. 그러나 교신자는 아내가 알든 모르든 상관없이 오류를 참지 못했다. 교신자는 내가 철학을 공부하는 것도 참지 못했다. 내가 쓴 글을 두고서라기보다 그의 용어가 아닌 것에 대해 질문하면서 끼어들 때 몹시 화를 냈다. 이것 때문에 언쟁이 일어났고, 내가 알기로 이 언쟁은 거의 언제나 가장 명료한 진술을 만들어냈다. 이 언쟁은 자존심 때문에 생긴 것처럼 보이는데, 자존심은 간신히 지킬 수 있기 때문에 흥분하면 옳지 못한 상태에 이른다. 그는 변명하듯이 "우리가 최선을 다하지 못할 때 당신에게서 잘못된 추론을 받아들이지 않을까 늘 걱정이오"라고 말했다. 4년 동안 한두 문장 이상 긴 교신이 없던 터라 그들이 내가 단지 개요만 아는 것을 아주 미미한 세부까지 얼마나 완벽하게 터득하고 있고 또 얼마나 자신감에 차 있고 지배적인지를 나는 반쯤 잊고 있었다. 때때로 그들은 단순한 전달자에 불과한 것처럼 보였다. 그들은 자기들을 그리로 오게 한 관념밖에 모르거나, 그것을 완전히 잊어버려 자기들을 보낸 존재에 대해서 언급할 수밖에 없기도 했다. 그러나 이제 시간이 지나자 교신자들은 그들의 용어로 '기능'이라고 부르는 것과 '원리'라고 부르는 것을 구분하고, 경험과 계시, 오성과 이성, 고등한 정신과 열등한 정신 등을 구분했다. 이 구분은 부처 시대부터 성인과 철학자를 사로잡았던 것이다.

12

나는 아내가 아주 일상적 꿈을 꾸며 띄엄띄엄 잠꼬대하는 가운데, 그 철학적 목소리들의 특징인 궤변을 들었다. 가끔 그 철학적 목소리 자체는 모호해지거나 시시해지거나 아니면 다른 방식으로 꿈을 상기하게 한다. 더구나 그들의 원칙은 그 유사성을 확인해주었는데, 그도 그럴 것이 교신을 시작한 첫 달에 한 교신자는 "우리는 종종 창조된 형상에 불과하다"라고 말하고, 또 다른 교신자는 영혼들은 인간에게 진실을 말해주는 대신 운명의 위기와 같은 조건을 형성한다고 했으며, 인간은 자신의 '다이몬'*에게 귀를 기울이지 않을 수 없다고 말했기 때문이다. 그리고 거듭거듭 그들은 전체 체계는 아내의 다이몬과 나의 다이몬이 창조한 것이며, 그 체계는 자신들에게도 놀라운 일이라고 역설했다. 그들은 '영혼들' 자체는 '객관적' 존재이자 비친 그림자, 왜곡된 형태라고 했다. 또한 본질 자체는 그들이 삼

*예이츠가 말하는 인간의 궁극적 자아.

위일체의 3위를 높여 부른 이름인 '성령' 자체에 있는 다이몬에 의해 발견된다고 했다. 또 축복받은 영혼들은 모든 존재에게 공통된 자아 속에서 찾아야만 한다고도 했다.

  그동안 일어나거나 언급되었던 많은 사실로 미루어볼 때, 교신자들은 아내와 나, 또 가끔은 다른 사람들이 공유하는 꿈의 존재였다는 점을 암시한다. 내가 언젠가는 입증하겠지만, 그들은 지식의 변화나 힘의 상실 없이 다른 존재를 통해 말하는데, 그 꿈은 소리나 환상, 냄새, 번쩍이는 빛, 외부 사물의 움직임으로 객관적 모습을 띨 수도 있다. 내가 지금은 논할 수 없는 이유로 나는 그 설명을 부분적으로 받아들이며 또 부분적으로 거부한다. 살아 있는 존재와 죽은 존재 사이의 영적 교섭을 긍정하면서, 나는 스베덴보리가 천국의 상태와 죽음 사이에 있는 모든 존재를 형성력 있고, 환상적이며 기만적인 우리 꿈의 등장인물이라고 묘사했던 사실을 기억한다. 또한 코르넬리우스 아그리파*가 오르페우스는 다음의 말을 했다고 한 것을 기억한다. "플루토의 문은 절대 열릴 수 없는데, 그 안에 꿈의 사람들이 있기 때문이다." 내가 그들에 대해 얘기할 내용은 3권 〈영혼의 심판〉**에 있다. 그런데 그 부분은 나의 부족함과 아내의 누적돼가는 피로감이 교신을 어렵게 할 때 쓰였기 때문에 전체 다섯 권 중 가장 완성도가 떨어진다.

---

*16세기 독일의 신비주의 작가이자 신학자, 점성술사, 연금술사.
**〔원주〕이 부분은 이제 완성되었지만, 내가 기대한 것만큼 상세하지는 못하다.

13

내가 가장 소중히 여기고 또 내 글을 오랜 세월 동안 읽어온 독자들의 일부는, 아니 어쩌면 전부가, 이 책의 억지스럽고 거칠고 난해한 상징체계에 거부감을 느낄 것이다. 그러나 이 상징체계에는 거의 언제나, 잠자는 정신과 깨어 있는 정신을 하나로 만드는 표현이 따라다닌다. 사람들은 기억할 것이다. 다니엘에게 나타난 천사들의 여섯 날개와 피타고라스의 수, 털 하나하나에 숫자가 모두 매겨진 신의 수염이 별들 사이에 꼬불꼬불 감겨 있다는 얘기가 나오는 카발라교의 귀문서, 켈리가 디 박사*의 점술용 검은 돌에서 본 복잡한 수학 도표들, 종이판을 들어 올리고 인간의 장기와 별이 총총한 하늘을 동시에 탐구한다는 윌리엄 로의 책 《뵈메》 속 도형 따위를 말이다. 윌리엄 블레이크는 그 도형들이 미켈란젤로만큼 가치가 있다고 생각했으나, 스스로 그와 비슷한 것을 그리지 않았기에 자신은 거의 불가해한 존재로 남아 있다. 우리(상징적으로 피부 아래에 단단한 뼈가 있는 이들)는 논리학 논문을 《신곡》이나 장미에 관한 어떤 짧은 노래로 대신할 수 있고, 아니면 우리의 생각을 삶으로 표현하는 것에 만족할 수 있다.

---

*16세기 중반 영국의 연금술사이며 신비주의자들인 에드워드 켈리와 존 디 박사를 말한다.

14

어떤 사람은 방금 내가 했던 이야기를 민간 심령술과 연관 지을지 모른다. 민간 심령술이란 감히 규정되지도 못하고 모든 거창한 심령 운동과는 달리 분열과 거부의 비극도 거치지 않고, 전적으로 새롭거나 잊혔기 때문에 거의 믿을 수 없는 것이 아닌지를 묻는 대신, 민간 기독교 신앙 가운데 있는 모든 모호하고 뻔한 사실에 매달린다. 그것과 연관되어 있어서 그들은 나를 싫어하는 것이다. 그러나 시의 뮤즈는 한밤중에 몰래 기어나와 알지 못하는 뱃사람들에게 몸을 주고, 중국 도자기 얘기나(어떤 일본 비평가의 말로는 삶이 가혹한 곳에서 최고의 도자기가 만들어진다고 한다) 베토벤의 제9번 교향곡 얘기로(처녀성은 달처럼 스스로 새로워진다) 돌아가는 여인들을 닮았다. 시의 뮤즈는 종종 비루한 거처에서 제일 오래도록 애착이 가는 것을 만들어낸다는 점은 빼고 말이다.

15

어떤 사람은 나의 해와 달 순환 궤도가 실재한다고 내가 믿는지 묻고 싶어 할 것이다. 어떤 때는 한 궤도에 기록된 모든 시간을 포함시키고, 또 어떤 때는 블레이크가 "동맥의 맥박"이라고 부른 것을 포함시키는 체계는 명백히 상징적이지만, 핀에 꽂힌 나비처럼 우리의 중심 날짜, 즉 우리 시대의 첫날에 매인 채 실제 역사를 똑같은 길이의 시기로 나누는 체계는 어찌 되는가? 그런 질문에 나는 다음과 같이 대답할 따름이다. 사람들이 기적 가운데 있으면 으레 그러겠지만, 나는 가끔 기적에 압도된 채 그 상태로 있다가도 내 이성은 곧 돌아온다고 말이다. 또 그 체계가 내 상상력 속에서 분명하게 나타나므로 그 궤도는 윈덤 루이스의 그림에 나오는 입방체와 브랑쿠시의 조각 작품 속 달걀 모양과 비교할 수 있는 경험의 양식적 정리로 생각한다고 말이다. 그것은 내가 본질과 정당성을 하나의 사고 안에서 붙잡을 수 있도록 도와주었다.

1928년 11월 23일과 그 이후에

에즈라 파운드에게

1

친애하는 에즈라,

　자네 나라의 상원의원으로 선출되지 않도록 하게. 나도 우리나라 상원의원으로 6년을 지냈지만, 그만두길 잘했다는 생각이 든다네. 자네나 나처럼 쉽게 자극을 받는 시인이라는 직업을 가진 사람은 누구도 나이 든 변호사와 은행가와 사업가를 대적할 수 없다네. 그자들은 모든 관습과 기억력을 무기로 세상을 지배하기 시작했네. 그자들은 앞에 있는 의자에 몸을 기울이고는, 마치 임원 회의에서 동료 대여섯 사람에게 하듯이 말하지. 자신의 주장을 관철하든 그렇지 못하든 도덕적인 우월감을 갖고 있는 거야. 신문과 공청회로 사고가 굳어진 정치가가 끼게 되면, 우리가 어렸을 때 듣던 '유진 아람'*을 낭독하는 것처럼 되지. 한번은 내가 더블린의 한 은행에 갔을 때, 은행 주위에서 총격전이 벌어졌다네. 아무도 한두 시간은 밖으로

---

*17세기 초 영국의 문헌 수집가로, 친구 살인 혐의로 교수형을 당한 인물이다. 그의 살인 사건은 여러 문학 작품의 소재가 되었다.

나갈 수 없게 되어 할 수 없이 은행 간부들과 같이 점심을 먹게 되었지. 뜰이 내려다보이는 방에서 점심을 먹으며 이따금 자리에서 일어나 창밖으로 한 어린 병사를 지켜보았네. 그 병사는 벽 뒤에 숨어 있다가 뛰어나가 한쪽 무릎을 꿇고는 출입문 틈으로 총을 쏘았네. 공화국 군인들은 옆 건물을 공격하고 있었지만, 은행은 안전하다고 할 수 있었겠는가? 그런 어린 병사들이 얼마나 많이 우리 주위에 서 있거나 웅크리고 있었던지! 은행 간부들은 일상사나 얘기할 뿐, 아무도 창문 쪽으로 가보거나 그 어린 병사가 누구를 겨냥해 총을 쏘았는지 아니면 누가 총에 맞았는지 묻는 사람이 없었다네. 오케스트라가 있는 시끄러운 식당에 자리를 잡으면 그렇듯 그들은 목소리만 더 높일 따름이었지.

성질 급한 자네가 상원의원이 된다면 아주 중요한 문제를 찾아내게 될 걸세. 자네가 속한 그룹은 실질적인 입법 활동이 이루어지는 사적 모임에 자네를 초대할 것일세. 두 시간 동안 의사일정에 있는 다음 의안에 대해 추호의 동요도 없이 토론한 뒤에 자네에게 허용되는 십 분의 시간은 자네의 자신감을 빼앗아버릴 걸세. 아니, 에즈라, 모든 사람을 정치가로 만들고 몇몇을 웅변가로 만드는 그런 일반화는 겉보기와는 달리 진실한 것이 아니네. 자네와 나, 인상적이고 자신감 넘치는 정치가들, 유진 아람을 낭독하는 그 젊은이는 증기 엔진 시대에 뱃노래를 작곡하는 사람만큼 자기 자리에 어울리지 않는 사람들이라네. 내가 일어나 연설할 때면 언제나, 아무리 연설문을 오래 생각했어도 예술에 관련된 것, 즉 정확한 지식이 아닌 여론에 의존하는 것을 말하지 않으면 부끄러워진다네. 우리 작가들이란 여론의 자식이기 때문일세. 우리가 어머니인 여론을 거부한다고 해도 그렇다네. 내 몸은 시간이 지나면 어쨌든 망가지네만, 그 부끄러움 때문에 몇 마디만 했다 해도 몸이 아프게 된다네.

2

완성되면 새로운 신화 체계를 보여줄 책의 서문을 지금 자네에게 보내네. 오이디푸스는 네 개의 성물 중간에서 땅에 누워 있다가, 죽은 사람처럼 거기서 몸이 씻기고 테세우스와 함께 숲의 심장으로 옮겨졌지. 마침내 천둥소리 가운데 대지는 '사랑으로 마음이 찢긴 채' 입을 벌려 그의 영혼과 육체는 땅속으로 가라앉았네. 나는 오이디푸스를 그리스도와 대척점에 있는 인물로 설정하고 싶은데, 그리스도는 십자가에서 처형당하고 난 뒤 다시 살아나 영혼과 육체가 추상적인 하늘로 올라갔던 인물이니까 말이야. 나는 오이디푸스가 플라톤의 아테네인이나 선하고 유일하신 존재 하느님에 관한 모든 얘기, 모든 완전한 존재 무리와는 별개로, 호메로스 시대에서 내려온 이미지라고 생각한다네. 분명히 자신을 파멸에 이르게 할 텐데도 오이디푸스는 계속 의문을 풀려 했지. 《걸리버 여행기》나 《악의 꽃》에 나오는 것 같은 공포심에 시달리면서, 스핑크스가 자신이 낸 문제의 답을 그에게서 들었듯이, 자신도 그 의문에 대한 진실을 듣고는 자기 두 눈알을 뽑아버리지 않았던가? 오이디푸스는 자기 아들들에게 분노했지. 그것이 고귀한 분노인 까닭은 일반적인 생각이나 사람들이 떠받치는 공공의 법 때문이 아니라 그

분노가 모든 삶을 포괄하고 있기 때문이라네. 코딜리어가 아버지 리어 왕을 모셨듯이—그도 역시 호메로스 같은 인물이었는데—오이디푸스를 모신 딸은 욕을 퍼붓는 늙은 방랑자 아버지보다는 자신의 수호신에 더 귀를 기울였던 것 같아. 오이디푸스는 자신의 마음밖에는 몰랐는데, 그가 마음을 다 말했기 때문에 운명이 마음을 사로잡고 왕국은 그의 축복이나 저주에 따라 달라졌지. 땅의 중심, 배꼽에 있는 델피의 신탁은 그를 통해 말했고, 사람들은 몸서리치며 오이디푸스를 쫓아냈지만, 그들은 고대의 시에 대해 얘기하고 머리 위에 있는 꽃가지나 발밑의 풀, 콜로누스와 그들의 말(馬)을 찬미했지. 내 생각으로는 오이디푸스는 동정심, 말하자면 자신에 대한 동정심이 없었지만, 가난한 사람들에게는 성인이나 사도보다 더 가까웠던 인물인 것 같네. 그래서 나는 크로칸이나 크로크마 혹은 래프터리*의 저주 때문에 시들어버린 길가의 덤불 이야기를 되뇌게 된다네.** 만일 그리스도와 오이디푸스, 아니 이름을 바꿔서 제노

---

*크로칸은 아일랜드에 있던 옛 왕국 코나하트의 수도이고, 크로크마는 아일랜드의 설화가 깃들어 있는 산이다. 앤서니 래프터리는 19세기 아일랜드의 시인으로, 어린 시절 천연두로 눈이 먼 후 자작한 노래와 시를 읊고 바이올린을 연주하며 돌이다녔다.

**[원주] 오이디푸스는 테베의 '곱상한 소년들'과 친했는가? 노스 경이 영역한 《플루타르코스 영웅전》 끝부분에서 '훌륭한 작가들의 작품에서 모은' 전기 가운데 하나는 에파미논다스와 그의 망령에 대한 위로라고 내가 생각하고 싶은 것 사이의 만남을 묘사하고 있다. "테베에서 행군해 나갔지만 몇몇 병사는 불길한 징조를 보았다고 생각했다. 왜냐하면 성문에서 나갈 때 에파미논다스는 도중에 전령을 만났는데, 전령은 예로부터 내려온 의식과 관습을 따라 도망친 것처럼 보이는 눈먼 노인을 데려왔고, 전령은 큰 소리로 울부짖었기 때문이다. '노인을 테베에서 데려가지도 죽이지도 마시오. 살려서 되돌려 보내주시오'라고." 정설에 따르면 그는 도망친 노예였지만 자발적으로 되돌아왔기 때문에 전통적인 의식과 함께 환영을 받고 돌아왔다는 것이다. 그러나 도망친 눈먼 늙은 노예 때문에 상상력은 더 나아가지 못한다.

아의 성 카타리나와 미켈란젤로가 천칭의 양쪽 접시, 시소의 양쪽 두 끝이라면 어떻겠나? 2천여 년마다 한쪽은 성스럽고 다른 한쪽은 속되게, 한쪽은 현명하고 다른 한쪽은 어리석게, 한쪽은 아름답고 다른 한쪽은 추하게, 한쪽은 신적이고 다른 한쪽은 악마적으로 만드는 일이 세상에 일어난다면 어떻겠나? 천칭의 기울기, 천칭 접시의 내려간 정도를 정확하게 잴 산술법이나 기하학이 있어서, 어떤 일이 일어날 날짜를 미리 계산할 수 있다면 어떻겠나?

에즈라, 자네는 이런 일반화를 싫어할 거야. 일반화 자체가 과거—추상적 하늘—에 속한 것이니까. 그렇지만 자네는 〈귀환〉이라는 시를 쓰지 않았나? 자넨 그 시에서 책과 그림의 양식적 변화를 선언했을 뿐이지만, 내 시보다 내가 하고 싶은 말을 더 잘 표현하고 있다는 생각이 든다네.

> 보라, 그들이 돌아온다. 아, 그 조심스러운
> 움직임과 느린 발걸음,
> 힘든 걸음걸이와 애매한
> 망설임!
>
> 보라, 그들이 돌아온다, 하나씩 하나씩
> 잠에서 반쯤 깨어난 듯 두려워하며,
> 마치 눈발이 바람 속에서
> 머뭇거리고 살랑거리다 방향을 약간 바꾸듯.
> 이들은 '두려움의 날개를 단 자들', 범접할 수 없는 존재들.

날개 달린 신발을 신은 신들!
신들과 함께 있는, 공기의 흔적을 냄새 맡는 은빛 사냥개들!
워! 워! 놈들은 재빠르게 공격하고
놈들은 후각이 예민하지.
놈들은 피의 영혼들!

사냥개 끈을 잡고 느릿느릿, 끈 잡은 해쓱한 신들!

마이클 로바츠와 친구들 이야기: 제자들의 기록 글

허든과 더든, 그리고 대니얼 올레어리*는
어릴 적 나를 즐겁게 했네.
그러나 고함치고 떠벌려대는 이 무리가
짧은 생애 동안 어디서 춤추고 웃고 사랑하고 싸웠는지
나는 결코 알지 못했네.

허든과 더든, 그리고 대니얼 올레어리는
어릴 적 나를 즐겁게 했네.
세 사람이 지혜라는 잔인한 얼굴의 아가씨를
포기하든 쫓아가든 사랑하든
나는 그대로 내버려두었네.

허든과 더든, 그리고 대니얼 옥레어리는
어릴 적 나를 즐겁게 했네.
몸으로 사는 사람과 생각으로 사는 사람 모두
제 몸을 불태우지만 헛된 일이라네,
그렇게 불타서 사라지는 모두를 나는 조롱한다네.

*〔원주〕어렸을 때 나는 이 말을 '데어리(dairy)'와 운이 맞는 것처럼 발음했다.

1

우리 젊은 남자 둘과 여자 하나, 모두 셋은 밤 열한 시에 리젠트 파크의 앨버트 로드에 있는 집 1층 난롯가에 둘러앉아 있었다. 곧 세 번째 젊은 남자가 들어와서는, 의자를 끌어당겨 둘러앉은 무리 사이에 끼면서 말했다. "저를 잘 모르시겠지만, 저는 운전기사입니다. 저는 이런 장면에는 꼭 끼어 험담하는 것을 막지요." 나는 물었다. "오언 아헌 씨는 어디에 계시지요?" 그가 대답했다. "오언은 보고를 하느라 마이클 로바츠와 함께 있어요." 나는 다시 물었다. "왜 보고해야 하나요?" 그가 대답했다. "아, 언제나 보고를 합니다. 그동안 당신들한테 제 얘기를 들려줄 테니, 당신들 얘기도 들려주세요. 시간은 많을 겁니다. 제가 서재에서 나올 때 마이클 로바츠는 우주를 커다란 알이라고 하더군요. 껍질이 깨지지 않고 영원히 속과 겉이 서로 뒤집히는 알 말이에요. 그런 일에 오언은 언제나 열을 올리니까요.

제 이름은 대니얼 올레어리이고, 시 낭송에 아주 흥미가 많습니다. 언젠가는 시극을 공연하는 조그만 극장을 설립하고 싶습니다. 당신들도 기억하겠지만, 세계대전이 터지기 몇 년 전, 현실주의자들은 시적 언어의 마지막 자취까지 극장에서 몰아냈지요. 저는 전선에 있을 때도, 그 뒤 굶주림 속에서도 상식이 회복되려니 생각하고는, 과연 어떤지 보려고 〈로미오와 줄리엣〉 공연을 보러 갔지요. 거기서 유명 배우인 모 씨와 모 양이 허튼 소리를 하는 걸 봤어요. 갑자기 이런 생각이 드는 거예요. 부츠를 벗어서 한 짝을 모 씨한테, 다른 한 짝을 모 양한테 던지면 어떻게 될까? 미래에 확고한 목표를 정해서 나의 행동이 변덕이 아닌 열정의 형태로 나오게 할 수 있을까? 저 자신을 어린 시절부터 쭉 돌아본 뒤 그렇게 할 수 있을 거라고 결론지었지요. 그러나 큰 소리지만 나지막하게 저 자신에게 중얼거렸어요. '너는 그럴 용기가 없어'라고. 그러나 또 '나는 용기가 있어'라고 말하면서 부츠 끈을 풀기 시작했지요. 그러다가 또 '너는 그럴 용기가 없어'라고 말했지요. 그렇게 엇갈린 생각을 몇 번이나 하다가 결국 일어나 부츠를 그자들한테 던졌어요.

　불행하게도 저에게는 자신에게 명령하는 것을 할 수는 있지만, 뜻밖의 상황에서 침착성을 잃지 않는 진정한 용기는 없었어요. 목표물이 좋지 않았어요. 제가 남자 배우나 여자 배우보다 작은 크리켓 공을 날렸다면 실패하지 않았을 거예요. 그러나 목표물이 사람인지라, 부츠 한 짝은 좌석에 떨어지고, 다른 한 짝은 연주자인지 그의 손에 들려 있던 놋쇠 악기인지를 쳤어요. 그리고 나서 저는 옆문으로 튀어나와 계단을 내려왔지요. 거리로 통하는 문에 왔을 때 바로 뒤에서 발소리가 나는 걸 들었는데, 오케스트라 연주 소리일 거라고 생각했지만 그것 때문에 공포심이 더했어요. 현실주의자들은 우리가 쓰는 말을 자갈로 바꾸지만, 연주자와 가수는 꿀과 기름으로 바꾸어놓지요. 언젠가는 어떤 음악가가 저에게 해를 입힐 거라는 생각을 늘 했어요. 거리로 통하는 문은 좁은 골목으로 통해 있어서 골목 아래로 내달렸지요. 그러다가 거리 모퉁이에서 덮개가 있는 커다란 자동차 문을 연 채 옆에 서 있는 노신사와 부딪혔어요. 그는 저를 차 속에 밀어 넣었지만, 저는 숨이 차서 저항할 수가 없었고, 차는 내달렸지요. 그가 말했어요. '그 부츠를 신게. 너무 클지 모르지만, 작은 것보다는 큰 게 낫지. 자넬 위해 깨끗한 양말도 한 켤레 가져왔네.' 저는 너무나 당황하고 모든 것이 꿈같아서 시키는 대로 했지요. 그는 차창 밖으로 저의 진흙투성이 양말을 내던져버리고 말했어요. '자네가 한 일을 말할 필요는 없어. 로바츠에게 말하고 싶지 않다면 말이야. 나는 모퉁이에서 부츠를 신지 않은 사람을 기다리라는 얘기를 들었네.' 노신사가 저를 여기에 데려다 줬지요. 덧붙이고 싶은 말은, 한 육칠 개월 전 그날 밤부터 쭉 저는 이 집에서 살게 되었고, 또 저와 같은 세대 사람들과 대화를 나누는 것이 저에게는 큰 위안이라는 것이에요. 여하튼 당신들은 아이 때 아처* 위생 젖병으로 입센을 빨아먹은 무서운 세대와는 공감할 수 없어요. 당신들은 저항이 왜 제 인생에서 중요한 사건인지 로바츠보다 더 잘 이해할 수 있을 겁니다."

　젊은 여자가 말했다. "우리 부모는 지긋지긋하지만, 할아버지와 할머니는 좋아요." 나는 말했다. "무슨 일이 벌어질지 아헌 씨는 어떻게 알았을까요? 당신은 극장에 앉아서야 그런 행

---

*19세기 말 20세기 초의 영국 연극비평가로, 입센을 영어로 번역하여 소개했다.

동을 할 생각을 했잖아요." 올레어리가 말했다. "로바츠는 밤에 자고 깨는 사이에나 이른 아침 차를 마시기 전에, 장차 일어날 일을 본답니다. 아헌은 독실한 가톨릭 신자라 그것을 이단이나 이단 비슷한 종류라 생각하고 싫어하지만, 로바츠가 시키는 대로 하지 않을 수가 없어요. 어린 시절부터 언제나 쭉 그럴 수밖에 없었지요. 그러나 로바츠는 말합니다. 남한테 질문을 하지 말고, 스스로 소개하고 자기 얘기를 하라고요."

나는 말했다. "저는 존 더든이라는 사람입니다. 이 젊은 여성은 자신을 데니즈 드 릴아당이라고 불러달랍니다. 저기 있는 잘생긴 키 큰 젊은이는 피터 허든입니다. 허든은 원하는 것은 무엇이든 가지려 해서 저는 싫어해요. 데니즈가 허든과 사귀기 전에는 우리는 친구 사이였지요." 이때 데니즈가 내 말을 가로챘다. 데니즈의 말은 곧, 허든이 내 그림을 사주기 전에는 내가 쫄쫄 굶고 있었는데, 허든이 커다란 풍경화 일곱 점과 생활 스케치 서른 점, 데니즈 초상화 아홉 점을 사주었다. 그리고 그림값을 제값보다 곱절로 불렀다는 내용이었다. 허든은 데니즈의 말을 막고, 내 그림들은 자기한테 커다란 기쁨을 주기 때문에 여유만 있으면 나에게 돈을 더 주었을 기라고 말했다. 올레어리는 내 얘기를 계속하라고 부탁했다. 나는 말했다. "오늘 오후에 허든이 제 화실에 왔는데, 저는 그가 카페 로열에서 저녁 약속을 하는 소리를 엿들었지요. 제가 데니즈에게 약속에 나가면 후회할 거라고 경고했지만, 그녀는 그런 적이 없다고 분명히 말했어요. 그러나 저는 묵직한 지팡이를 하나 사가지고, 초저녁에 카페 로열 밖에 서서 그들이 나오기를 기다렸어요. 곧 한 사람이 나왔지요. 저는 그 사람이 허든일 거라고 생각하고 지팡이로 머리를 내리쳤지요. 그가 길바닥에 쓰러지자 생각했죠. '내 유일한 후원자를 쓰러뜨렸다. 참 대단한 일을 했군.' 춤이라도 추고 싶은 기분이었죠. 그러나 자세히 보니 길바닥에 쓰러져 있는 사람은 낯선 노신사였어요. 저는 카페 수위를 찾아서는, 노신사가 발작을 일으켜서 쓰러졌다고 둘러댔죠. 우리는 거리에서 몇 집 건너에 있는 약국으로 노신사를 옮겼어요. 노신사가 깨어나면 전모가 드러날 걸 알았기 때문에, 저는 슬그머니 카페로 들어가서 허든의 테이블로 가, 조금 전 벌어진 사건을 이야기하고 조언을 구했지요. 허든이 말했어요. '노신사가 고소하지 않게 하는 게 정답이야.' 그래서 우리는 함께 약국으로 갔지요. 사람들이 조금 모여 있더군요. 노신사는 뒤쪽에 있는 자그마한 방에 앉아 투덜대고 있었어요. '이게 내 운이려니 해야지……. 팔자란 피할 수 없는 것이니.' 허든이 말했어요. '선생님, 순전히 사고였어요. 저로 잘못 알고 친 걸 맞았다고 기분 상하신 건 아니겠죠.' '당신으로 잘못 알았다고?' 하며 노신사는 허든을 찬찬히 응시했어요. '정직한 사람이군. 아주 정직한 양반이야. 내가 화를 낼 턱이 있겠나.' 그러고 나서 노신사는 갑자기 뭔가를 생각한 듯 말했어요. '경찰에게는 한마디도 안 하겠네. 만일 자네와 이 젊은이, 또 이 아가씨가 내 친구를 만나서 같이 한잔한다면 말이야.'"

2

이윽고 아헌이 덩치가 큰 노인과 함께 들어왔다. 밝은 조명 아래서 보니, 아헌은 뚱뚱하니 늘 앉아서 일하는 사람처럼 보였고 턱수염을 기르고 눈빛이 흐릿했지만, 또 다른 사람은 호리호리하고 갈색 피부에 근육질로 면도를 말끔히 하고 빈틈없고 빈정대는 듯한 눈빛을 하고 있었다. 아헌은 "이분이 마이클 로바츠이십니다"라고 말하고는, 찬장에서 샌드위치 한 접시와 유리잔과 샴페인 한 병을 꺼내 작은 테이블에 내려놓고는, 자신과 로바츠의 의자를 찾아 앉았다. 로바츠는 이미 우리 이름을 알았기 때문에 그저 누가 누구인지를 묻고는 말했다. "나는 제대로 된 젊은이를 제자로 삼고 싶네. 아헌이 내 전달자 역할을 할 거야. 무엇에 대해 얘기해볼까? 예술?" 데니즈는 노인을 어려워하는데, 허든은 노인을 '선생님'이라고 불러 그들을 쑥스럽게 한다. 그래서 나는 뭔가 얘기해볼 생각으로 말했다. "아니요, 그건 제 직업이에요." "그럼, 전쟁에 대해서 얘기해볼까?" 하고 로바츠가 말하자, 허든이 말했다. "선생님, 그건 제 직업이에요. 지긋지긋해요." "그럼, 사랑에 대해?" 하고 로바츠가 말하자, 수줍음을 이겨내려다 언제나 대담해지는 데니즈가 말했다. "아, 아니요. 그건 제 전문이에요. 당신이 살아온 얘기를 해주세요." "아헌, 책을 가져오게" 하고 로바츠가 말했다. 아헌은 궤짝을 열고는 염소가죽으로 싸인 뭉치를 집어내어 안에서 너덜너덜해진 헌책 한 권을 꺼냈다. 로바츠는 말했다. "이 책을 여기 가져온 것은, 내가 이 책을 어디서 발견했는지, 이걸 발견한 뒤에 무슨 일이 생겼는지, 그리고 무슨 일이 더 일어날지를 그대들에게 얘기해주기 위함일세. 나는 아일랜드에서 조그만 카발라 신비 철학 모임을 만들었다네. 그러나 때와 장소가 마땅치 않아 모임을 해산하고 아일랜드를 떠났네. 나는 로마로 가서 머릿속에 도대체 아무것도 든 것이 없는 발레 댄서와 격렬한 사랑에 빠졌지. 내게 일어나는 일에 내가 만족했더라면 만사가 잘되었을 거야. 그녀의 냉정함과 잔인함이 그녀의 몸을 바꾸어 인간을 초월한 어떤 장엄함을 띤다는 것, 또 나는 의지로 싫어하는 것을 몸으로는 아주 좋아하는 사람이며, 인간의 판단이란 유디트* 같은 것이어서 육신을 자극한 것에 강철 검을 꽂게 한다는 것, 내가 판단해서 받아들이는 사람도 내 사나운 팔자 때문에 싱거운 사람으로 보인다는 사실을 이해했다면 말이야. 그녀의 성격을 바꾸려고 할수록 서로 적대감만 더 드러내게 될 뿐이었지. 우리는 많이도 다투었네. 그녀의 극단이 공연하던 빈에서 마지막 싸움을 하고 우리는 갈라서게 되었지. 나는 싸움의 끝장을 보려고 누추하기 짝이 없는 방에 세를 들고는 그 종족의 어떤 무식한 처녀와 동거를 시작했지. 어느 날 밤 내가 침대에서 굴러서 촛불을 켜고 보니, 한쪽 끝으로 쓰러진 침대를 부서진 의자와 돼지가죽 표지로 된 헌책이 받치고 있었네. 아침이 되었을 때 나는 그 책 제목이 《천사와 인간의 거울》로 기랄두스라는 사람이 쓴 것이며, 유명한 크라쿠프 출판물들이 인쇄되기 한참 전인 1594년에 크라쿠프에서 인쇄되었다는 사실을 알게 되었지. 책은 너덜너덜, 중간 책장이 몽땅 찢겨나가 있었어. 그러나 일련의 우의적인 그림 몇 장이 아직 남아 있었네. 독수리와 어떤 야생 동물에 의해 몸이 둘로 찢긴 사람이며, 자기 그림자에 채찍질하는 사람이며, 꼽추와 방울을 단 모자를 쓴 바보 사이에 있는 사람 등등 스물여덟 장이 있었지. 또 기랄두스의 초상화와

---

*적군인 아시리아의 진영에 들어가 적장을 유인하여 목을 뱄다고 알려진 구약성경 속의 여인.

여러 번 나오는 유니콘, 달의 28상이 사과와 도토리, 컵, 홀이나 지팡이처럼 생긴 어떤 것과 뒤섞여 있는 바퀴 모양의 커다란 도형이 있었어. 내 애인이 그걸 벽장에서 발견했는데, 그건 집시 무리와 어울리다가 홀연히 사라져서 성직을 박탈당한 전 세입자 신부가 남겨두었던 것이었네. 내 애인은 중간 페이지를 찢어내어 난롯불을 피우는 데 썼지.

   라틴어 텍스트 책장은 조금밖에 남아 있지 않았지만, 나는 두 주일 동안 한 구절 한 구절 비교하고, 모든 구절들을 알 수 없는 그 도형들과도 죄다 비교했지. 어느 날 내가 이 기랄두스라는 사람과 볼로냐의 기랄두스가 동일인인지 알아내려고 시도했지만 허탕을 치고 도서관에서 집으로 돌아왔을 때, 애인이 달아나버리고 없었네. 내가 그 일에만 몰두하는 것이 지긋지긋해서 그랬는지, 아니면 자기에게 좀 더 집중하는 사람을 쫓아간 것인지 모르지만, 나는 후자이길 바라지. 별로 많지도 않았고 행복하지도 않았던 과거의 사랑들을 지나서 모든 사랑 중에 가장 열정적이었던 소년 시절의 플라토닉 사랑에 생각이 미치자, 내 생각을 흩뜨릴 것은 이제 아무것도 없게 되어 나는 절망적인 고통에 빠져들었다네. 사랑은 변함없어야 한다는 것을 늘 알고 있었지만, 나의 사랑들은 기름을 모두 쓰고 꺼져버렸지. 영원히 타는 등불은 없었던 거야." 로바츠는 머리를 자기 가슴에 떨궜고, 우리는 말없이 앉아 있었다. 마침내 데니즈가 말했다. "결혼하지 않은 이상 자책할 필요는 없다고 생각해요. 어떤 상황이라도 교회든 국가든 이혼을 허용해서는 안 된다고 늘 믿었어요. 영원한 사랑의 상징을 존속하게 하는 게 필요하지요." 로바츠는 데니즈의 말을 듣고 있지 않았던 것처럼 보였다. 조

《천사와 인간의 거울》에 나온 기랄두스 초상화

금 전 중단했던 얘기를 다시 시작한 걸 보면 말이다. "사랑은 칸트의 이율배반을 포함하지만, 우리 인생에 독이 되는 첫 번째 것이기도 하지. 정, 세상에 시작란 없다. 반, 세상에는 시작이 있다. 아니면 내가 더 선호하듯이, 정, 세상에는 끝이 있다. 반, 세상에 끝이란 없다. 내 사랑은 결코 끝날 수 없다는 절규에 지쳐 끝이 나고 말지. 절규가 없으면 그것은 사랑이 아닌 욕망인데, 욕망은 끝이 없다네. 탄생의 고뇌와 죽음의 고뇌가 동시에 울부짖는 거지. 삶이란 카발라 철학자들이 상상하듯 신성한 이성의 발산이 아니라 비이성적인 고뇌이며, 단계를 밟아 질서 있게 내려오는 것이거나 폭포가 아니라, 소용돌이이며 선회하는 가이어라네.

어느 날 새벽 서너 시경 잠을 못 이루고 있을 때, 예수의 무덤에 가서 기도해야겠다는 생각이 들었네. 그곳에 가서 기도하고 마음이 가라앉자 혼잣말을 했지. '예수 그리스도는 내 절망감을 이해하지 못해. 그분은 질서와 이성에 속한 분이니까.' 다음 날, 한 늙은 아랍인이 예고도 없이 불쑥 내 집을 찾아왔네. 그는 누가 보내서 왔다고 하면서, 《천사와 인간의 거울》 중 달의 28상이 표시된 바퀴가 펼쳐진 곳에 섰지. 그는 사시 송속의 신앙이라고 하고는, 하나의 좁은 끝이 다른 하나의 넓은 끝에 포함되어 있는, 서로 반대 방향으로 작용하는 두 개의 나선형 모양을 그리고는, 내가 가진 바퀴 하나의 그림과 자기가 그린 두 개의 나선형 모양이 똑같은 의미라고 설명해주었지. 그는 자신들의 아이들이 모래 위에 상징적 의미로 가득한 자취를 남기는 춤을 배우기 때문에 자신들을 주드왈리스, 즉 도형을 그리는 사람들이라고 부르는 아랍족에 속한 사람이라고 했네. 나는 그들의 신뢰와 지식을 얻기 위해 그들 종족에 합류해서, 그들의 의상과 관습, 도덕, 정치를 받아들였어. 그들의 전쟁에도 참전해서 높은 자리에까지 올라갔지. 자네들의 젊은 로런스 대령은 자기편에서 싸우는 늙은 아랍인의 국적을 전혀 눈치채지 못했지.* 나는 내 삶을 완성했네. 내 뼈가 물러지지 않도록 모든 쾌락을 위험으로 균형 잡히게 했다네."

3

석 달 뒤에, 허든과 데니즈, 올레어리와 나는 같은 난로 주위에 조용히 앉아 있었다. 지난 며칠 동안 우리는 그 집에서 먹고 자면서 로바츠가 방해를 받지 않고 우리를 가르칠 수 있게 했다. 로바츠는 조각된 조그만 상아 상자를 가지고 들어와서는 무릎 위에 상자를 올려놓고 앉았다. 온종일 흥분을 억누르고 있던 데니즈가 말했다. "아무도 왜 제가 저 자신을 데니즈 드 릴아당이라고 부르는지 모르지만, 제 얘기를 하기로 결심했어요." 허든이 말했다. "그 얘기는 카페 로열에서 대여섯 번은 했잖아. 그럼 됐지 뭘 또 하려고."

아주 다행스럽게도, 그 순간 아헌이 서른다섯 살쯤 돼 보이는 창백하고 마른 여자와 약간 늙어 보이는 안경 낀 남자를 안내하며 들어왔다. 아헌이 그들에게 의자를 찾아주자, 로바츠가 말했다. "이분은 존 본드이고, 또 이분은 메리 벨이라는 분

*로런스는 20세기 초 영국 출신의 아랍 독립운동 지도자로서 고고학자, 군인, 작가였던 토머스 에드워드 로런스를 말하며, '늙은 아랍인'은 로바츠 자신을 의미한다.

이네. 존 본드는 자네들에게 그의 얘기를 꼭 들려주고 싶어서 아헌이 아일랜드에서 모셔왔고, 메리 벨은 내 생각으로는 상자 속 물건을 잘 관리해줄 사람이기 때문에 모셔왔지. 나는 존 본드가 얘기하기 전에 데니즈가 자기 얘기를 꼭 해야 한다고 생각하네. 데니즈에 대해 알고 있는 바로 미루어보건대, 그녀의 얘기는 충분히 훌륭한 시작이 될 걸세."

데니즈가 이야기를 시작했다. "저는 잠자리에서 《악셀》*을 읽고 있었어요. 작년 6월 2일, 열두 시에서 한 시 사이에 있었던 일이에요. 그날 밤 저는 영원히 사랑할 남자를 만났기 때문에 날짜를 잊을 리 없죠. 두 연인이 성 밑 지하 방에서 만나는 장면의 책장을 넘기고 있었어요. 악셀과 사라는 서로 소유하기보다는 죽기로 작정했어요. 악셀은 사라의 머리칼이 죽은 장미 꽃잎 냄새로 가득하다고 말했는데, 아주 아름다운 표현이지요. 누군가 제게 그렇게 말해주었으면 좋겠어요. 그러고 나서 유명한 문장이 나와요. '사는 문제는, 하인들이 우리 대신 살아줄 거야.' 나는 무엇 때문에 그들이 그렇게 어리석은 짓을 하는지 궁금했는데, 그때 촛불이 꺼졌어요. 제가 말했지요. '더든, 나는 당신이 창문을 열고 발끝으로 마루를 살금살금 걸어오는 소리를 들었지만, 촛불을 불어 끌 거라고는 생각지 못했어.' 더든이 말했어요. '데니즈, 난 아주 겁쟁이야. 낯선 여자들이 속옷 바람으로 있는 게 무섭거든.' 저는 말했지요. '아니, 자기, 당신은 겁쟁이가 아니야. 그냥 수줍어하는 거지. 그런데 왜 나보고 낯설다고 하는 거야? 나는 당신한테, 난 1층에서 잔다, 1층에

---
*19세기 프랑스의 작가 오귀스트 빌리에 드 릴아당의 극작품으로 두 연인의 자살로 끝난다.

는 다른 사람은 아무도 없다. 창문을 열어둔다 등등의 말을 하면서 모든 걸 제대로 했다고 생각했는데.' 오 분이 지난 후 저는 말했지요. '더든, 당신은 성불구야. 떨지 말고, 저쪽으로 가서 난롯가에 앉아. 와인을 좀 줄게.' 더든은 붉은 와인을 큰 잔으로 반쯤 마시고는 말했어요. '아니, 난 진짜 성불구가 아니야. 겁쟁이일 뿐이야. 그게 다야. 허든이 어떤 여자에게 싫증이 나면, 내가 대신 섹스를 해주거든. 그건 어려운 일이 아니야. 허든은 늘 여자 얘기를 하지만, 이야기를 하지 않는다 해도 달라질 건 없어. 허든은 제일 좋은 친구라, 허든과 여자가 같은 침대에 있게 되면 여자도 이 집 사람인 것 같아. 나 스스로 어떤 여자를 두 번 찾은 적이 있지만, 오늘 밤처럼 모두 실패했지. 창문 틈으로 기어 올라갈 때 정말로 많은 기대는 안 했지만, 당신이 분명 나는 환영이라고 해서 조금은 기대했지.' 저는 말했어요. '아, 자기, 정말 기뻐. 이제 난 악셀에 대해 모두 알겠어. 그는 그저 수줍어했을 뿐이야. 2막에서 지휘관을 죽이지 않았다면—극의 끝에 그랬다면 더 극적이었겠지—그를 데리러 사람을 보낼 수 있었을 것이고, 모든 일이 잘되었을 텐데. 물론 지휘관은 친구가 아니었어. 악셀은 그를 증오했지. 그러나 그는 친척이었고, 나중에 악셀은 사라를 가족으로 생각할 수도 있었어. 나는 자기가 좋아. 자기가 나를 그렇게 많이 존중하지 않았다면 수줍어하지 않았을 테니까 말이야. 내가 사제복을 입은 주교에 대해 느끼는 것을 자기는 나한테 느끼잖아. 난 자기를 그 무엇과도 바꾸지 않을 거야.' 더든이 자기 양손을 비틀며 말했어요. '아, 어쩌지?' 제가 말했죠. '지휘관을 데려와.' 그러자 그는 즉시 유쾌한 기분이 되어 말했어요. '허든을 불러와도 될까?'

두 주일 뒤에 더든과 저는 플로런스에 있었지요. 허든이 큰 그림을 막 사준 터라 우리는 돈이 많이 있었고 서로 유쾌했어요. 제가 말했죠. '허든에게 이 조그만 담뱃갑을 보낼까 봐.' 그 담뱃갑은 예쁜 공작석으로 만든 건데, 플로런스에서 파는 거였죠. 저는 그 위에다 '6월 2일을 기념하여'라는 말을 새겨넣게 했어요. 더든이 물었죠. '왜 하필 담배 한 개비만 넣어?' 제가 말했죠. '아, 허든은 이해할 거야.'

이제 여러분은 왜 제가 《악셀》의 작가 이름을 따서 제 이름을 지었는지 아시겠죠?"라고 데니즈가 말했다. 내가 말했다. "당신은 그날 밤 내가 당신을 허든한테 소개해준 것을 영원히 기억하길 바라지." 데니즈가 말했다. "바보 같은 이. 내가 사랑하는 사람은 바로 당신이야. 당신을 영원히 사랑할 거야." 내가 말했다. "당신은 허든의 숨겨진 애인 아닌가?" 데니즈가 말했다. "어떤 남자가 나한테 담배 한 개비를 주었을 때, 내가 좋아하는 상표면 백 개비라도 갖고 싶은데, 담뱃갑은 늘 비어 있어."

"자, 이제는 존 본드 차례가 되었네" 하고 로바츠가 말했다. 존 본드는 갈피를 잡지 못하던 눈길을 데니즈와 나에게 차례로 맞추고 나서 이야기를 시작했다. 그는 미리 자기가 할 말을 준비했던 게 분명했다. "약 15년 전에 이 숙녀는 자기보다 나이가 훨씬 많은 멋진 남자와 결혼했어요. 그는 새넌의 고급 주택지에 있는 큰 집에 살았지요. 아이는 없었지만 결혼 생활은 행복했어요. 그리고 아마 계속 그렇게 행복했을 거예요. 결혼 9년째 되던 해에 외국에서 겨울을 지낼 수 있다는 얘기를 듣지 않았다면 말이에요. 그녀는 혼자 남부 프랑스로 갔어요. 남편은 과학 연구와 자선 사업으로 자리를 뜰 수가 없었기 때문이었죠. 저는 철새에 관한 연구 초고를 완성해서 칸에서 쉬고 있었는데, 그렇게 우리는 칸에서 만나 첫눈에 사랑에 빠졌어요. 아일랜드 교회의 엄격하기 짝이 없는 원칙 아래서 자라난 우리는 무서워서 서로 감정을 숨기고 있었지요. 저는 칸에서 도망쳤지만 모나코에서 그녀를 만났고, 모나코에서 도망쳤지만 앙티브에서 만났으며, 앙티브에서 도망쳤지만 칸에서 만났어요. 마침내 우연히 같은 호텔에서 만나게 되자, 우리는 운명을 받아들이고 함께 식사를 했죠. 그리고 정원에서 영원히 헤어진 뒤에, 운명을 전적으로 받아들였지요. 얼마 뒤에 그녀에게 아이가 생겼어요. 그녀는 제 인생의 첫 여자였어요. 제가 볼테르의 생애에 있었던 일화를 기억하지 못했더라면 어찌할 바를 몰랐을 거예요. 우리는 한 푼도 없었어요. 아이와 자기 자신을 위해서 그녀는 남편 곁으로 당장 돌아갈 수밖에 없었지요.

  메리 벨이 몇 번이나 제 편지에 답장을 하지 않았기 때문에, 전 그녀가 저를 자기 인생에서 지워버렸다고 결론지었어요. 우리 아이의 출생을 신문에서 읽고 알았지만, 그것 말고는 5년 동안 아무 소식도 듣지 못했으니까요. 저는 더블린 박물관에 취직해서, 아일랜드 철새를 담당했어요. 그런데 어느 날 오후 네 시에 조수가 그녀를 제 사무실로 데리고 왔어요. 저는 무척 동요했지만, 처음 본 사람 대하듯 그녀에게 말했어요. 저는 '본드 씨'였고, 그녀는 '시간을 뺏어서 죄송한' 거였죠. 그러나 저는 '아일랜드에서 그녀에게 어떤 정보를 줄 수 있는 유일한 사람' 이었지요. 저는 그녀의 뜻을 알아차리고는 공손한 큐레이터가 되어 '그 학생을 돕게' 되었죠. 그녀는 어떤 철새의 둥지를 연구하고 싶어 했고, 그 유일하고도 정확한 방법은 자기 손으로 철새의 둥지를 만드는 거라고 했어요. 그녀는 이웃에 있는 둥지를 찾아서 그것을 본떠 둥지를 만들었어요. 그러나 전적으로 개인적인 관찰에 의존했기 때문에 진척이 잘 되지 않아서, 같은 주제로 이미 나와 있는 것들을 알고 싶어 했죠. 새들은 각각의 종에 따라 특정한 물질과 나뭇가지, 지의류, 풀, 이끼, 털 뭉치 등을 선호하며 특별한 건축술을 알고 있어요. 저는 그녀에게 제가 아는 것을 말해주고, 책과 전문 학회의 회보, 외국 서적을 번역한 자료 등을 보내주었지요. 몇 달 뒤에 그녀는 자기 손으로 직접 만든 칼새, 제비, 흰눈썹뜸부기, 개개비 등의 둥지를 가져왔어요. 둥지는 아주 잘 만들어져서 박제한 새들을 넣어놓은 상자에 있는 실제 둥지와 비교해보아도 차이가 전혀 없었지요. 그녀의 태도는 완전히 변했던 거예요. 뭔가를 뒤에 숨기고 있는 것처럼 난처해하고, 또 거의 신비로웠죠. 그녀는 어떤 특정한 크기와 모양을 한 새의 둥지를 만들고 싶어 했어요. 그녀는 그 종의 이름을 말할 수도 없었고 말하려 하지도 않았지요. 단지 속(屬)만 말했어요. 그녀는 그 속의 둥지를 트는 습성에 대한 정보를 원해서 책 두 권을 빌리고는, 갈 곳이 있다고 하며 기차를 타고 가버렸죠. 한 달 뒤에 자기 시골집으로 오라는 전보가 왔어요. 가서 보니 작은 역에서 기다리고 있더군요. 그녀의 남편은 죽어가고 있었어요. 그래서 그가 몇 년 동안 수행해온 과학 연구에 대해 나와 상의하고 싶어 했지요. 그녀의 남편은 우리가 서로 아는 사이인 것을 눈치채지 못했지만, 제 연구에 대해서는 익히 알고 있었어요. 제가 그녀 남편의 과학 연구 주제를 묻자, 그녀는 남편이 설명할 것이라고 말하고는, 시골집과 주변에 대해 설명하기 시작했지요. 우리가 조금 전에 막 지나왔던 허름한 반고딕식 출입문은 시아버지의 작품이었다고 했어요. 그러나 제 눈에 꼭 들어온 것은 커다란 단풍나무와 루콤베참나무, 삼나무 숲, 집 뒤에 있는 커다란 농장이었어요. 17세기에 집이 한 채 있었지만, 현재 집은 18세기에 지어진 것이고 나무들도 대부분 그때 심은 것이었지요. 아서 영은 식목을 묘사하고, 그것이 주변에 가져올 변화를 설명했었지요. 그녀는 자신의 증손보다 더 가까운 후손이 아무도 그 나무들의 그늘 아래 설 수 없을 것을 알면서도 나무를 심는 사람은 고귀하고 편견 없는 자신감을 지녔다고 생각했어요. 그녀는 그게 괴로운 일이라 여겼는데, 왜냐하면 커다란 나무들 밑에 서서 '내가 그 자신감에 상응하는 사람인가?'라고 자문하는 것은 힘든 일이기 때문이지요.

  나이 든 가정부가 문을 열어 우리를 시골 하인다운 미소로 반겨주었어요. 그녀가 방으로 안내해서 계단을 올라갈 때, 벽에 온통 덮여 있는 사진과 판화, 그릴리언 클럽* 사진, 지난 세기 육칠십 년대 유명 인사들이 서명한 사진을 봤어요. 벨 씨의 부친이 상당한 소양을 갖춘 분이고, 벨 씨가 젊은 시절에 외무성에서 근무했다는 사실을 알고는 있었지만, 벽에 당시의 유명 작가와 예술가, 정치가를 벨 씨 부자 중 어느 한쪽은 대부분 알고 있었다는 증거였지요. 제가 1층으로 되돌아가보니 메리 벨이 어린 소년과 함께 티 테이블에 앉아 있었어요. 저는 소년의 얼굴에서 우리 집안의 특징을 찾아보기 시작했어요. 그녀가 '모든 사람이 아이가 유명한 대법원 소속 변호사이며 골드스미

---

*19세기 초에 설립된 런던의 디너 클럽.

스와 버크의 친구였던 자기 큰아버지를 빼닮았다고 하지만, 저것이 게인즈버러가 그린 아이의 큰아버지 초상화이니 판단은 당신이 하세요.' 하고 말했기 때문이죠. 그러고 나서 그녀는 소년을 보내면서 아빠가 아프시니 시끄럽게 하지 말라고 주의를 주었어요. 저는 정원 쪽으로 나 있는 창가에 서서 네모난 상자가 많이 있는 걸 보았는데, 벌집이라기에는 너무 커서 상자들이 무엇에 쓰는 물건인가를 물었지요. 그녀는 '벨 씨의 연구와 관련된 거예요'라고 대답했지만, 더 말하고 싶어 하지 않는 눈치였어요. 저는 방 안을 돌아다니며 이것저것 찬찬히 살펴봤지요. 가족 초상화며, 피터 렐리라는 사람의 초상화, 동판화, 액자에 넣은 채텀과 호레이스 월폴의 편지들, 아무리 마구 섞어놓아도 개의치 않는 세대들이 벽 위에 정렬해놓은, 저마다 과거의 이력을 알려주는 결투용 검과 권총 따위를 말이죠. 얼마 되지 않아 간호사가 와서 말했어요. '벨 씨가 본드 씨를 찾고 있습니다. 그분은 너무 쇠약해서 오래 사시지 못합니다. 그렇지만 마음속에 있는 것을 다 이야기하고 나면 편히 가실 수 있을 겁니다. 본드 씨만 보고 싶어 하십니다.' 저는 간호사를 따라 위층으로 가서 커다란 침대에 누워 있는 그 노인을 만났지요. 방에는 귀족들이 그랜드 여행이 유행하던 시절에 이탈리아에서 가져온 무리요와 당대 화가들의 그림 복사본, 사전트가 그린 현대화인 20대 초반의 성모 마리아 초상화가 걸려 있었어요.

노인은 한번 기운을 차리고 한결 몸이 가뿐해진 듯했지만, 미소를 지으며 베개에서 일어나려 하다가 다시 뒤로 누우면서 한숨을 쉬었어요. 간호사는 베개를 고쳐주고는, 말씀이 끝나면 자기를 부르라고 하고는 화장실로 갔어요. 노인은 말했지요. '하느님을 섬기려고 외무성을 떠났을 때는 아주 젊었다오. 인간을 선하게 만들고 싶었지만, 이 저택과 토지를 떠나고 싶지는 않았고, 이곳에서는 아이들 말고는 아무도 잘못을 저지르는 사람이 없었지요. 신의 섭리가 나를 한량없는 은혜로 감싸주었기 때문에 이곳을 바꾼다는 것 자체가 불경이었던 거지. 나는 결혼했는데, 그렇게 많은 행복을 누리고도 보답하지 않는다면 그건 잘못된 일이라 생각했다오. 많이 생각하고 나서, 새와 짐승, 모든 종류의 말 못하는 짐승은 서로 빼앗고 죽인다는 사실을 상기하게 되었지요. 어쨌든 불경을 저지르지 않고도 바꿀 수 있었소. 〈창세기〉를 액면 그대로 믿은 건 아니오. 아담의 가슴에서 뜯겨나온 열정은 에덴의 새와 짐승이 되었지요. 원죄를 함께 지었으니 구원도 함께 받는 존재들이라오. 나는 아무리 오래 살아봤자 별 볼일 없다는 걸 알고는, 특히 내가 가진 것을 가지지 않는 존재들에게 도움을 주고자 생애를 뻐꾸기에 바치기로 결심했었소. 뻐꾸기를 새장에 넣어 키우기 시작했고, 지금은 새장 수가 불어나 정원의 남쪽 벽을 온통 채우고 있다오. 물론 나의 큰 야심은 새들이 둥지를 틀게 하는 것이었지만, 오랫동안 새들은 너무 고집스럽고 가르칠 수가 없어서 나는 거의 절망에 빠졌소. 그러나 아들의 출생이 결의를 새롭게 해서, 일 년 전 가장 나이 많고 영리한 새 몇 마리가 성냥개비와 잔가지, 이끼 조각들을 가지고 둥근 모양을 만들도록 유도했다오. 그러나 이 모양을 만들 수 있는 새는 늘어갔지만 제일 영리한 새들조차도 그걸 엮어서 구조물을 만들려 하지는 않았소. 나는 죽어가지만, 당신이 훨씬 지식이 많으니 내 작업을 계속해주기를 부탁하는 것이라오.' 그때 등 뒤에서 메리 벨의 목소리가 들렸지요. '쓸데없는 일이에요. 뻐꾸기가 둥지를 틀었잖아요. 당신이 오랫동안 앓아누워 있으니 정원사들이 소홀해진 거예요. 저는 조금 전에야 우연히 둥지를 발견했어요. 마지막 가슴 털까지 뽑아 만든 예쁜 둥지였어요.' 그녀는 모르는 사이에 방에 들어와 커다란 둥지 하나를 들고 곁에 서 있었던 거예요. 노인은 둥지를 잡으려 했으나 너무 힘이 없어 잡을 수가 없었지요. '이제 주님의 종이 평화로이 세상을 하직하게 하소서' 하고 그가 중얼거렸어요. 그녀가 새 둥지를 베개 위에 놓자, 그는 돌아누우며 눈을 감았지요. 우리는 간호사를 부르며 밖으로 나와서 방문을 닫고는 나란히 서 있었어요. 우리 둘은 모두 한동안 아무 말도 하지 않았어요. 그러고 나서 메리는 내 품에 몸을 던지고는 흐느끼면서 말했죠. '우리는 그에게 큰 행복을 주었어요.'

다음 날 아침을 먹기 위해 아래층으로 내려와서 나는 벨 씨가 통 트기 직전에 잠자리에서 운명했다는 걸 알았죠. 메리는 내려오지 않았고, 몇 시간 뒤에 만났을 때 아이 이야기만 했어요. '우리는 아이를 위해 온 일생을 바쳐야 해요. 당신은 애 교육에 대해 생각해야 해요. 우리 자신을 생각해서는 안 돼요.'

장례식에서 메리는 이웃 사람과 일가친척 가운데 있는 낯선 노인을 보았는데, 상례식이 끝나자 그는 자신을 오언 아헌이라고 소개했어요. 그는 로바츠 씨가 아침에 마실 차를 기다리는 동안 며칠 연속으로 그의 눈앞에 그려졌던 장면을 들려주었어요. 그 장면들은 우리 은밀한 사생활의 일부여서—남프랑스에서의 첫 만남이라든가 박물관에서의 첫 만남, 베개 위에 둥지가 놓인 커다란 침대 등등—너무도 깜짝 놀랐지요. 우리는 그 날 아침 바로 런던으로 출발했고, 오후 내내 영감이 넘치는 사람, 로바츠 씨와 이야기를 나누었어요. 메리 벨은 그의 요청에 따라 일을 맡게 되었고요. 저는 내일 아일랜드로 돌아가서 그녀가 저택과 아들을 돌려줄 때까지 그곳을 관리할 겁니다."

4

로바츠가 말했다. "지금 물어볼 게 두 가지 있는데, 자네 네 사람은 꼭 대답해야 하네. 메리 벨과 존 본드는 대답할 필요가 없어요. 내가 이 사람들한테는 아무것도 안 가르쳤으니까. 그들의 인생 과제는 이미 정해졌지." 그러고 나서 그는 올레어리와 데니즈, 허든과 내게 몸을 돌리고는 말했다. "인간의 육체는 죽어도 영혼은 살아남는다는 사실을 내가 실제 예로 입증했던가?" 그가 나를 쳐다보기에 나는 "예"라고 대답했고, 그 뒤에 다른 사람들도 차례로 "예"라고 대답했다. 로바츠는 계속했다. "우리는 그리스인과 로마인의 차이에 대한 스위프트의 글을 읽었었지. 자네들은 내 논평과 수정, 부연 설명을 들었네. 다 타버린 심지처럼 문명도 빛을 모두 발산하고 나면 종말이 온다는 사실, 우리의 문명도 종말에 가까워졌다는 사실을 내가 입증해주었지?" "혹은 변화되는 거죠"라고 아헌이 그 말을 수정했다. 나는 모든 사람을 대표해서 말했다. "문명이 불타 없어지고 우리 문명도 종말에 왔다는 걸 입증해 보이셨습니다." "혹은 변화되는 거죠"라고 아헌이 또다시 내 말을 수정했다. 로바츠는 말했다. "자네가 다르게 대답하면 모임에서 내보내겠네. 우리는 다가올 공포에 대해 생각하기 위해 여기 모였으니까 말이야."

메리 벨은 상아 상자를 열어서 백조 알 크기의 알 하나를 꺼내고는, 우리와 어두운 창문 커튼 사이에 서서 색깔이 잘 보이도록 알을 들어 올렸다. 로바츠가 말했다. "그리스 서정 시인의 표현에 따르자면 히아신스 블루인데, 테헤란에서 초록 터번을 두른 노인에게서 샀다네. 몇 세대 동안 장손 집안에서 전해 내려온 것일세." 아헌이 말했다. "아니, 테헤란에 가보신 적도 없으면서." 로바츠가 말했다. "아헌 말이 맞을 거야. 가끔 내 꿈은 사실로 나타나기도 하고 그렇지 않기도 하지만, 그게 문제는 아니지. 나는 알을 아라비아나 페르시아나 인도에서 초록 터번을 두른 노인에게서 샀을 걸세. 그 노인은 알의 내력을 말해주었는데, 부분적으로는 입에서 입으로 전해 온 것이고, 또 부분적으로는 자기가 고대 문서를 통해 알게 된 것이라고 했지. 알은 잠시 하룬 알 라시드*의 보물 창고에 있었는데, 왕가의 어떤 왕자 몸값으로 비잔티움으로부터 받은 거라고 하더군. 알의 이전 몇 세기 역사는 중요하지 않아. 안토니네스** 재위 동안에는 관광객도 이 알이 스파르타의 신전 천장에 금줄로 매달려 있는 것을 볼 수 있었다지. 자네들 중 고전에 박식한 사람은 이것이 신비로운 생명력이 아직도 꺼지지 않는, 레다***의 잃어버린 알이란 것을 알아차릴 거야. 성스러운 지혜로 알의 보호자이며 운반자로서 선택된 오언 아헌과 이 숙녀와 함께 나는 며칠 뒤면 사막으로 돌아갈 걸세. 정해진 장소를 발견하면 오

---

*8세기 말 9세기 초 이슬람 아바스 왕조의 5대 칼리프.
**2세기 로마 융성기 황제인 안토니누스와 그의 양자이며 후계자였던 마르쿠스 아우렐리우스를 지칭한다.
***그리스 신화에 나오는 스파르타의 왕비로, 백조로 변신한 제우스에게 겁탈을 당해 알들을 낳는데, 그 알에서 트로이 전쟁의 원인이 되었던 헬레네 등이 깨어났다.

언 아헌과 나는 얕은 구멍을 파고 그녀는 알을 그 속에 넣어두어 태양열로 부화하게 할 걸세." 그 뒤 그는 이미 부화되었던 알 두 개에 대해, 어떻게 카스토르와 클리타임네스트라가 한 알에서, 헬레네와 폴룩스가 또 다른 알에서 껍데기를 깨고 나왔는지와 이어진 비극에 대해 말했다. 그리고 무엇이 세 번째 알을 깨고 나올지 궁금해했다. 이어서 주드월리스와 기랄두스의 철학에 기초한 긴 담론이 이어졌는데, 때로는 유창하고 때로는 모호했다. 나는 그의 담론 중 몇 부분을, 문맥을 상기하려 하거나 논리적 순서에 따라 배열하는 일 없이, 그냥 아래에 기록해둔다.

"나는 이마누엘 칸트의 세 번째 이율배반에 기초해 이론을 세웠지. 정은 자유, 반은 필요. 그러나 나는 그걸 바꾸어 말하네. 인간의 각 행동은 영혼의 궁극적이며 독특한 자유와 하느님 안에서의 영혼의 소멸을 선언하며, 본질이란 다른 존재들과 단일한 하나의 존재가 합쳐지는 것임을 선언하는 것이지. 또한 이 이율배반은 사고 형식이 우리에게 씌운 외양이 아니라 삶 자체여서, 때로는 여기서 때로는 저기서 소용돌이와 고통을 만들어 돌리는 것이지."

"필요, 진실, 선, 기계 구조, 과학, 민주주의, 추상성, 평화의 시대가 지나고 나면 자유, 허구, 악, 친연 구조, 예술, 귀족주의, 특정성, 전쟁의 시대가 오는 법. 우리 시대는 촛대까지 타버리지 않았는가?"

"죽음이 이율배반을 풀 수는 없는 법이네. 죽음과 삶은 이율배반의 표현이지. 인간은 태어나 다수에 속했다가, 엔돌*의 마

---

*성경에 나오는 가나안 지방의 마을.

녀가 돌아오라고 우리를 부르지 않는다고 해도, 죽어서 '하나'로 돌아간다네. 또한 우리가 그 가슴에서 잠드는 대신 사무엘과 함께 '왜 당신은 우리의 평화를 깨뜨리나요?'라고 외친다고 해도, 그녀는 뉘우치지 않으리라."

"결혼 침대는 해결된 이율배반의 상징인데, 인간이 결혼에서 자신의 정체성을 잃었다가 찾을 수 있다면 상징 이상이 되지만, 인간은 잠에 빠져든다네. 그 잠은 죽음이라는 잠과 같은 것이지."

"사랑하는 맹금들이여, 전쟁에 대비하게. 그대들의 자식과 손안에 들어오는 모든 것을 준비하게. 어떻게 한 나라나 일족이 전쟁 없이, 어린 시절 길을 밝혀주던 셰익스피어 같은 '빛나는 특별한 별'이 되겠는가? 테르모필레*에서 예술과 도덕, 관습, 사상을 시험하게. 부유한 자와 가난한 자가 공존할 수 있도록 서로를 만나게 하게. 신념이 바뀌고 문명이 새로워지도록 무서워도 전쟁을 사랑하게. 우리는 신념을 바라면서도 신념이 부족하네. 신념은 충격에서 오는 것이지, 바란다고 오는 것은 아니라네. 완전한 것은 멸망할 수 없고 불완전한 것도 오랫동안 막지는 못한다는 것을 혼령과 공포를 통해 일족이 알게 되면, 누가 그 일족을 당하겠는가? 죽음의 시련 속에서 신념은 계속 새로워진다네."

아헌이 말했다.

"차후의 신성(神性)이 일족에게 흘러 들어간다 해도 왜 전쟁은 필요한지요? 그들은 다른 방식으로 자신의 특성을 계발할

---

*기원전 5세기에 페르시아군과 그리스 연합군의 전쟁이 있었던 지역.

순 없나요?" 그가 뭔가를 더 말했지만, 나는 듣지 않았다. 메리 벨이 황홀한 눈을 한 채 꼼짝 않고 서 있는 것을 보았기 때문이다. 데니즈가 중얼거렸다. "그녀는 아주 잘했지만, 로바츠는 나더러 그것을 잡고 있으라고 해야 했어. 내가 키도 더 크고 모델로서 단련이 되어 있으니까 도움이 되었을 텐데."

로바츠는 알을 상자에 다시 넣고 우리 한 사람 한 사람과 작별 인사를 했다.

존 더든

친애하는 예이츠 씨,

저는 로바츠의 사상과 행동에 관한 기록을 접하고 있습니다. 그중에는 1919년과 1922년, 1923년 아일랜드 도보 여행 중에 동생 오언이 쓴 일기도 있습니다. 제 동생도 동의하겠지만, 제가 살아 있다면 일기의 일부를 출판할 것입니다. 왜냐하면, 늘 그렇듯이 그들은 긴장된 곳에서 살면서, 아일랜드 자유 정부 군인과 비정규 군인, 시골 신사, 뜨내기와 강도 가운데서 벌어지는 사건을 겪었기 때문입니다. 그 사건은 문맥이나 설명 없이 기록되어, 몇몇 흥미로운 색점에서 어떤 형상을 유추하게 되는 잭 예이츠 씨*의 최근 그림을 떠올리게 합니다. 또한 로바츠의 제자들이 런던에서 만든 기록이 있는데, 그 기록은 로바츠의 도형과 그에 대한 설명, 존 더든의 긴 이야기를 포함하고

---

*윌리엄 버틀러 예이츠의 화가 동생.

있습니다. 당신은 말씀하신 대로, 〈풍문〉에 기초한 세 편의 시, 〈달의 28상〉, 〈이중 비전〉, 〈하룬 알 라시드의 선물〉을 제게 보내셨지요. 앞의 두 편은 제가 일기에서 발견한 것에 비추어볼 때 충분히 정확합니다. 물론 한 편은 약간의 압축과 강조가 허용되어야 하겠지요. 〈하룬 알 라시드의 선물〉에는 날짜가 잘못된 것이 있는 것 같습니다. 로바츠가 내 동생에게 한 얘기로는, 주드왈리스파의 창시자 쿠스타 벤 루카는 하룬 알 라시드가 죽었을 때, 젊었거나 비교적 젊은 나이였기 때문입니다. 그러나 시적 자유는 늘 있는 것이겠죠.

저는 아직 출판되지 않은 당신의 책 가운데 당신이 보낸 자료와 로바츠의 제자들이 기록한 도형과 설명을 비교해보았지만, 본질적으로 차이가 없었습니다. 《천사와 인간의 거울》에서 소실된 부분, 혹은 주드왈리스의 접근할 수 없는 진지에서 살아남은 것을 당신이 발견했다는 사실은 제게 흥미로웠을 뿐, 놀랄 일은 아니었습니다. 저는 플라톤이 기억에 관해 한 말을 기억합니다. 그래서 당신의 자동기술이, 그것이 무엇이든, 기억의 한 과정이었을 것이라는 점을 얘기하고 싶습니다. 저는 플라톤이 '기억'이란 말로 무시간적인 것과의 관련성을 상징화했다고 생각합니다. 그러나 너는은 너욱 식섭색인 사람이어서 당신의 얼굴과 《천사와 인간의 거울》에 나온 기랄두스의 얼굴이 닮았다는 사실을 발견했습니다. 이에 저는 목판 초상화를 동봉합니다.

당신은 로바츠와 제 동생이 그 어느 때보다 뜨겁게 해묵은 논쟁을 벌였는지, 그리고 그 쟁점은 정확히 무엇이었는지를 물으셨죠. 이것이 제가 여러 사람에게 질문하고서 발견한 것입니다. 약 30년 전에 당신은 〈로사 알케미카〉, 〈율법〉, 〈동방 박사의 경배〉 등의 작품을 '사소한 사건'을 소재로 해서 쓰셨지요. 당시에 젊은이였던 로바츠는 동생의 내키지 않는 도움을 받아 《카발라의 신비》*와 그 유사한 책들을 연구하기 위한 협회를 만들고, 일종의 의식을 창안했으며, 모임을 위해 호스 부두에 낡은 헛간 하나를 세냈습니다. 말도 안 되는 소문이 청어나 고등어를 선별하는 사람들 사이에 나돌았고, (내 동생 말로는 각지에서 사람이 왔는데, 그중 글래스고에서 온) 어떤 여자애들이 창문을 깨기도 했습니다. 당신은 이 사건에서 로바츠와 친구들의 살해 이야기를 생각해냈고, 내 동생이 제식에서 기독교를 결합했지만 당신은 이교도 신들을 숭배하는 일종의 주신제로 묘사했습니다. 동생은 이교도 신에 아주 강한 거부감이 있어서, 로바츠의 말에 따르자면, 스스로 정통 기독교인임을 입증하려 합니다. 로바츠는 자신의 죽음에 대한 당신의 묘사를 불평하지 않고, 오언이 항의하지 않았더라면 아무도 그런 환상적인 이야기에 나오는 아헌과 로바츠가 실제 사람이라고 생각지 않았을 거라고 말합니다. 그러나 로바츠는 (이건 저만 알고 있는 것으로, 확신하는데) 당신의 문체에 대해서는 불만을 품었습니다. 당신이 의미를 소리로, 사상을 장식으로 대체했다고 말합니다. 로바츠가 유럽과 결별하기 직전에 일어난 일에 관한 이야기는 부자연스럽게 두드러져 있는 게 분명합니다. 저는 이에 이의를 제기하기 위해 당신에게 한 번 편지를 썼지요. 편지에서 말씀드렸죠. 당신은 당시 유럽에서 훌륭한 작가들 반 이

---

*기독교 신비주의자인 크노르 폰 로젠로트의 라틴어 카발라 문서.

상이 글을 쓰는 방식으로 이야기를 쓰셨다고요. 당신의 산문은 어떤 사람이 '절대적 시'라거나 또 어떤 사람이 '순수한 시'라고 불렀던 것과 동일하다고요. 또 이야기가 속도와 다양성은 없었지만, 《아르카디아》* 이후 엘리자베스 시대 산문들이 그러하듯, 도처에서 감각적인 것과 시사적인 것에 빠지지 않았더라면 속도와 다양성 둘 다 획득할 수 있었을 것이며, 마지막 도랑까지 간 사랑 이야기는 자랑할 만하다고 말이죠. 로바츠는 대답했습니다. 촛불이 다 타고 나면, 정직한 사람은 촛농이 촛불인 체하지 않는다고 말입니다.

존 아헌 드림

---

*16세기 영국 르네상스 시대의 작가 필립 시드니 경의 목가적 로맨스.

달의 위상

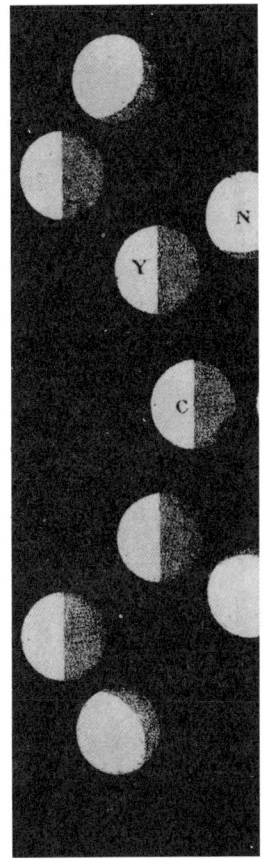

다리 위에서 한 노인이 귀를 쫑긋 세웠다.
그는 노인과 친구, 얼굴을 남쪽으로 향하며
거친 길을 걸어왔다. 부츠는 흙투성이,
코네마라 옷은 낡아서 볼품이 없었다.
늦게 떠오르는 그믐달에도 아랑곳 않고
잠자리가 아직도 멀리에 있는 듯
걸음을 멈추지 않았다. 노인이 귀를 쫑긋 세웠다.

아헌 저게 무슨 소리죠?

로바츠 쥐나 뜸부기가
　　　첨벙거리거나 수달이 개울 속으로 미끄러져 들어가는 소리일세.
　　　우리는 다리 위에 있고, 저것은 탑 그림자,
　　　불빛을 보니 그 사람 아직 책을 읽고 있군.

    그가 자기 방식에 따라
    허상만을 좇고, 이곳을 살 장소로 정한 것은
    멀리 있는 탑에서 나오는 촛불 때문이었을 걸세.
    거기에서는 밀턴의 플라톤주의자나
    셸리의 환상 속 왕자가 밤늦게까지 앉아 있었지.
    새뮤얼 팔머 판화에 나오는 외로운 등불,
    애써야 얻을 수 있는 신비로운 지혜의 표상.
    지금 그는 책이나 문서에서 찾고 있다네,
    결코 찾을 수 없는 것을.

아헌   왜 당신은 모든 것을 아시면서
    그 사람 집 초인종을 누르고 말해주지 않습니까?
    당신이 매일 드시는 빵과 같은 모든 진리를
    그가 평생 찾아도
    그 부스러기조차 찾기 어려울 것임을.
    왜 그렇게 말해주고 길을 다시 나서지 않습니까?

로바츠 그 사람은 페이터에게 배운 현란한 문체로 나에 대해
    썼다네. 그리고 자기 얘기를 마무리 짓기 위해
    내가 죽었다고 말했으니, 나도 죽은 것으로 하기로 했네.

아헌   달의 변화를 한 번 더 읊어주십시오.
    말로 되었지만 진실한 노래 "나의 시인은 내게 노래했다
  네"를.

로바츠 달의 28상,
　　　보름달과 그믐달과 초승달이
　　　모두 스물여덟이라. 그러나 인간이 흔들리는 요람은
　　　단지 스물여섯뿐.
　　　보름이나 그믐에는 인간의 삶이 없기 때문이라.
　　　초승달부터 반달까지, 꿈은
　　　모험을 부르고, 인간은
　　　새나 짐승처럼 언제나 행복하니.
　　　그러나 달이 가득 찰 때까지 둥글어지는 동안
　　　인간은 가능한 변덕 가운데
　　　가장 심한 변덕을 부리며,
　　　아홉 가닥 채찍으로 맞은 것처럼 마음에 흉터가 남지만
　　　내부에서 만들어지는 몸은
　　　점점 고와진다네. 11상이 지나고 나면
　　　아테네는 아킬레우스 머리채를 잡고
　　　헥토르는 흙으로 돌아가네. 니체가 태어나나니,
　　　영웅의 초승달은 12상이기 때문이라.
　　　그러나 아직도 두 번 태어나고 두 번 죽으며 성장해야
한다네.
　　　보름이 될 때까지, 벌레처럼 무력한 채.
　　　13상은 영혼을 자신 속에서
　　　싸우도록 만들 뿐. 그리고 전쟁이 시작될 때는
　　　팔에 근육이 없나니. 그 뒤에
　　　14상의 광란 아래서
　　　영혼은 떨기 시작해 침묵에 이르고

결국 자신의 미로 속에 빠져 죽는다네!

아헌   노래를 다 불러주십시오. 끝까지요. 그 모든 고행에 대한
기이한 보상을 읊어주십시오.

로바츠   모든 생각은 한 이미지가 되고, 영혼은
육체가 된다네. 육체와 영혼은
달이 가득 찰 때는 너무 완벽해 요람에 있을 수 없고
너무 외로워 번잡한 세상에 나갈 수 없네.
육체와 영혼은 내던져져 사라진다네.
보이는 세계 너머로.

아헌   영혼의 모든 꿈은
미남 미녀의 육체에서 끝납니다.

로바츠   자네는 그걸 늘 알고 있었겠지?

아헌   노래는 이렇지요.
우리가 사랑한 적이 있는 사람들은 죽음과 상처, 혹은
시내산 꼭대기,
혹은 자신의 손에 쥔 피 묻은 채찍에서
오래 걸려 벗어난 것이라고요.
그들은 요람에서 요람까지 달려서 마침내
그 아름다움이 육체와 영혼의
외로움에서 벗어나지요.

로바츠 사랑하는 사람의 마음은 그것을 알고 있지.

아헌 그들 눈에 나타난 공포는
모든 것이 빛으로 가득하고 하늘에 구름 한 점 없는
그 시간에 대한 기억이거나 예지임이 틀림없지요.

로바츠 달이 가득 찰 때면 시골 사람들이
그 보름의 존재를 황량한 언덕에서 만나
떨며 서둘러 지나간다네. 육체와 영혼은
자신들의 기이함 때문에 서로 멀어져
명상에 빠져들고, 마음의 눈은
한때 생각이었던 이미지에 고정되나니,
개별적이고 완벽하고 움직일 수 없는 이미지는
사랑스럽고 만족스럽고 무심한 눈의
고독을 깨뜨릴 수 있기 때문이라.

그러자 나이 들고 톤이 높은 목소리로
아헌이 웃었다. 탑 속 남자와
그의 잠들지 않은 촛불과 애쓰는 펜을 생각하면서.

로바츠 그리고 달이 이울기 시작하면
영혼은 많은 요람에서 느꼈던 외로움을 기억하고
몸서리친다네. 모든 것은 변하고
영혼은 세상의 종이 되며, 영혼이 종이 될 때는
가능한 임무 가운데

가장 어려운 임무를 택하여
육체와 영혼에
거칠고 힘든 일을 짐 지운다네.

아헌 영혼은 달이 가득 차기 전에는
자신을 찾다가, 그 뒤에는 세상을 찾는군요.

로바츠 그대는 잊힌 존재이며 세상에서 반쯤 벗어나 있고
책을 쓴 적이 없으므로 생각이 명료하도다.
개혁가이건 장사꾼, 정치가, 학자이건
충실한 남편이건 정직한 아내이건 차례로 모두
이 요람 저 요람을 거치며, 모두 벗어나고 모두
이울어진다네. 이울지 않으면
우리는 꿈에서 벗어날 수 없으니.

아헌 그러면 종 같은 마지막 하현달에서
자유로워진 존재는 어떻게 되나요?

로바츠 온통 어둡기에, 온통 빛인 존재와 마찬가지로
경계 너머로 내던져지고, 구름 속에서
박쥐처럼 서로 울부짖는다.
하지만 욕망이 없으므로 선악을 구별하지 못하고,
자신을 굴복해 완성에 이르렀으므로
이긴다는 것이 무엇인지도 모르지.
그래도 마음에 흘러든 생각은 말한다네.

더 이울어질 수 없을 정도로 이울어져, 형상을 잃어버리고
굽기 전 밀가루 반죽처럼 맥이 빠져,
한마디로 몸이 바뀐다네.

아헌   그러고 나서는요?

로바츠   요리사 자연이 상상하는 형상을 할 수 있게
모든 밀가루 반죽이 아주 잘 이겨지면
가느다란 첫 초승달로 다시 한 번 더 돌아가느니.

아헌   그렇지만 해탈은 어떻게요? 노래가 아직 끝나지 않았지요.

로바츠   꼽추와 성인과 바보가 마지막 하현달이라네.
미의 잔인함과 지혜의 지껄임의 바퀴,
―그 요동치는 파도에서 나오는―
한때 흥망성쇠에 따라
화살을 쏠 수 있었던 불타는 활은
육체와 정신이 이우는 가운데 당겨지느니라.

아헌   우리 숙소에서 멀지 않다면 그의 집 초인종을 누르고
성문 옆, 그 집 거친 서까래 아래에
서 있겠어요. 그곳은 모든 것이 완전히
근엄하고, 그가 결코 발견하지 못할
지혜를 위해 마련된 곳이지요. 제가 역할을 맡지요.
이렇게 오랜 세월이 지났으니 그는 저를 못 알아보고

술 취한 촌사람으로 생각할 것이고
저는 거기 서서 중얼거릴 겁니다.
그가 '꼽추와 성인과 바보'를 보고, 그들이
마지막 세 하현달이 뜰 때 온다는 것을 알아차릴 때까지.
그러면 저는 비틀거리며 나올 겁니다. 그는 매일매일
궁리하겠지만 결코 그 의미를 찾지 못할 겁니다.

어려워 보이던 것이 그렇게 단순한 것일 수 있다는 걸 생각하며
그는 웃었다. 개암나무 숲에서 박쥐 한 마리가 날아올라
찍찍거리며 그의 주위를 돌았다.
탑 창문에 비치는 불빛이 꺼졌다.

1권
거대한 바퀴

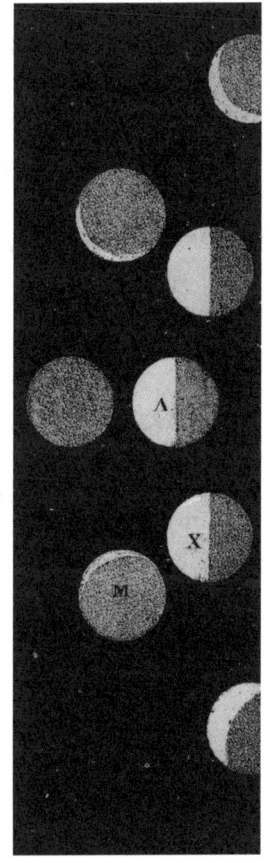

《천사와 인간의 거울》에 나온 '거대한 바퀴'*

*그림 속의 라틴어는 맨 위부터 시계 방향으로 각각 힘, 미, 유혹, 지혜를 뜻한다.

1부 주요 상징

1

엠페도클레스가 쓰기를 "'불화'가 소용돌이의 가장 깊은 곳으로 떨어지면―버넷*은 그곳이 중심이 아니라 가장자리라고 지적하는데―'조화'는 중심에 도달하고, 그곳으로 모든 것이 모여 유일한 존재가 되지만, 단번에 그렇게 되는 것이 아니라 여러 다른 부분에서 모여 점차 하나가 된다. 그렇게 되면서 불화는 가장자리로 물러나고…… 불화가 밖으로 밀려 나오는 것에 비례하여 조화는 불멸의 끝없는 물결처럼 유유히 흘러 들어온다"라고 했다. 그는 또다시 말한다. "끝없는 시간은 결코 이 두 가지에서 벗어나는 법이 없을 것이다. 이 둘은 원이 도는 동안 번갈아 지배하며, 상대가 나타나면 약해지고, 정해진 자기 차례가 되면 강해진다." 헤라클레이토스가 "모든 것의 신, 모든 것의 아버지이며, 어떤 사람을 신으로 또 어떤 사람을 인간으로, 어떤 사람을 노예로, 또 어떤 사람을 자유인으로 만들었다"

*20세기 초 영국의 그리스철학 연구가인 존 버넷.

라고 말한 것은 바로 이 '불화' 또는 '전쟁'이었다. 그리고 나는 사랑과 전쟁이 레다의 알에서 부화했음을 상기한다.

2

아리스토텔레스의 후기 주석자인 심플리키우스에 따르면*, 엠페도클레스의 조화는 모든 사물을 "하나의 동질적 구(球)"로 만들며, 불화는 원소들을 분리해 우리가 사는 세계를 만든다. 그러나 조화로 만들어진 구조차 변치 않는 영원은 아니다. 조화 혹은 사랑은 단지 변치 않는 세계의 이미지만을 보여주기 때문이다.

불화에 속하는 소용돌이는 무가 될 때까지 점점 줄어드는 원으로 이루어지고, 조화에 속하는 반대 구는 자신으로부터 반대의 소용돌이를 형성하며, 각 소용돌이의 정점은 다른 소용돌이의 밑바닥 중앙에 있다고 생각하면, 우리는 내 선생들이 알려준 기본 상징을 얻을 수 있다.

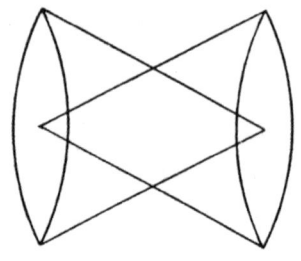 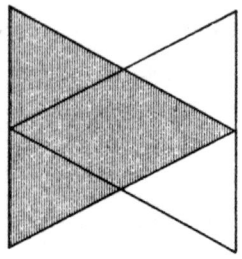

*[원주] 피에르 뒤앙의 《천체 역학》 1권 75쪽에서 인용함.

우리가 밝게 표시된 원뿔을 '불화'로, 다른 원뿔을 '조화'로 부르고 각각을 가이어의 경계로 생각하면, 하나의 가이어가 언제나 다른 가이어 속에 들어가 맞물린 상태에서, '불화'의 가이어가 증가하면 '조화'의 가이어는 감소한다는 것을 알 수 있다. 그다음에는 '불화'의 가이어가 감소하는 동안 '조화'의 가이어가 증가하며, 그다음에도 그런 식으로 계속된다는 것을 상상할 수 있다. 여기에서 다음과 같은 헤라클레이토스의 사상이 모든 것을 지배한다. "서로 한쪽이 살면 한쪽은 죽고, 한쪽이 죽으면 한쪽은 산다."

철학에서 최초로 명확하게 설명된 가이어는 《티마이오스》*에 묘사된 것으로, (모든 개체의 창조자인) '타자'의 궤도에 의해, 적도 위나 아래로 올라오거나 내려가는 별들의 궤도에 의해 만들어진다. 그것은 성격상 '동일자'를 구성하고 우리에게 '보편자'에 관한 지식을 주는 움직이지 않는 별들의 순환과 반대된다. 피타고라스의 제자 알케몬은 인간이 죽는 것은 자신의 시작과 끝을 하나로 연결할 수 없기 때문이라고 생각했다. 인간이라는 뱀은 제 입에 제 꼬리를 물지 못한다. 그러나 시인이자 학자인 내 친구 스텀 박사**는 토마스 아퀴나스의 가이어에 대해 다음과 같이 설명한다. '동일자'의 순환을 모방했음에도 내 선생들이 그린 도형들처럼 가시적인 하늘과 거의 연관이 없는 것처럼 보이는 천사들의 회전 운동, 인간 지성의 직선과 나

---

*플라톤이 지은 자연학에 관한 대화편. 피타고라스파의 제자가 주인공으로 등장해 플라톤의 우주 창조설을 설명한다.
**1920년대에 점성술과 관련하여 예이츠와 깊은 교류를 했던 시인이자 번역가 프랭크 스텀.

선형(gyre), 하느님과 인간 사이에서 천사들이 오르내리면서*
만든 두 움직임의 결합. 그는 또한 디 박사와 마크로비우스와
무명의 어떤 중세 작가의 글 중에서 영혼들이 나선형에서 구형
으로, 구형에서 나선형으로 변하는 것을 묘사하는 구절을 찾아
보여주었다. 머지않아 나는 최후의 안식처로 구형에 대해 할
말이 많을 것이다.

가이어들은 스베덴보리의 신비주의 문서에서 가끔 언급되
지만 아직 연구는 되지 않은 상태이다. 신비주의적 삶을 시작
하기 전에 쓴 방대한 과학 연구서인《프린키피아》**에서 스베
덴보리는 이중 원뿔을 언급한다. 전 우주, 전 태양계, 모든 원
자 등과 같은 모든 물질세계는 이중 원뿔이다. 거기에는 "서로
대립되는 두 극이 있고, 이 두 극은 원뿔 형태로 돼 있다."***
나는 어떻게 이 원뿔이 점과 구에서 생성되었는지, 또 그것들
이 행성의 모든 움직임을 지배한다는 사실을 증명하려는 그의
논의도 관심이 없다. 왜냐하면 스베덴보리가 신비주의적 저술
에서 그랬듯이, 나는 기하학적 형태들이 무공간의 본질인 '문
두스 인텔리지빌리스(Mundus Intelligibilis)'****에 대해 갖는 관
계는 상징적인 것일 뿐이라고 생각하기 때문이다. 플로베르는
내가 알기로 유일하게 이중 원뿔을 그런 식으로 사용한 작가이
다. 그는 '나선'이라는 이야기를 쓸 것이라고 많이 이야기했다.

---

*[원주]《켈트의 여명》에 실린〈요정 족속의 친구들〉이라는 에세이에서 나는 그런
오르내림을 묘사했다. 나는 킬타르탄에서 취록한 어떤 이야기에서도 똑같은 움직
임이 있음을 알았고, 당시에는 몰랐던 어떤 중세 상징이 아닌가 생각했다.
**스베덴보리의 책《자연 사물의 원리》를 말한다.
***[원주] 스베덴보리 학회 번역본 2권 555쪽.
****예지계. 이데아의 세계, 이성적 존재들이 지배하는 세계를 말한다.

비록 그 이야기를 쓰기 전에 세상을 떠났지만, 나중에 그것에 대한 그의 일부 언급들을 모은 책이 출간되었다. 그것은 인생이 불행해질수록 밤에 꾸는 꿈이 엄청나게 커져, 사랑의 실패가 꿈속 공주와 결혼하는 일로 바뀌는 어떤 사람에 대한 이야기였을 것이다.

3

내 선생들이 사용하는 이중 원뿔 혹은 소용돌이는 플로베르의 것보다 훨씬 복잡하다. 선은 확장이 없는 움직임이다. 그래서 선은 시간, 주관성, (버클리가 말하는) 생각의 흐름, (플로티노스*에게는 분명) 감각을 상징한다. 그리고 그것을 직각으로 나누는 면은 공간 혹은 객관성을 상징한다. 선과 면은 정신이 객관성 속에서 성장하느냐 주관성 속에서 성장하느냐에 따라 확장되거나 축소되는 가이어 속에서 합쳐진다.

    시간을 주관성과 동일시하는 것**은 필시 철학만큼 오래된

---

*〔원주〕《엔네아드》, vi, i, 8(매케너 번역본).
**〔원주〕조반니 젠틸레〔20세기 이탈리아의 철학자로, 무솔리니 정권에 협조적이던 인물—옮긴이〕는 칸트의 시간 공간 개념을 다음과 같이 요약한다. "공간은 외적 감각의 형식이고, 시간은 내적 감각의 형식이라고 칸트는 말했다. 그 말의 뜻은 우리는 자연, 즉 외적 세계라고 부르는 것을 재현하며, 우리의 지식과 정신적 삶이 시작되기 전에 자연이 이미 공간 속에 존재하고 있었던 것으로 생각한다는 것이다. 그리고 우리는 내적 경험의 대상들이 가진 다양성을 재현한다. 즉 공간이 아닌 시간 속, 정신적 삶의 발달 과정에서 다양하고 복합적인 것으로 생각하는 대상들을 재현한다."(《순수 예술로서의 정신의 이론》, 9장, 윌든 카 번역). 그는 시간과 공간을 분리하는 것처럼 보이는 이 정의는 수정할 필요가 있다고 생각한다. 그러나 내가 '네 원리'라고 부른 것에 대해 논하게 되면 필자의 상징들은 시간을 공간화하는 행위를 의미한다는 점이 분명해질 것이다.

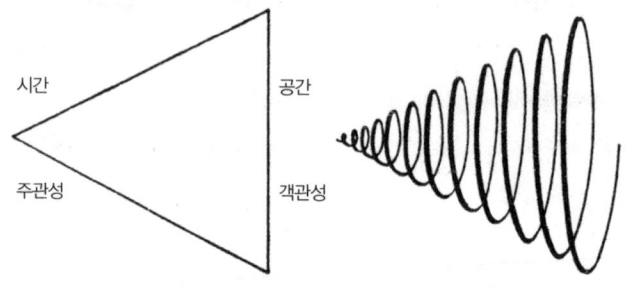

일이다. 우리가 만지거나 다루는 모든 것은 (당분간 다른 객관성은 논외로 하고) 형태와 크기를 가지고 있다. 반면에 우리의 생각과 정서에는 지속성과 질이 있어서, 생각은 되풀이되거나 습관적이 되며, 강의나 음악은 시간으로 측정된다.

　동시에 순수한 시간과 순수한 공간, 순수한 주관성과 순수한 객관성—원뿔의 바닥면과 꼭짓점—은 정신의 추상화 혹은 구성 요소이다.

4

내 선생들은 단일 원뿔(혹은 소용돌이)을 한두 번 사용했지만 그것을 이내 이중 원뿔(혹은 소용돌이)로 바꾸었다. 주관성과 객관성을 서로 대립하는 상태가 교차되는 것으로 생각하고 싶었기 때문이다. 만일 어떤 곡이 개 짖는 소리나 바다의 파도치는 소리를 암시하려 한다면, 그것은 전적으로 시간만이 아니라 크기와 무게도 암시한다. 인간이 전생이나 현생에서 행한 행위인 '네 기능'의 원뿔이라 부른 것들 중에서—무엇이 인간을 만드는지는 나중에 말하겠다―주관적인 원뿔은 '대립상적 성향'*의 원뿔이라고 부른다. 그것은 반대되는 것과의 끊임없는 갈등에 의해 이루어지고 지켜지기 때문이다. 객관적인 원뿔은 '기본상적 성향'의 원뿔이라고 부른다. 왜냐하면 주관성은―내 생각으로는 엠페도클레스의 '불화'와 같은데―인간을 서로 분리시키는 경향이 있는 데 반해, 객관성은 우리의 시작이었던 집단으로 다시 데려가기 때문이다. 나는 뵈메가 흔히 쓰는 말인 '성향'이라는 용어를 쓸 것을 제안했고, 내 선생들은 '대립적'이라는 말을 내 책《상냥하고 조용한 달빛 속에서》에서 가져왔다.

나는 헤겔을 읽은 적은 없지만, 내 마음은 어린 시절부터 죽 블레이크로 가득했다. 그래서 나는 세계를 ('혼령'과 '유출'의) 갈등으로 파악했고, 대립과 부정의 차이를 구별할 수 있었다.

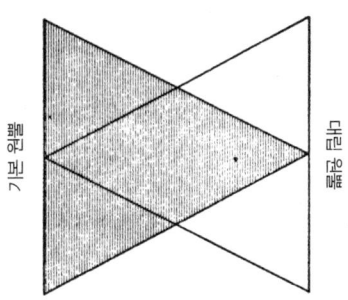

블레이크는 썼다. "대립은 긍정적인 것이고, 부정은 대립적인 것이 아니다." "단순성과 무미건조함 사이에는 얼마나 큰 골이

---

*'성향(tinctures)'은 원래 '색조(色調)'라는 의미를 가진 단어인데, 야콥 뵈메에게서 빌려온 개념으로, 인간의 삶을 몰고 가는 본질적인 갈등과 긴장의 두 원천을 가리킨다. 기본상적 성향은 일자(the One), 대우주(macrocosm), 종족, 집합적, 객관적 진리와 지식을 나타내며, 대립상적 성향은 다자(the Many), 소우주(microcosm), 영혼, 개별적, 주관적 미와 창조성을 나타낸다.

있는지." 그리고 또 "무덤 밑에는 대립적인 것들이 똑같이 진실인 곳이 있다"라고.

나는 그 갈등을 논리적 형식으로 표현해본 적이 없고*, 헤겔처럼 시소의 양 끝은 상대에 대한 부정이며 봄나물은 봄이 지나면 먹지 않는다는 사실을 결코 생각지 못했다.

두 '성향'의 원뿔은 본질을 반영하지만, 그것들 자체가 추구이며 환상이다. 곧 알게 되겠지만, 구는 본질이다. 내 도형에서 밝게 표시된 '대립' 원뿔은 점점 넓어지면서 우리의 욕망과 상상력의 내적 세계를 점점 더 크게 나타내주며, 반면에 어둡게 표시된 '기본' 원뿔은 넓어지면서 정신의 객관성을 점점 더 크게 나타내준다. 후자는, 머리 사전**에 있는 말로 하자면, "정신 외부에 있는 것을 강조"하거나 "내적 사상보다는 외적 사물과 사건을 다루거나" "개인들의 의견이나 감정으로 채색되지 않는 실제 사실을 보여주려" 한다. '대립상적 성향'은 감성적이고 미학적인 데 반해, '기본상적 성향'은 이성적이고 도덕적이다. 이 두 개의 원뿔 속에서 소위 '네 기능'인 '의지(Will)'와 '마스크(Mask)', '창조심(Creative Mind)', '운명체(Body of Fate)'가 움직인다.

내가 기하학적 도형을 자세히 설명하기 전에 의지와 마스크를 의지와 그 대상 혹은 '존재'나 '당위'로, 또 창조심과 운명체를 사고와 그 대상, 혹은 '인식자'와 '인식 대상'으로 묘사하고,

---

*〔원주〕 본질은 논리적인 것은 아니지만, 유행이 지난 작가나 운동에 대한 논리적 반박을 발견하면 본질은 정신 속에서 논리적인 것이 된다. 언제나 오류란 있기 마련인데, 그것은 모든 생명을 창조하는 '갈등'과는 아무런 상관이 없다. 크로체〔무솔리니의 파시즘 정권에 항거했던 현대 이탈리아의 역사철학자—옮긴이〕는 헤겔 연구에서 오류를 부정과 같은 것으로 본다.
**제임스 머리가 편집한 《옥스퍼드 영어사전》을 말한다.

첫 두 기능은 달과 관련되고 대립상적이며 자연적인 데 반해, 두 번째 두 기능은 해와 관련되고 기본상적이며 이성적이라고 말하는 정도면 충분하리라 생각한다. 한 개인은 도형에서 의지의 위치, 즉 선택하는 위치에 따라 분류된다. 처음 볼 때는 네 기능 중에서 단지 두 가지 의지와 창조심만이 적극적이므로 두 가지 기능밖에 없는 것 같지만, 기능들은 두 개의 상반된 원뿔로 표현되어 한 원뿔의 의지는 다른 원뿔의 마스크이며, 한 원뿔의 창조심은 다른 원뿔의 운명체가 되도록 그려졌다는 사실을 곧 알 수 있다. 의지를 가진 모든 것은 욕망이나 거부나 수용의 대상이 될 수도 있고, 모든 창조 행위를 사실로 볼 수도 있으므로, 모든 '기능들'은 번갈아 창과 방패가 된다.

5

이들 상반되는 두 쌍은 서로 반대 방향으로 선회하는데, 의지와 마스크는 우에서 좌로, 창조심과 운명체는 좌에서 우로 시곗바늘처럼 돈다. 나는 당분간 논의를 '의지'와 '창조심', 즉 의

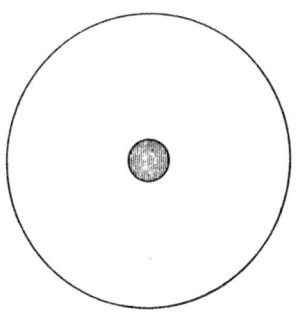

지와 사고에 한정하려 한다.

'의지'는 대립 원뿔의 가장 넓은 면에 접근함에 따라 '창조심'을 끌어내지만—사고는 점점 더 의지의 지배를 받게 되는데—의지가 대립 원뿔의 가장 넓은 끝에서 떨어진 거리만큼의 똑같은 거리를 창조심은 원뿔의 좁은 끝으로부터 유지한다. 그다음에는, 의지는 원뿔이 극도로 팽창되는 것에 만족하는 것처럼 보이지만, 창조심이 지배하도록 하고, 창조심이 다시 한 번 약해질 때까지 창조심에 이끌리게 된다. 다시 말하자면, 창조심은 의지에 의해 대립 원뿔의 가장 넓은 끝 쪽으로 이끌리면서 점점 더 의지의 지배를 받지만, 의지는 아무것에도 영향을 받지 않고 자유롭다. 그러나 우리는 이 두 가지 기능이 원뿔의 동일한 교차에 의해 대립 원뿔의 가장 넓은 쪽으로 접근하는 것으로 표현한다.

어둡게 표시된 부분, 즉 기본 원뿔은 의지에 영향을 받고, 밝게 표시된 부분, 즉 대립 원뿔은 창조심에 영향을 받는다. 우리는 원뿔에서 위치로 두 상징을 대치할 수 있다. 즉 우리는 창조심이 대립 원뿔의 가장 넓은 끝으로 접근했다가, 그다음에 기본 원뿔의 좁은 끝으로 이동하여 다시 한 번 더 팽창하는 것으로 나타낼 수 있다. 또 의지는 기본 원뿔의 가장 좁은 끝으로 접근했다가, 다음에는 창조심이 원뿔을 바꾸는 순간에 대립 원뿔의 넓은 끝으로 들어가 다시 한 번 더 축소하는 것으로 나타낼 수 있다. 이 도형은 가끔 내 선생들이 썼고, 그들은 끊임없이 "성향들의 교차"라는 말을 썼다. 이런 이유로 선생들은 '기능들'을 늘 도형 바깥쪽을 따라 움직이는 것으로 나타낸다. 완전히 대립적 상태가 되기 직전에는 다음과 같은 위치를 갖게 된다.

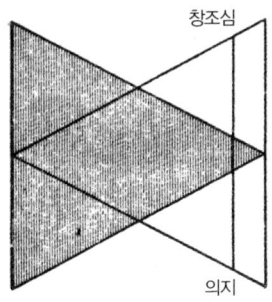

그 직후에는 다음과 같이 된다.

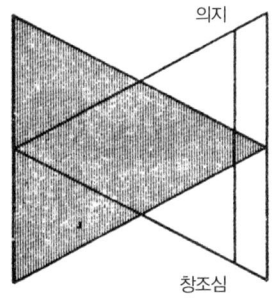

나는 의지의 가이어가 밝게 표시된 부분인 대립 원뿔의 아래쪽을 따라서 우에서 좌로 움직여 원뿔의 가장 넓은 끝까지 완전히 접근하고, 창조심의 가이어는 위쪽을 따라서 우에서 좌로 움직인다고 생각한다. 그래서 마침내 완전히 팽창된 상태에 이르면 둘은 서로 교차해 의지는 위쪽에서 창조심은 아래쪽에서 나와, 기본 가이어의 가장 넓은 끝에서 다시 교차할 때까지 계속 도형의 바깥을 따라 움직인다. 더 정확하게 말하면, 이런 움직임은 두 가이어의 이중적 움직임인데, 이것을 편리하게 그림으로 요약한 것일 뿐이다. 이 가이어들은 기본 원뿔과 대립 원뿔의 가장 넓은 쪽을 향해 움직일 뿐만 아니라, 동시에 회전 운동을 하는데, 의지의 가이어는 우에서 좌로, 창조심의 가이어는 좌에서 우로 회전한다. 이제 곧 이들 회전 운동의 의미를 고찰하도록 하겠다.

6

마스크와 운명체는 성격상 의지와 창조심의 위치와 정반대되는 위치를 차지하고 있다. 의지와 창조심이 대립 원뿔의 가장 넓은 쪽으로 접근하면, 마스크와 운명체는 기본 원뿔의 가장 넓은 쪽으로 접근하는 식으로 진행된다. 다음 그림에 나타난 인간의 성격은 거의 완전하게 대립상적이다.

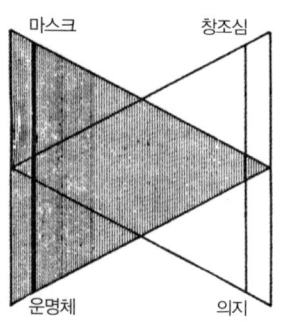

다음 그림에서는 거의 완전히 기본상적이다.

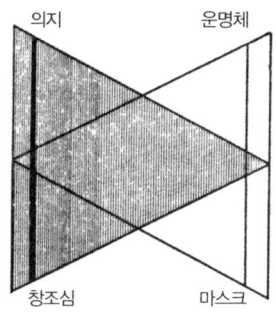

다음 그림에서 나타난 인간은 완전히 기본상적 인간인데, 곧 보게 될 것이지만, 완전히 대립상적인 것과 유사한 상태로서, 단지 초자연적 존재거나 이상적 존재이다.

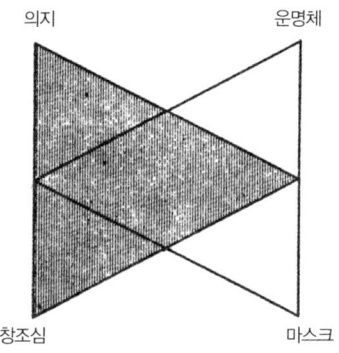

다음 그림에서 나타난 이 사람은 기본상적인 것과 대립상적인 것 중간에 있으면서 대립적 원뿔의 가장 넓은 쪽으로 움직이고 있다. 네 개의 모든 가이어가 겹쳐 있다.

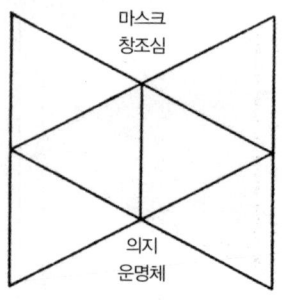

곧 보게 될 것이지만, 사고와 삶의 가능한 모든 움직임에 대한 분류를 완성하기 위해 원뿔들의 바깥쪽에 일련의 숫자들을 배치하기만 하면 된다. 나는 선생들에게서 이 숫자들을 달이 태양에 가장 가까워지는 보름과 달이 없는 그믐을 포함하여 달의 28상과 일치하게 하라는 말을 들었다. 달이 없는 밤은 1상이고, 보름달이 뜬 밤은 15상으로 부른다. 8상부터는 대립적 상들이 시작되어, 달의 밝은 부분이 어두운 부분보다 더 크며, 22상부터는 기본적 상들이 시작되어, 달의 어두운 부분이 밝은 부분보다 더 크다. 15상과 1상에서는 각각 대립상적 성향과 기본상적 성향이 절정에 이른다. 예를 들어, 13상의 인간이란 의지가 13상에 있는 사람이라는 뜻이며, 그렇게 자리를 잡은 '의지'가 가지는 '기능들'의 위치를 보여주는 도형은 그 사람의 성격과 운명을 설명해준다. 마지막 상은 28상이며, 28개의 상은 매일 낮과 밤이 각각의 시현*이 있는 기간과 이어지는 시현 없는 기간**으로 구성된 한 달을 이룬다.

*보름과 그믐을 제외하고 달이 가지는 보통의 형상.
**달이 완전히 둥글거나 달이 없는 보름과 그믐.

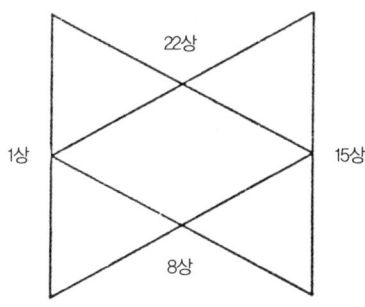

나는 당분간 밤에 뜨는 달을 상징하는 시현에만 관심을 기울이겠다.

1상과 15상은 인간의 시현이 아닌데, 그 이유는 인간의 삶은 성향들 사이의 갈등 없이는 불가능하기 때문이다. 그것은 우리가 곧 살펴볼 어떤 존재 서열에 속한다. 거의 완전한 주관적 상태에 있는 의지를 나타내기 위해 내가 사용한 그림은 둥근 모양이 완벽해지기 직전의 달을 나타낸다. 또 나는 거의 완전히 객관적 상태에 있는 의지를 나타내기 위해 흰 점이 있는 검은 원반 대신 마지막 하현달 모양을 사용하려 한다.

그러나 이 숫자들을 원 둘레에 다음과 같이 배치하는 것이 더 편리할 것 같다.

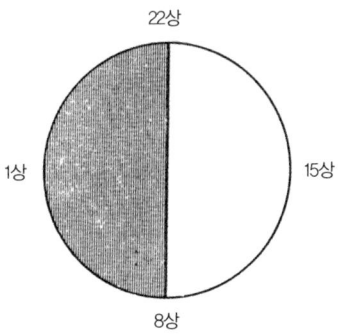

2부 바퀴에 대한 검토

1

선생들에게서 교시를 받았던 처음 몇 달 동안 나는 이 단락 아래에 그려진 것처럼 달의 28상을 보여주는 '커다란 바퀴'를 가지고 있었다. 그러나 그 바퀴를 설명해주는 원뿔에 대해서는 전혀 알지 못했다. 여러 가지 위치에 있는 '기능들'에 대한 정의와 설명을 엄청나게 많이 알았음에도, 왜 그것들이 어떤 지점에서 서로 교차하는지, 왜 두 기능은 태양이 매일 도는 것처럼 좌에서 우로 움직이며 두 기능은 황도대에 있는 달처럼 우에서 좌로 움직이는지 알지 못했다. 심지어 내가 이 책의 초판을 쓸 때도 기하학적 상징이 너무나 난해하고 거의 이해할 수도 없었기 때문에 그것을 후반부로 미뤘다. 그리고 당시에는 이미 내가 설명한 이유대로 낭만적인 배경을 쓸 수밖에 없었기 때문이다. 나는 '커다란 바퀴'를 신비로운 무희들이 춤추며 사막 모래에 발자취를 남겨서 바그다드의 칼리프와 학자들을 곤혹스럽게 하는 춤으로 묘사했다. 나는 어떻게 해서든 주먹구구식으로라도 세상 이치를 설명하여 독자들의 관심을 끌려고 애썼다.

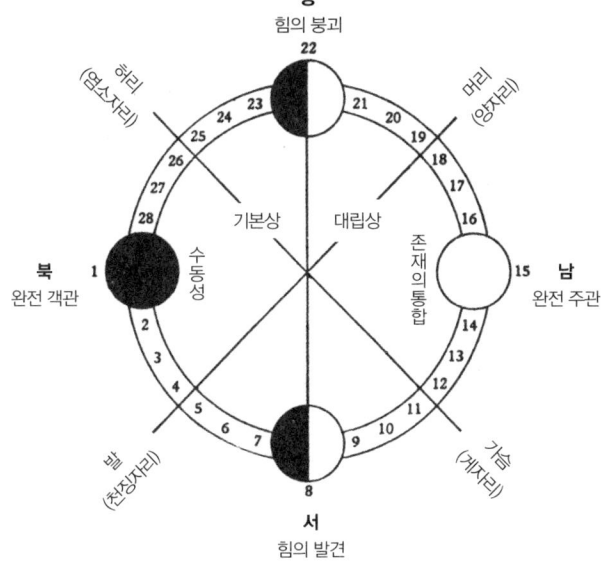

2

이 바퀴는 사고나 삶의 모든 완전한 움직임과 28개 시현, 단일 시현, 단일 판단 또는 사고 행위를 표현한다. 인간은 자신과 반대되는 것이나 자신의 상태와 반대되는 것을 찾으며, 15상에서 달성 가능한 목적을 이룬 뒤에 1상으로 다시 돌아간다.*

---

*[원주] 내가 어디선가 읽은 적이 있는데, 이와 유사한 조반니 젠틸레의 작품에 나타난 기본 회전 운동은 현대 이탈리아 정치사상의 반의식적 기초가 된다. 개인과 각 계급은 자신의 개성을 완성하고 나서야 대중을 부유하게 하는 일로 돌아간다. 모든 훌륭한 것은 계급투쟁으로 창출되었으므로, 정부는 규제에도 불구하고 계급투쟁은 절대 끝날 수 없다는 사실을 인식해야 한다. "전쟁은 모든 것의 신, 모든 것의 아버지이며, 어떤 사람을 신으로 또 어떤 사람을 인간으로, 어떤 사람을 노예로, 또 어떤 사람을 자유인으로 만들었다"라는 것은 헤라클레이토스의 격언이며, 마르크스적 사회주의와는 반대이다.

15상은 태양적 요소, 즉 기본상적 성향이 태음적 성향으로 잠식되므로, '달 속의 해'라고 부르지만, 다른 관점에서 보면 '의지'에 의해 잠식된 '마스크'라 할 수 있다. 이때 모든 것은 '아름다움'이다. 마스크는 말하자면 자신이 아름다움이 되기를 바라지만, 플로티노스가 말하듯이 동일한 종류의 사물은 의식이 없기 때문에 15상은 이상적 혹은 초자연적 시현이다. 1상은 태음적 성향(대립상적 성향)이 기본상적 성향(태양적 성향)으로 잠식되므로, '해 속의 달'이라 부르지만, 다른 관점에서 보면 '창조심'으로 잠식된 '운명체'라 할 수 있다. 인간은 순종적이고 유연해진다. 초감각적 힘이 개입하지 않아서, 마지막 파문이 가라앉아 잔잔해진 물이 보이는 강철 같은 유연함을 갖게 된다. 우리는 이제 순수한 사고가 가능한 '원리들'을 고찰할 테지만, 이 '기능들' 속에서 유일한 활동과 유일한 통합은 자연적이거나 달과 관계한다. 기본적 상들에서 통합은 도덕적이다. 1상에서 도덕성이란 완전한 순종을 의미한다. 모든 통합은 마스크로부터 오며, 대립적 마스크는 자동기술 문서에서 "우리를 자신과 하나가 되게 하기 위해 열정으로 창조된 형태"로 묘사되어 있다. 그렇게 추구된 자아는 '존재의 통합'이다. 단테는 《향연》에서 이것을 "완전히 균형 잡힌 육체"의 통일성에 비유했다. 운명체는 사실의 통합이 아니라 총합이며, 그 사실은 어떤 특정 인간에게 영향을 미친다. 오로지 네 가지 '원리들' 속에서만 우리는 엠페도클레스의 '조화'를 발견할 것이다. 의지는 크로체가 묘사한 '의지'와 아주 흡사하다.* 다른 기능들 때문에 영향을 받지 않을 때 의지는 정서도 도덕성도 지적 관심도 없으며, 그저 일이 어떻게 이루어지는지, 창문이 어떻게 열리고 닫히는지, 도로가 어떻게 교차되는지 등의 우리가 실용이라고 부르는 것에 대해 알 뿐이다. 의지는 스스로 지속성을 가지려 한다. 단지 정반대되는 것, 즉 모든 가능한 것 가운데 가장 어려운 욕망이나 도덕적 이상의 대상을 추구하거나 수용함으로써, 또 운명체에 그 형식을 부과함으로써, 의지는 자기 인식과 표현을 얻게 된다. 8상과 22상은 투쟁과 비극의 상인데, 전자는 개성을 찾기 위한 투쟁이며, 후자는 개성을 버리기 위한 투쟁이다. 22상 이후부터 1상 이전까지는 운명적 통합을 받아들이는 투쟁이요, 1상부터 8상까지는 그것을 피하려는 투쟁이다.

  그러나 이런 모든 추상적 설명은 오해를 부르기 쉽다. 왜냐하면 우리는 언제나, 이를테면 13상의 인간이라든지 17상의 인간이라든지 하는 특정인을 다루기 때문이다. 네 기능은 철학의 추상적 범주가 아니고 다이몬, 즉 그 사람의 궁극적 자아의 네 가지 기억의 결과이다. 그의 운명체, 즉 외부로부터 닥치는 일련의 사건은 그가 여러 전생에서 겪은 사건에 대한 다이몬의 기억에서 형성된다. 그의 마스크, 즉 욕망의 대상과 선의 개념은 여러 전생에서 겪었던 환희의 순간에 대한 기억에서 형성된다. 그의 의지, 즉 일상적 자아는 의식적으로 기억하든 그렇지 않든 현생의 삶에서 생긴 모든 사건에 대한 기억에서 형성된다. 그의 창조심은 여러 전생의 실제 인간들이나 전생들 사이의 혼령들이 보여준 사상이나 보편적 개념에 대한 기억으로 형성된다.

---

*[원주] '네 기능'은 크로체가 쓴 네 권의 책 주제인 '네 개의 순간'을 약간 닮아 있지만, '의지'의 경우만큼 그렇게 많이 닮지 못한 것은 크로체가 대립과 모순을 거의 이용하지 않았기 때문이다.

3

'거대한 바퀴'를 사람의 생애로 설명해줄 보편적 개념을 얻으려 할 때면 나는 이탈리아의 즉흥극 형식인 코메디아 델라르테에 의존한다. 무대감독 격인 다이몬은 유산으로 받은 시나리오라 할 수 있는 운명체, 그리고 자신의 원래 자아인 의지에 가장 닮지 않은 역할인 마스크를 배우에게 제공하며, 배우가 창조심으로 대사와 플롯의 세부적인 것을 즉흥으로 만들어내도록 맡겨둔다. 배우는 자신의 근육이, 말하자면 모두 긴장되고 모든 에너지가 활성화될 때 극도의 노력으로만 존재할 수 있는 어떤 인간성을 발견하고 드러내야만 한다. 그러나 그가 찾게 되는 것은 대립상적 인간이다. 기본상적 인간을 찾으려면 쇠퇴기의 코메디아 델라르테에 의존하면 된다. 의지가 약해서 어떤 역할도 창조할 수 없기 때문에, 스스로 변한다 해도 정해진 패턴을 따라 전통적인 어릿광대, 혹은 상대역인 늙은 어릿광대를 할 수밖에 없다. 관객에게 감동을 주는 일밖에 다른 목적은 없을 테지만, '익살을 떤다'면 주제를 많이 건드릴 수도 있을지 모른다. 기본상적 인간은 자기표현을 중지함으로써 마스크와 이미지를 추구하는 일을 그만두어야 한다. 그리고 자기표현의 동기를 봉사의 동기로 대신하여야 한다. 창조된 마스크 대신에 그는 모방적 마스크를 가진다. 그리고 이 사실을 인식하면, 그의 마스크는 역사적 규범 혹은 인류의 이미지가 될지 모른다. 《그리스도를 본받아》*의 저자는 분명히 후기 기본상적 인간이

---

*15세기 독일 작가 토마스 아 켐피스의 유명한 신앙 지침서.

었을 것이다. 대립적 마스크와 의지는 자유롭고, 기본적 마스크와 의지는 강제적이다. 자유로운 마스크와 의지는 개성인 데 반해, 강제적 마스크와 의지는 강요된다는 바로 그 이유 때문에 힘을 발휘하는 규범이며 규제이다. 개성은 아무리 일상적이라고 해도 끊임없이 새롭게 선택하는 것이며, 대립상적 경향에 가까운 인간에게서는 개인적 매력에서 극히 객관적인 각색에 이르기까지 다양한 형태로 나타난다. 그러나 기본적 상들이 시작되면 인간은 점점 더 외부의 힘에 의해 형성된다.

대립상적 인간은 랜더*처럼 자기 개성에 방해되는 것은 모두 증오하기 때문에 타고난 성격은 격렬하지만, 지성(창조심)은 온화하다. 반면, 기본상적 인간은 개인적 증오가 없어서 지성은 격렬하지만, 타고난 성격은 온화하다. 로베스피에르도 틀림없이 온화한 사람이었을 것이다.

15상 이전의 마스크는 '발현'으로 묘사되는데, 그 이유는 마스크를 통해 존재가 자신에 대한 지식을 얻고 개성 속에서 자신을 보기 때문이다. 15상 이후는 '은폐'라고 하는데, 지성(창조심)이 자체의 통합과는 무관한, 사회나 운명체를 통해 알려진 물질들의 통합에 관계되는 사물에 더 많이 관심을 기울여, 존재가 일관성이 없어지고 모호해지고 무너지기 때문이다. 그것은 더욱더 외향적이고 극적인 개성이 있다. 그것은 이제 와해되면서도 자신을 부여잡고 흩어지지 않도록 지탱하려는 맹렬한 환상이다. 12상 이전의 대립상에 속한 사람의 존재는 자신의 표현을 방해하는 세상 모든 것에 대해 분노로 가득 찬 사람으로

---

*19세기 초 영국의 시인이자 산문가인 월터 랜더.

묘사된다. 12상 이후부터 15상 전까지는 분노가 자신을 향해 있는 칼이다. 15상 이후부터 19상 전까지 존재는 환상으로 가득 차 있고, 세상 모든 유혹으로부터 끊임없이 도피하면서도 받아들이는 형국이다. 기본상은 봉사하는 것인 데 반해, 대립상은 창조하는 것이다.

8상에 '힘의 시작', 감각적 구현이 있다. 강요된 마스크에, 즉 이제는 증오하는 관습이 돼버린 종족의 규범에, 그것을 맡기는 모방적 태도는 멈추었지만, 자신만의 규범이 아직 시작되지는 않은 상태이다. 기본적 상들과 대립적 상들은 균형을 이루며 지배권을 가지려고 서로 싸운다. 자신의 허약함을 인식하고 분노하면서 싸움이 끝나면, 마스크는 다시 자발적으로 변한다. 22상에는 '힘에 의한 유혹'이 있는데, 여기에서 개성을 대신한 성격인 마스크가 다시 강요되기 전에, 존재가 자신의 개성을 세상에 펼치려는 마지막 시도를 하기 때문이다. 존재는 다음 단계로 나아가기 전에 이 두 개의 상으로, 아니 어쩌면 모든 상으로, 총 네 번까지 다시 돌아올 수도 있다고 내 선생들은 말한다. 그러나 네 번이 가능한 최대 숫자라고 주장한다. 존재는 네 기능으로 나눠지는 것으로서, 개별성은 자신과의 관계에서 분석되는 의지로, 개성은 자유로운 마스크와의 관계에서 분석되는 것으로, 성격은 강요된 마스크와의 관계에서 분석되는 의지로 이해할 수 있다. 개성은 15상 근처에서 가장 강하고, 개별성은 22상과 8상 근처에서 가장 강하다.

마지막 상들인 26, 27, 28상에서는 기능들이 맥이 빠지고 투명해져서, 인간은 초감각적인 것에 스스로를 비쳐볼 수 있을지 모른다. 그러나 이 점에 대해서는 '원리들'을 논할 때 언급하겠다.

4

의지는 그려진 그림을 들여다보고, 창조심은 사진을 들여다보지만, 둘 다 자신과 정반대의 것을 들여다본다. 창조심은 기억이 허락하는 한 모든 보편적인 것들을 포함하지만, 사진은 이질적이다. 그림은 선택적이고, 사진은 숙명적이다. 왜냐하면, '숙명'과 '필요'—두 가지가 다 필요한데—는 외부에서 오고, 운명은 내부에서 오는 것이기에 마스크는 미리 정해져 있는 것이다. 혼잡한 거리 사진에서 사진의 이질성이 가장 잘 설명될 수 있는데, 마스크의 영향을 받지 않을 때 창조심은 그것을 냉정하게 명상한다. 반면 사진은 몇 개 사물만을 포함하며, 명상하는 의지는 열정에 차 있고, 고독하다. 의지가 지배적이면 마스크나 이미지는 '감각적'이 되고, 창조심이 지배적이면 '추상적'이 된다. 마스크가 지배적이면 '이상적'이 되고, 운명체가 지배적이면, '구체적'이 된다. 자동기술 문서는 '감각적'이라는 용어를 특이한 방식으로 정의한다. 어떤 사물을 '내 난롯불, 내 의자, 내 감각' 하는 식으로 나 자신과 연관 지어 말할 때 그 사물은 감각적이게 되며, 반면에 '어떤 난롯불, 어떤 의자, 어떤 감각' 하는 식으로 말할 때는 온통 구체적이거나 운명체에 속하는 것이 된다. 또한 '난롯불, 의자, 감각' 하는 식으로 말할 때는 그것이 자기 종의 대표가 되어 추상적이게 된다. 구두쇠에게 자기 돈은 '감각적'이고, 남의 돈은 '구체적'이며, 자기에게 없는 돈은 '이상적'이고, 경제학자가 말하는 돈은 '추상적'이다.

5

 이 글의 12항에 나온 목록에는 각기 다른 상들의 '기능들'의 성격이 설명되어 있어서 그것으로 특정한 상의 특징을 찾아볼 수 있다. 그 설명은 완벽한 것이 아니라 어떤 특정 상의 '네 기능'을 상상하게 해주는 암시로 생각해야 한다.

 그 설명들은 어떤 때는 두세 개씩, 어떤 때는 여덟아홉 개씩의 자동기술 문서로 쓰였다. 수년 동안 그것들을 사용했지만, 그 목록을 잃어버리면 다시 만들어낼 수 없을 것 같다. 그 문서를 만들게 한 존재들이 인간의 정신으로는 따라가기 힘든 빠른 사고력을 보여주었다는 사실을 내가 기억하지 못한다 해도, 그 존재들은 내 글보다 더 오래도록 유용한 것으로 드러났다는 점을 짚고 넘어가야겠다. 나는 그 존재들을 사람이 잠에서 막 깨어난 상태의 비몽사몽간에 보게 되는, 가끔은 예술가가 여러 시간에 걸쳐 만들었을 법한 디자인과 창조의 힘을 보여주는, 정교한 그림 같은 것으로 생각한다.

 11상과 12상에서는 소위 '성향의 열림'이 일어나는데, 11상에서는 대립상적 성향이 열리며, 12상에서는 기본상적 성향이 열린다. 얼마 동안 원뿔이 바퀴를 대체하여, 가이어가 원뿔 주위를 선회하여 올라가거나 내려가면서 원뿔을 도는 여정을 마무리하는데, 그동안 더 큰 움직임이 하나의 상을 완성한다. 열림은 네 기능의 내적 반사를 의미한다. 말하자면 모든 것이 개성에 반영되어 존재의 통합이 가능해진다. 여태까지 우리는 다른 어떤 것의 부분이었으나, 이제는 모든 것이 우리 본성 안에 있음을 발견하게 된다. 성적인 사랑이 삶에서 가장 중요한 일이 되는데, 이성(異性)은 자연이 선택하고 운명 지운 것이기 때문이다. 하나의 개성이 다른 개성을 찾는 것이다. 음조들이 서로 연결되듯 정서는 모두 다른 정서와 연결되기 시작한다. 마치 악기의 현 하나를 만졌는데 다른 현들도 모두 진동하는 것과 같다. 홀수로 표시된 상들은 대립적이기 때문에 대립상적 성향(즉 의지와 마스크)이 먼저 열리며, 짝수로 표시된 상은 기본상적이기 때문에 12상에서 열린다. 전체적으로 볼 때 8상부터 22상까지 모든 상들은 대립적이고, 22상부터 8상까지 모든 상들은 기본상적이지만, 다른 관점에서 분석해보면 각 상은 기본적인 것과 대립적인 것이 교대로 일어난다. 18상에서 기본상적 성향이 다시 닫히며, 19상에서는 대립상적 성향이 다시 닫힌다. 25상과 26상에서는 새로운 시작이 있고, 4상과 5상에서는 새로운 끝이 있다. 그러나 이번에는 '전체'가 객관적으로 인식되는 가운데, 성향이 개성이 아닌 개성에 대한 부정으로 열린다. 주관적인 상들은 별개의 바퀴를, 즉 큰 바퀴의 11상과 12상 사이에 8상을, 19상과 20상 사이에 22상을 형성한다. 객관적인 상들도 또 다른 별개의 바퀴를, 즉 25상과 26상 사이에 8상을, 4상과 5상 사이에 22상을 형성한다. 8상과 22상 사이의 바퀴는 인간의 관점에서 볼 때 주관적이지 않고 영적 객관성으로 경험하는 신성성을 공유하거나 그것에 굴복하는 것이다. 반면 첫 세 개의 상과 마지막 세 개의 상은 육체적 객관성을 지닌다. 이 영적 객관성 혹은 영적인 기본상적 성향이 지배하는 동안에는 기능들이 '약해지며' 기능의 관점에서 보면 하나의 구인 원리들이 빛처럼 비쳐 나온다. 15상과 1상에서는 소위 '성향들의 교체'가 일어나서, 15상 혹은 1상 전에 기본상적이었던 사상, 정서, 에너지는 그 뒤로 대립상적이 되고, 대립상적이었던 것들은 기본상적이 된다. 예를 들면, 역사상 15상 이전에 유럽인의 대립상적 성향은 이성과 욕망에 의해 지배되고 기본상적 성향은 종족과 정서에 의해 지배되었다. 15상 이후에는 이것이 역전되어 유럽인의 주관적 본성은 열정적이고 논리적이었지만 이제는 열광적이고 감상적이게 되었다. 나는 28개 시현에 대한 설명에서 이 교체 현상을 거의 말하지 않았는데, 그 이유는 내가 그것을 썼을 당시에는 변화와 '존재의 통합'의 관계를 전혀 이해하지 못했기 때문이다. 모든 상들은 그것 자체로 하나의 바퀴이다. 각 개인의 영혼은 격렬한 동요로 일깨워져(교회와 창녀촌 사이를 방황했던 폴 베를렌을 생각할 수 있다), 마침내 모순이 하나가 되고 대립이 해소되는 전체 속으로 가라앉게 된다.

6
참 마스크와 거짓 마스크를 구별하는 법

"의지가 대립적 상에 있으면, 참 마스크는 반대 상의 창조심이 미치는 영향력이며, 거짓 마스크는 반대 상의 운명체가 미치는 영향력이다."

예를 들어, 17상의 참 마스크는 3상에서 유래한 '강렬함에 의한 단순화'이다. 이것은 '단순성'으로 묘사되는 성인의 상인 27상에서 오는 3상의 창조심으로 수정된다.

17상의 거짓 마스크는 3상에서 유래한 '분산'인데, 이는 13상에서 오며 '관심'으로 묘사되는 3상의 운명체의 수정을 받는다.

'관심'이라는 말은 17상의 사람들이 기본상적 성향에서 살려 할 때 그들을 약화시키는 종류의 '분산'을 정확하게 설명해준다.

"의지가 기본적 상에 있으면 참 마스크는 반대 상의 운명체가 미치는 영향력이며, 거짓 마스크는 반대 상의 창조심이 미치는 영향력이다."

3상의 참 마스크는 17상에서 유래한 '순수'인데, 이것은 '상실'로 묘사되는 성인의 상인 27상에서 오는 17상의 운명체의 수정을 받는다.

3상의 거짓 마스크는 17상에서 유래한 '어리석음'인데, 이것은 '대립상적 정서에 의한 창조적 상상력'으로 묘사되는 13상에서 오는 17상의 창조심의 수정을 받는다. 기본상적 3상은 마스크 안에서는 창조적일 수 없기 때문에 대립상적으로 살려 할 때 스스로 일관성을 잃게 된다. 반면에 기본상적으로 살며 상에 충실할 때는 반대 상에서 사물을 지나치면서 즐거움을 얻는다. 즉 "한 알의 모래 속에서 세상을, 한 송이 야생화 속에서 천국"*을 보게 되며, 노는 아이처럼 되어 결과나 목적은 아무것도 모르게 된다. '상실'은 기본상적 욕망을 강제로 포기하도록 17상 자체에 영향을 미친다. 운명체는 대립상적 성격을 지닌 것에 대해 적대적이기 때문이다.

오로지 이 체계에 오래 익숙해져야만 마스크와 창조심 등등의 전체 목록을 알 수 있다(12항 참조). 그것은 다음 두 규칙의 도움을 받아 연구해야 한다.

"대립적 상에서 존재는 창조심의 도움으로 마스크를 운명체

---

*블레이크의 시 〈순수의 전조〉에 나오는 구절.

에서 구하려고 한다."

"기본적 상에서 존재는 운명체의 도움으로 창조심을 마스크에서 구하려고 한다."

7
참 창조심과 거짓 창조심을 구별하는 법

"의지가 대립적 상에 있으면 참 창조심은 그 상의 창조심에 의해 수정된 창조심의 상에서 유래하는데, 반면 거짓 창조심은 그 상의 운명체에 의해 수정된 창조심의 상에서 유래한다."

예를 들면, 17상의 참 창조심, 즉 '대립상적 정서에 의한 창조적 상상력'은 13상이 '주관적 진실'로 묘사되고 17상에서 오는 창조심에 의해 수정될 때 유래한다.

17상의 거짓 창조심, 즉 '강요된 자아실현'은, 13상이 3상에서 유래한 운명체, '타인에 대한 강요된 사랑'에 의해 수정될 때 유래한다.

"의지가 기본적 상에 있으면 참 창조심은 그 상의 운명체에 의해 수정된 창조심의 상에서 유래하는데, 반면 거짓 창조심은 그 상의 거짓 창조심에 의해 수정된 창조심의 상에서 유래한다."

예를 들면, 27상의 참 창조심은 '초감각적 수용성'으로 묘사되며 3상이 13상에서 유래한 운명체에 의해 수정될 때 3상에서 유래하고 '관심'으로 묘사되는데, 반면 거짓 창조심은 '자긍심'으로 묘사되며 27상에서 유래하고 '추상성'으로 묘사되는 그 상의 거짓 창조심에 의해 수정되는 3상에서 유래한다.

8
운명체를 찾는 법

어떤 특정 상의 운명체는 그 운명체 상의 전체적 성격이 그 특정 상에 미치는 영향력이다. 그러나 운명체는 언제나 기본상적이기 때문에, 기본적 상과 공명하지만 대립적 상에는 대립한다. 이런 점에서 그것은 대립적 상과 공명하지만 기본적 상에 대립하는 마스크의 역(逆)이다.

9
바퀴의 세분

네 개의 위기 상(8, 22, 15, 1상)을 제외하면, 네 개로 나뉜 각 부분은 여섯 개 상으로 구성되거나 두 조의 세 개 상들로 구성된다. 모든 경우에 있어서 각 조의 첫 상은 힘의 발현으로, 둘째 상은 규범의 발현 혹은 힘의 조정으로, 셋째 상은—다음 상에서 세력을 갖게 되는 어떤 특성을 인식하고 그것에 복종하는 것을 신뢰라 한다면—신뢰의 발현으로 설명될 수 있다. 이런 식으로 되는 이유는, 세 개의 상으로 된 각 조는 그 자체로 하나의 바퀴이며, '거대한 바퀴'와 같은 성격을 가지고 있기 때문이다. 1상에서 8상은 원소 흙과 연관 있는데 모두 배아와 발아의 상이기 때문이다. 8상에서 15상은 원소 물과 연관 있는데 이미지를 만드는 힘이 최고조에 이르기 때문이다. 15상에서 22상은 원소 공기와 연관 있는데 공기 혹은 공간을 통해 사물이 서로 나뉘고, 여기에서 지성이 최고조에 이르기 때문이다. 22상에서 1상은 원소 불과 연관 있는데 그 이유는 여기에서 모든 것이 단순해지기 때문이다. 의지는 1사분기에, 마스크는 2사분기에, 창조심은 3사분기에, 운명체는 4사분기에 가장 강하다.

다른 세분법과 속성에 대해서는 나중에 살펴보기로 하자.

10
불화, 대립, 대조

존재는 대립되고 불화를 이루는 어떤 것들 때문에 개별적인 존재로서 스스로를 의식하게 되는데, 그것들은 의지와 마스크의 정서적 대립, 창조심과 운명체의 지적 대립, 의지와 창조심, 창조심과 마스크, 마스크와 운명체, 운명체와 의지 사이의 불화들을 말한다. 불화란 언제나 의지와 마스크, 혹은 창조심과 운명체의 비유사성에 대한 강요된 이해이다. 상반되는 것들 사이에는 강요된 끌림이 있는데, 그 이유는 의지는 마스크에 대한 자연스러운 욕망이 있고, 창조심은 운명체에 대한 자연스러운 인식이 있기 때문이다. 전자는 개가 달을 보고 짖는 격이며, 후자는 독수리가 타고난 권리로 태양을 응시하는 격이다. 그러나 창조심이 대립적 상에 마스크에 관한 어떤 기본상적 이미지를 제공함으로써 의지를 기만할 때, 혹은 의지가 마스크 쪽만을 향해야 하는 감정을 창조심에 제공할 때, 감정의 충돌과 이미지의 파괴 때문에 불화는 단순한 형태로 다시 나타난다. 반면 그것은 우리 자신의 실제적 모습과 당위적 모습을 혼동할 지경이 될 정도로 운명체로 미끄러져 들어가는 마스크일지도 모른다. 15상에서와 같이 창조심이 마스크에 반대가 되는 때처럼 불화들이 기능들의 회전을 통해 '반대의 힘들'이 될 때, 불화들은 반대의 특성들을 갖게 된다. 반면 기능들이 서로 접근함에 따라 불화는 점차 정체성을 가지게 되며, 1상에서 일어나느냐 혹은 15상에서 일어나느냐에 따라 둘 중 하나가 약화되고 마침내 흡수되는데, 15상에서는 창조심이 의지 속에, 1상에서는 의지가 창조심 속에 흡수되는 등의 방식을 취한다. 반면 불화가 8상 혹은 22상에서 생기면, 처음에는 어떤 것이, 다음에는 다른 것이 우위를 점하게 되면서 유동적 상태가 된다.

기만을 통한 이런 끊임없는 불화 없이는 양심도 행동도 없을 것이다. 기만은 내 선생들의 기술적인 용어로, '욕망' 대신에 쓰인 말일 것이다. 삶은 그 공장의 네 날개에 의해, 선택된 이미지의 명상과 운명 지워진 이미지의 명상이라는 이중의 명상에 이르는 헛된 노력과 같은 것이다.

물론 조화가 있지만, 전체 도해와 연결되는 이것들은 이 체계의 다른 부분과 연관시켜야 가장 잘 이해할 수 있을 것이다.

11
네 가지 완전한 것과 네 가지 자동현상

네 가지 완전한 것은 그 상을 세부적으로 연구할 때에만 이해할 수 있다. 예를 들어, 자기희생은 본능이나 종족이 지배적인 상의 전형적 미덕이라는 사실이 명백하다. 특히 네 기능의 내적 반사 이전에 오는 세 개의 상에서 그렇다. 대립적 상에서 이루어지는 자동현상은 갈등의 거부나 갈등으로부터의 정지를 통해 운명체와 의지에서 분리된 마스크와 창조심에서 생긴다. 그리고 기본적 상들에서는 완전한 기본상적 존재에 대한 투쟁에 지쳤을 때나 투쟁을 거부할 때 운명체와 의지에서 생긴다. 그것은 인간이 상에 충실하지 않다든지, 아니면 흔히 말하듯 상에서 벗어난다든지 하는 것을 반드시 의미하지는 않는다. 가장 강력한 성격을 지닌 존재는 정확히 말해서 자동현상이 가장 자주 필요한 자들이다. 이것은 아마도 우리가 예술과 문학을 즐기는 요소이며, 우리 마음속에서 리듬과 패턴으로 일깨워지는 것이다. 그러나 만일 어떤 이가 휴식의 필요성을 제외한 그 어떤 것 때문에 대립상적 에너지의 원천인 운명체와의 충돌을 피하여 모방적이거나 창조적인 자동현상에 빠진다면, 혹은 기본적 상에서 마스크와의 충돌을 피하여 순종적이거나 본능적 자동현상에 빠진다면, 그는 상으로부터 벗어나게 된다.

12
네 기능 목록

각 기능의 위치는 그것이 형성된 상의 숫자에 따라 정해지는 것이지, 그것이 영향을 미치는 상에 따라 정해지는 것은 아니다.

네 기능 목록

의지	마스크	창조심	운명체
1.	완벽한 가변성 외에 기술할 내용 없음		
2. 에너지의 시작	참: 환상 거짓: 망상	참: 육체적 활동 거짓: 교활	세상에 대한 강요된 사랑
3. 야망의 시작	참: 강렬함에 의한 단순화 거짓: 분산	참: 초감각적 수용성 거짓: 자긍심	타인에 대한 강요된 사랑
4. 기본상적 대상에 대한 욕망	참: 정서적 강렬성 거짓: 호기심	참: 추상적 초감각의 시작 거짓: 죄악에 매혹됨	강요된 지적 행동
5. 순수와 분리	참: 확신 거짓: 지배	참: 수사학 거짓: 정신적 교만	강요된 신념
6. 인위적 개성	참: 숙명론 거짓: 미신	참: 건설적 정서 거짓: 권위	강요된 정서
7. 개성의 주장	참: 자기분석 거짓: 자기 적응	참: 연민으로 창조 거짓: 자발적 욕망	강요된 관능
8. 개인과 종족 사이의 갈등	참: 자기희생 거짓: 자기 확신	참: 융합 거짓: 절망	힘의 시작
9. 신념이 개성을 대신함	참: 지혜 거짓: 자기 연민	참: 지성의 지배 거짓: 왜곡	개성을 자극하는 모험

의지	마스크	창조심	운명체
10. 이미지 파괴자	참: 자립 거짓: 소외	참: 마스크의 극화 거짓: 자기 모독	인간성
11. 소모자, 장작더미를 쌓는 사람	참: 자아를 의식 거짓: 자의식	참: 감성적 지성 거짓: 배반자	자연법
12. 선구자	참: 자아실현 거짓: 자포자기	참: 감성적 철학 거짓: 강요된 유혹	탐구
13. 감각적 인간	참: 포기 거짓: 경쟁	참: 대립상적 정서에 의한 창조적 상상력 거짓: 강요된 자아실현	관심
14. 집착에 빠진 인간	참: 망각 거짓: 악의	참: 격렬함 거짓: 독단적 의지	단조로움 외에는 없음
15.	완벽한 아름다움 외에 기술할 내용 없음		
16. 적극적 인간	참: 팬파이프 연주자 거짓: 분노	참: 감성적 의지 거짓: 공포	바보가 자신의 운명체임
17. 다이몬적 인간	참: 순수 거짓: 어리석음	참: 주관적 진실 거짓: 병적임	비개인적 행동만 있음
18. 감성적 인간	참: 열정 거짓: 의지	참: 주관적 철학 거짓: 두 표현 양식 사이의 갈등	꼽추가 자신의 운명체임
19. 자기주장이 강한 사람	참: 지나침 거짓: 제한	참: 도덕 파괴 거짓: 자기주장	박해

의지	마스크	창조심	운명체
20. 실제적 인간	참: 정의 거짓: 폭정	참: 감정 억제에 의한 지배 거짓: 개혁	객관적 행동
21. 소유욕이 강한 사람	참: 이타주의 거짓: 능률성	참: 자기 극화 거짓: 무질서 상태	성공
22. 야망과 숙고 사이의 균형	참: 용기 거짓: 두려움	참: 융통성 거짓: 무력함	힘에 의한 유혹
23. 수용적 인간	참: 능란함 거짓: 무명	참: 영웅의 감성 거짓: 독단적 감상벽	강요된 성취감
24. 야망의 끝	참: 조직화 거짓: 무력함	참: 이상 거짓: 조소	강요된 행동의 성공
25. 조건적 인간	참: 거부 거짓: 도덕적 무관심	참: 사회적 지성 거짓: 한계	행동의 어쩔 수 없는 실패
26. 꼽추로도 불리는 다중적 인간	참: 자기 과장 거짓: 자포자기	참: 성격의 첫 인지 거짓: 절단	어쩔 수 없는 환멸
27. 성인	참: 자아 표현 거짓: 자기 몰입	참: 단순성 거짓: 추상성	어쩔 수 없는 상실감
28. 바보	참: 평정 거짓: 자기 불신	참: 희망 거짓: 침울함	강요된 환상

13
상의 성격

네 가지 완전한 것

2, 3, 4상에서 .... 자기희생
13상에서 .... 자아 인식
16, 17, 18상에서 .... 존재의 통합
27상에서 .... 신성

지혜의 네 가지 유형*

4상에서 .... 욕망의 지혜
18상에서 .... 마음의 지혜
12상에서 .... 지성의 지혜
26상에서 .... 지식의 지혜

네 가지 대립

1상에서 .... 도덕적
8상에서 .... 감성적
15상에서 .... 육체적
22상에서 .... 영적 혹은 초감각적

---

*〔원주〕 나는 선생들에게서 들은 대로 지혜의 네 가지 유형을 제시한다. 마음과 지성의 자리가 잘못되었다고 생각해서 한 번 이상 바꿨으나 지혜의 성격은 창조심의 위치에 따라 달라지므로, 나는 내 선생들이 자리를 제대로 잡아주었다는 결론에 이르렀다.

분노, 환상, 기타 등등

8상부터 12상까지 .... 분노
12상부터 15상까지 .... 영적 혹은 초감각적 분노
15상부터 19상까지 .... 환상
19상부터 22상까지 .... 힘

14
창조심의 일반적 특징*

(1) 2, 1, 28상에서 28, 1, 2상에 영향을 미치는 것
.... 통제됨
(2) 27, 26, 25, 24상에서 3, 4, 5, 6상에 영향을 미치는 것
.... 변형적
(3) 23, 22, 21상에서 7, 8, 9상에 영향을 미치는 것
.... 수학적
(4) 20, 19, 18상에서 10, 11, 12상에 영향을 미치는 것
.... 지성적으로 열정적
(5) 17상에서 13상에 영향을 미치는 것
.... 고요함
(6) 16, 15, 14상에서 14, 15, 16상에 영향을 미치는 것
.... 감성적

*[원주] 이 목록과 다음 목록은 열 개로 나누어져 있는데, 그 이유는 선생들이 이런 형태를 주었기 때문이다. 내 지식이 충분한지 확신할 수 없어서 열두 개로 더 나눌 수 없었다. 처음에 내 선생들은 '대주기'도 열 부분으로 나누었다.

(7) 13, 12, 11, 10상에서 17, 18, 19, 20상에 영향을 미치는 것
.... 감성적으로 열정적
(8) 9, 8, 7상에서 21, 22, 23상에 영향을 미치는 것
.... 이성적
(9) 6상에서 24상에 영향을 미치는 것
.... 순종적
(10) 3, 4, 5상에서 25, 26, 27상에 영향을 미치는 것
.... 평정함

15
상들에 영향을 미치는 운명체의 일반적 특징

(1) 16, 15, 14상에서 28, 1, 2상에 영향을 미치는 것
.... 기쁨
(2) 13, 12, 11, 10상에서 3, 4, 5, 6상에 영향을 미치는 것
.... 호흡
(3) 9, 8, 7상에서 7, 8, 9상에 영향을 미치는 것
.... 소동
(4) 6, 5, 4상에서 10, 11, 12상에 영향을 미치는 것
.... 긴장
(5) 3상에서 13상에 영향을 미치는 것
.... 질병
(6) 2, 1, 28상에서 14, 15, 16상에 영향을 미치는 것
.... 세상

(7) 27, 26, 25, 24상에서 17, 18, 19, 20상에 영향을 미치는 것
.... 슬픔
(8) 23, 22, 21상에서 21, 22, 23상에 영향을 미치는 것
.... 야망
(9) 20상에서 24상에 영향을 미치는 것
.... 성공
(10) 19, 18, 17상에서 25, 26, 27상에 영향을 미치는 것
.... 몰입

16
사분영역 목록

대립상적 성향의 네 가지 내부 싸움

1사분영역 .... 육체와의 싸움
2사분영역 .... 마음과의 싸움
3사분영역 .... 정신과의 싸움
4사분영역 .... 영혼과의 싸움

1사분영역에서는 육체가 이기고, 2사분영역에서는 마음이 이기고…… 하는 식이 된다.

네 가지 자동현상

1사분영역 .... 본능적
2사분영역 .... 모방적

3사분영역 .... 창조적
4사분영역 .... 순종적

의지의 네 가지 조건

1사분영역 .... 본능적
2사분영역 .... 감성적
3사분영역 .... 지성적
4사분영역 .... 도덕적

마스크의 네 가지 조건

1사분영역 .... 강렬성(3사분영역에 영향을 미침)
2사분영역 .... 관용성(4사분영역에 영향을 미침)
3사분영역 .. 관습 혹은 제도화(1사분영역에 영향을 미침)
4사분영역 .... 자기분석(2사분영역에 영향을 미침)

거짓 마스크를 가져오는 거짓 창조심의 결점

1사분영역 .... 감상벽
2사분영역 ...... 야만성(삶의 근원적인 것에 대한 욕망)
3사분영역 .... 증오심
4사분영역 .... 무감각

기본상에서는 이 결점이 운명체에서 마스크를 분리시키고, 대립상에서는 운명체에서 창조심을 분리시킨다.

자연의 속성

땅 1사분영역
물 2사분영역
공기 3사분영역
불 4사분영역

17

분류되지 않는 속성

착용한 마스크 .... 도덕적이며 감성적
지니고 있는 마스크 .... 감성적

추상성

6, 7, 8상에서 .... 강함
22, 23, 24, 25상에서 .... 가장 강함
19상에서 시작, 20상에서 감소, 21상에서 다시 증가

세 가지 힘

자신의 이미지 .... 감성을 표현
세상의 이미지 .... 열정을 표현
초감각적 이미지 .... 의지를 표현

강요된 기능과 자유로운 기능
기본상에서 마스크와 의지는 강요, 창조심과 운명체는 자유
대립상에서 창조심과 운명체는 강요, 마스크와 의지는 자유

두 조건
기본상 .... 민주주의적
대립상 .... 귀족주의적

두 방향
1상부터 15상까지 .... 자연을 향함
15상부터 1상까지 .... 신을 향함

관계
의지와 마스크, 창조심과 운명체의 관계 ... 반대이거나 대조
의지와 창조심, 마스크와 운명체의 관계 .... 불화

객관성
23상부터 25상까지 .... 육체적 객관성
26상부터 28상까지 .... 정신적 객관성

의식
8상부터 22상까지 .... 의지
22상부터 8상까지 .... 창조심

3부 28개 시현

1 상과 성향의 교환

후기 상들에 대해 기술할 때 드러나겠지만, 22상 이후에 존재의 성취는 모두가 다 개인의 지성을 지양하고 도덕적 삶을 찾는 것이다. 개인의 지성이 얼쩡거리게 되면 그것은 교만, 자기주장, 생산적이지 못한 추상화가 된다. 왜냐하면, 존재는 점점 증가하는 기본상적 성향에 의해, 처음에는 감각적이거나 초감각적 객관성인 기본적 '완전체'의 도움을 받고, 나중에는 그것에 몰입하도록 강요되기 때문이다.

이전의 대립상이 새로 기본상이 되면, 도덕적 감정은 경험의 조직화로 변하여, 그것은 그것대로 하나의 통합체, 즉 경험 전체를 찾기 마련이다. 이전의 기본상이 새로 대립상이 되면, 객관적 도덕률에 대한 이전의 인식은 잠재의식적인 거친 본능으로 변한다. 엄격한 관습과 법의 세계는 '야수적 잠재의식층에 있는 통제할 수 없는 신비성'으로 파괴되어버린다.

인간의 상이 아닌 1상은 28상 다음에 더 잘 설명될 수 있을 것이다. 27상을 제외하고 성향들이 완전체를 향해 열려 있는 상들은, 어느 것도 충분히 명확한 성격을 띠지 않기 때문에 실제 인간 역사에 나타날 수는 없다.

2상

의지 .... 에너지의 시작
마스크(16상) .... 참: 팬파이프 연주자 / 거짓: 분노
창조심(28상) .... 참: 희망 / 거짓: 침울함
운명체(14상) .... 단조로움 외에는 없음

이 유형의 인간은, 자기의 상에서 벗어나 살면서 마스크를 갈망하여 그것이 창조심을 지배하도록 허용하면, 상의 차이가 허용하는 만큼 16상의 감정 폭발을 모방하게 된다. 그는 자신을 격렬한 동물적 독단성에 맡겨 파괴만을 일삼고 닥치는 대로 공격한다. 28상의 정신적 몰입을 함께할 수 없어서, 그의 창조심은 자신을 무지와 우울함으로 채울 뿐이다.

> 그러나 그들이 얼굴 찌푸리는 아기를 보면
> 공포심이 그 지역을 온통 엄습하고,
> 그들은 "아기가! 아기가 탄생했도다!" 하고 외치며
> 사방으로 흩어져 달아난다.*

---

*윌리엄 블레이크의 시 〈정신 여행자〉의 한 연.

그러나 자기의 상에 맞게 살면, 운명체를 사용하여 지성에서 마스크의 영향력을 제거한다. 그는 스스로 감정에서 자유로워진다. 14상에서 유래한 운명체는 정신을 자신의 초감각적 충동으로 밀어 넣어서 마침내 반복되는 모든 것에 순종하게 된다. 그리고 이제 완전히 강요된 마스크는 율동적 충동이 된다. 이 인간은 바보(28상)가 자신을 신에게 맡기듯, 자신을 자연에 맡긴다. 그는 부도덕하거나 폭력적이지 않고 순수하다. 말하자면, 심연의 표면 위에 이는 숨결, 잠에서 반쯤 깬 아이 얼굴에 어리는 미소와 같다. 우리 시대에는 아무도 그런 인간을 만난 적이 없을 것이다. 확실히 그런 만남의 기록도 존재하지 않는다. 그러나 그런 만남이 가능하다면 그런 인간은 기쁨의 한 형태로 기억될 것이다. 왜냐하면 그는 다른 모든 사람보다 더 완전하게 모든 자연 생명체를 종합한 삶을 살 것이기 때문이다. 그런 인간은 이성이라는 저울이 아닌 의심할 여지없는 환희로 이런저런 일을 결정할 것이다. 그러나 만일 기계적 질서 속에서 태어났다면, 마치 개가 무른 땅에 자기가 쓸 구멍을 파듯이 자기를 위한 자리를 만들 것이다.

16상에서처럼 여기에서도 일반적 상태는 종종 뒤바뀌고, 다른 경우에 모든 기본상처럼 이 상의 특징이 되는 추함 대신 아름다움이 있다. 새로운 대립상적 성향(다시 태어난, 이전의 기본상)은 격렬하다. 새로운 탄생이 전쟁과 극단적으로 다를 경우, 종종 너무나 격렬하여 이질적 혼합물이 섞이는 법 없이 육체적 운명을 미리 정한다. 그것은 기본상과 자신에게 아름다운 형상을 강요한다. 또한 그에게는 춤추는 파우누스*처럼 고유의 아름다움과 함께 근육의 균형미와 동물의 명랑성이 있다. 이렇게 드물게 일어나는 일이 생기지 않으면 육체는 거칠어진다. 말하자면, 불구가 되는 것이 아니라 감수성이 부족해 거칠어지고, 고된 육체노동에 적합하게 된다.

초기 상들에서 마스크를 끌어오는 서정 시인의 관점에서 볼 때, 2상의 인간은 변모를 겪는다. 정의하고 판단하는 에너지에 지치고 지적인 자기표현에 지쳐서, '은둔'과 초월적 황홀경을 갈망한다. 육체적 본능은 주관적으로 인지되어, 담쟁이가 감겨 있는 술잔이 된다.** 모든 초기 상의 운명체조차 이 이미지를 창조하기에 충분할지 모른다. 그러나 그것이 13상과 14상에 영향을 미치면, 그 이미지는 더욱 감각적이며 직접적인 경험과 더 유사해질 것이다. 그 이미지는 하나의 신화이며, 여인, 풍경이거나 혹은 마스크의 외적인 표현이다.

  인도의 왕들은 보석 박힌 홀을 던지고
  보물 창고에서 진주알을 우박처럼 흩뿌린다.
  위대한 브라만은 신비의 하늘에서 번민하고
  그의 제사장들은 모두 슬퍼한다.
  창백해지는 젊은 디오니소스의 윙크 앞에서.***

---

*로마 신화에 등장하는 목신(牧神)으로, 상반신은 인간이고 하반신은 염소의 모습이다.
**술의 신 디오니소스는 흔히 포도 잎사귀와 담쟁이덩굴로 된 관을 쓰고 있는 것으로 묘사된다.
***존 키츠의 장편 시 《엔디미온》의 일부.

3상

의지	.... 야망의 시작
마스크(17상)	.... 참: 순수 / 거짓: 어리석음
창조심(27상)	.... 참: 단순성 / 거짓: 추상성
운명체(13상)	.... 관심

이 유형의 인간은, 자기의 상에서 벗어날 때 반대의 상을 모방해 자기 자신을 일종의 투박한 어리석음에 내맡기고, 자신의 지성이 일종의 꾸밈에 의해 관습적 사고 속에서 계속 움직이게 한다. 연속적 사고와 도덕적 목적이 불가능해서 누더기 조각들을 맞추듯 삶에 대한 계획을 일관되게 하려고 노력하면서 비참하게 사는데, 그 이유는 기대나 자만심 때문이다. 반면에, 만일 이 유형의 인간이 마스크에게서 창조심을 정화하고자 운명체를 사용한다면, 만일 그가 자신의 감각과 잠재된 본성이 자신의 지성을 지배하도록 허용한다면, 그는 모든 덧없는 것에 기쁨을 느낄 것이다. 그러나 그는 자기 것을 주장하지 않고, 아무 것도 선택하지 않으며, 어떤 것도 다른 것보다 낫다고 생각하지 않으므로 모든 것이 덧없다고 해서 고통을 겪게 되지는 않는다. 그것은 지적 능력이 거의 없는 완전하고 건강한 육체적 상이다. 왜냐하면 비록 육체가 초감각적 리듬과 여전히 밀접하다 해도 더는 그 리듬에 몰입하지 않기 때문이다. 눈과 귀는 열려 있고, 하나의 본능은 다른 본능과 균형을 이루며, 계절마다 각 즐거움을 누린다.

자신을 위해 기쁨을 잡아매는 사람은
날개 달린 삶을 파괴하지만,
날아다니는 기쁨에 입맞춤하는 사람은
영원한 일출 속에서 산다.*

수많은 서정 시인이 이 17상에 속하는데, 이 상의 인간은 단순성과 격렬함이 결합된 하나의 이미지가 되며, 노랗게 익어가는 곡식 가운데에서, 혹은 포도나무 아래에서 움직이고 있는 것 같다. 그런 인간은 랜더에게 자신의 목동과 나무 요정을 주었으며, 모리스**에게 《신비한 섬들의 바다》를 주었다. 또 셸리에게는 방황하는 연인과 현인을, 테오크리토스에게는 양 떼와 풀밭을 주었다. 벰보가 "매일 우르비노를 내려다볼 수 있는 목동이 되었으면"이라고 외쳤을 때, 달리 무엇을 생각했겠는가?*** 대립상적 정신에서 상상할 때 계절의 변화와 육체의 건전함은 지속적 열정과 육체적 아름다움의 이미지처럼 보인다.

4상

의지 .... 기본상적 대상에 대한 욕망
마스크(18상) .... 참: 열정 / 거짓: 의지

---

*윌리엄 블레이크의 시 〈자신을 위해 기쁨을 잡아매는 사람은〉 전문.
**19세기 후반 영국의 직물 디자인 예술가이자 작가인 윌리엄 모리스. 1897년에 판타지 소설 《신비한 섬들의 바다》를 발표했다.
***퍼시 비시 셸리, 테오크리토스, 피에트로 벰보 모두 각각 영국, 그리스, 이탈리아 태생의 시인이다.

창조심(26상) .... 참: 성격의 첫 인지 / 거짓: 절단
운명체(12상) .... 탐구

이 유형의 인간은, 자기의 상에서 벗어날 때 (반성이 시작되었기 때문에) 대립상적 지혜를 얻으려 하고, 자신을 본능으로부터 분리하며(그래서 '절단'이라고 한다), 자신에게 주어진 온갖 종류의 추상적 혹은 관습적 사고를 자신과 타인들에게 강요하고, 자신의 경험을 벗어나 오로지 꾸미기만 할 뿐이다. 그는 대립상적 능력과 기본상적 관찰력이 부족하여 목적 없이 허둥대며, 단순한 본능이 아닌 어떤 것을 타인들이 알고 있다는 지식 외에는 아무것도 갖고 있지 않다. 이 유형의 인간이 자기의 상에 충실할 때는, 일어나는 모든 일과 자신의 본능을 자극하는 모든 것에 대한 관심('탐색')이 너무나 강렬하여 자신의 의지로 아무것도 주장하려고 하지 않으며, 본성이 열정 같은 그의 생각을 여전히 지배하지만 본능은 점점 반성적이 된다. 그는 격언과 속담이나 구체적 사례에 근거하고 있는 지혜인, 실생활의 지혜로 가득한 사람이다. 그는 감각을 넘어선 것은 보지 못하지만, 감각은 팽창하고 축소하면서 그의 요구나 그를 믿는 사람들의 요구에 응하게 된다. 이는 마치 그가 갑자기 잠에서 깨어나 그 순간 다른 사람들보다 더 많은 것을 보고 기억하는 것처럼 보인다. 그는 '본능의 지혜', 즉 자신이나 종족의 행복에 관계되는 모든 희망과 요구가 영원히 일깨우는 지혜를 가지고 있다(12상에서 온 창조심으로, 통일된 사고를 가진 개성과 일치하는 종족의 유산에 의거해 행동한다). 애쓰면서도 불확실하게 가지고 있는 지혜 때문에 지쳐버린 반대 혹은 거의 반대가

되는 상의 인간들은, 이 상의 인간들을 평화의 이미지로 본다.
브라우닝의 시 두 구절이 떠오른다.

> 신들과 대화하거나 친구들과 무리 지어
> 테네도스 섬으로 항해하는 늙은 사냥꾼.*

> 옛날 옛적 한 임금이 살았네.
> 세상의 아침
> 지상이 지금보다 천국에 더 가까웠던 때.
> 임금의 곱슬머리 다발은
> 갈라지며 앞이마를 가득 덮어
> 희생으로 바칠 황소의
> 뿔과 뿔 사이의 우윳빛 흰 정수리처럼 보였네.
> 그는 갓난아이처럼 조용할 뿐이었다네.
> 졸릴 수밖에 없었으니,
> 그렇게 모든 노쇠와 독을 품은 나이가
> 확실히 모두 그를 비켜가서 안전했으므로
> (그가 꿈꾸는 동안 신들은 그를 극진히 사랑했으니)
> 왕은 그토록 오래 살았지만
> 죽을 필요도 없는 것 같았네.**

---

*로버트 브라우닝의 시 〈폴린〉의 한 구절.
**로버트 브라우닝의 극시 〈피파가 지나간다〉의 일부.

성향의 열림과 닫힘

26상 이후 기본상적 성향은 아주 지배적이 되고, 운명과 삶에 깊이 빠지게 되어 반성도 경험도 없게 된다. 반성하고 경험을 얻는 존재가 익사했기 때문이다. 또 육안이나 심안으로 보는 대상과 자기 자신을 별개로 생각할 수 없기 때문이다. 그는 증오하거나 사랑할 만한 상황에 놓일지라도 사랑하지도 증오하지도 않는다. 《신비한 섬들의 바다》에 나온 버덜론(대립상적 정신에 반영된 3상의 여인)은 친구의 애인과 사랑에 빠지고, 그도 그녀를 사랑한다. 아주 슬픈 일이지만 갈등도 느끼지 않는다. 그녀는 통제할 수 없는 어떤 힘 때문에 어쩔 수 없는 것처럼 갑자기 사라지기로 결심한다. 아마도 알려지지 않은 자기 아버지들과 어머니들이 강요한 대로 결정한 것이 아니라, 자기 종족의 특성에 순응한 것이 아니었을까? 그녀는 '운명'의 자식이 아닌가? 초기의 기본상들에 있는 모든 인간은, 1상 이전에는 그들의 운명을 규정하고 1상 이후에는 그들의 종족을 규정하는 모든 것들에 대해 무의식적인 차별을 행사하는, 운명의 자식들이 아닌가? 1상을 지나고 나면, 영혼들의 모든 성취는 육체로부터 솟아나고, 그들이 하는 일은 모두가 규칙과 관습으로 굳어진 운명인 삶을 모두가 본능과 섞인 삶으로 대치하는 것이다. 그들에게는 굶주리고 맛보고 욕망을 느끼는 것이 바로 현명해지는 것이다.

4상과 5상 사이에서 성향들은 '유일한 존재' 속에 더 이상 빠지지 않으며, 반성이 시작된다. 25, 26상과 4, 5상 사이에는, 처음에는 하느님에 대해, 다음에는 1상이 물러가면서 자연에 대해, 의지가 전적으로 굴복하는 일이 일어나는데, 그 굴복은 22상 이후에 증가하고 있던 운명체가 가지는 가장 완전한 형태의 자유이다. 인간이 운명과 자신을 동일시할 때, "운명의 의지는 우리의 자유로다"라고 말할 수 있을 때, 혹은 자신이 완전히 자연적이 될 때, 말하자면 완벽하게 환경의 일부분이 될 때, 설사 그의 모든 행동이 예측 가능하고, 설사 모든 행동이 앞서 일어났던 일에서 논리적으로 추론된다고 해도, 그는 자유롭다. 그는 온통 '숙명'적이지만, 정해진 '운명'이란 없다.

5상

의지	순수와 분리
마스크(19상)	참: 지나침 / 거짓: 제한
창조심(25상)	참: 사회적 지성 / 거짓: 한계
운명체(11상)	자연법

이 유형의 인간은, 자기 상에서 벗어나 대립상적 감성을 찾으면, 이런저런 불성실한 태도를 취하며 맥락을 벗어나 의미 없는 일련의 도덕적 이미지들 속에서 헤매고 황폐해진다. 그는 경험에서 유리된 모든 것을 자랑스러워하여 자신의 가짜 손으로 나뭇가지를 들고 여기저기를 치는, 화를 내거나 미소를 짓는 펀치* 같은 인물이다. 그의 운명체는 강요되는데, 그도 그럴

---

*영국의 인형극 《펀치와 주디 쇼》의 주인공.

것이 그는 자기 상의 조건을 뒤바꾸어 자기에게 유혹과 모욕만을 주는 세상과 갈등하기 때문이다. 이 유형의 인간이 자기 상에 맞게 살면, 이상의 모든 것과 정반대 상태가 된다. 추상화가 실제로 시작되지만, 그 자체를 제외한 모든 것에서 격리되어 반성의 대상으로나 알맞은 경험의 일부로 다가온다. 그는 더는 자연을 만지거나 먹거나 마시거나 생각하거나 느끼지 못하고, 자기 자신과 분리되는 것으로 생각한다. 또 비록 잠시나마, 어떤 단편적 감각과 사상의 폭력에 의해서일지라도, 자신이 지배할 수 있는 대상으로 자연을 생각한다. 자연은 반쯤 사라진 것처럼 보일지 모르지만 자연 법칙들은 나타나며, 그는 그 리듬과 계절을 자기 지식으로 바꿀 수 있다. 그는 그 순간 속에서 살지만, 2, 3, 4상이 결코 알지 못했던 강렬함으로 의지가 절정에 이르면, 더는 반쯤 깬 사람 같지 않게 된다. 그는 타락하게 하는 자, 소란을 일으키는 자, 방랑자, 분파와 종족의 창시자로서 과도한 힘을 발휘해 일한다. 그의 보상은 그 광채 속에 사는 것이다.

 반대 상인 시인이 보기에, 띄엄띄엄 강조하며 사라져가는 감정을 숨기는 사람이 보기에, 그는 바이런의 돈 주앙이거나 자우어*이다.

---

*바이런의 장시 《돈 주앙》은 전설적인 호색한 돈 후안을 주인공으로 한 작품이며, 《자우어》는 뱀파이어의 이야기를 다룬 작품이다.

6상

의지 .... 인위적 개성
마스크(20상) .... 참: 정의 / 거짓: 폭정
창조심(24상) .... 참: 이상 / 거짓: 조소
운명체(10상) .... 인간성
예: 월트 휘트먼

만일 월트 휘트먼이 자신의 상에서 벗어나 살면서, 자신의 모든 감정이 건강하고 납득할 수 있다는 사실을 입증하며, 자신의 실제적 온전성을 자기 식으로 되지 않은 모든 것보다 우위에 두고 "나는 나이 서른으로 완벽히 건강해!"*라고 외친다면, 그는 조롱 잘하는 일종의 선동가가 되었을 것이다. 그리고 그런 그를 생각하면, 헨리 데이비드 소로가 이빨이 온전한 돼지 턱뼈를 집어 들고, 완벽한 건강 상태라고 기록했던 일이 생각날 것이다. 그는 자신이 믿는 것을 다른 사람도 믿게 했을 것이다. 휘트먼은 자신의 상에서 벗어나지 않았기에, 그는 자신의 운명체(대중, 우연한 사랑과 애정, 인간의 모든 즉각적 경험 등에 대한 그의 관심)를 이용하여 지성에서(1상부터 8상까지 언제나 진지하지 못한) 대립상적 정서를 깨끗이 치워내고, 현재의 비자발적인 마스크에 사로잡히고 추적당한 채 애매하고 반쯤 문명화된 인간의 이미지를 창조했다. 그 인간의 모든 생각과 충

---

*휘트먼의 시 〈나의 노래〉 첫 부분은 "나는 이제 서른일곱의 나이로, 완벽하게 건강한 몸으로 시작한다"라고 돼 있다. 휘트먼은 현대시의 가장 중요한 특징 중의 하나인 자유시형을 최초로 썼다.

동은 서민적인 쾌활함과 학교, 대학, 공공 토론에서 나온다. 추상성이 생겨났지만, 그것은 공동체, 전통의 추상성에 머무른다. 즉 관찰한 사실에서 논리적으로 추론하는 19, 20, 21상의 것이 아니라, 총체적 경험이나 개인 또는 공동체의 경험에서 시작하는 종합의 추상성에 머물렀다. "나는 이러이러한 감정이 있다. 나는 이러이러한 믿음이 있다. 감정에서 무슨 일이, 믿음에서 무슨 일이 생겨나는가?" 하는 식으로 말이다. 시대적으로 거의 이 상에 속했던 토마스 아퀴나스는 모든 가능한 경험을 추상적 범주로 요약한 반면에, 월트 휘트먼은 더 시적으로 성장할 수 있도록 자신에게 감동을 주고 자신의 눈을 즐겁게 한 것의 목록을 만들었다. 진리가 충동이나 본능, 의지와는 별개의 것으로 여겨진다면, 경험이란 모든 것을 흡수하고 관찰한 사실을 종속되게 하며, 심지어 진리 그 자체도 익사시킨다. 충동과 본능이 전부가 되기 시작한다. 아직은 아니지만, 그것은 조만간 목록과 범주를 휩쓸어버리고, 마음을 공포로 채우게 된다.

7상

의지 .... 개성의 주장
마스크(21상) .... 참: 이타주의 / 거짓: 능률성
창조심(23상) .. 참: 영웅의 감성 / 거짓: 독단적 감상벽
운명체(9상) .... 개성을 자극하는 모험
예: 조지 보로, 알렉상드르 뒤마, 토머스 칼라일,
　　제임스 맥퍼슨*

2, 3, 4상의 인간은 전통적이거나 합당한 제약 속에서 행동하지만, 5상 이후에는 제약이 불확실해진다. 그래서 공공의 행동양식과 습관에 의지하는 모든 것이 거의 와해되고, 6상의 목록과 범주조차 더는 충분하지 않게 된다. 이 유형의 인간은, 자기의 상에서 벗어나게 되면, 21상의 인간이 되고 싶어 한다. 이것은 불가능한 바람인데, 21상의 인간은 거의 지적인 복합성이 절정에 이른 인간이고, 2상부터 7상까지의 모든 인간들은 지적으로 단순하기 때문이다. 이 상에 속한 인간의 본능은 거의 복합성의 정점에 있고, 그는 당황해하다가 곧 무력해진다. 와해되는 성격을 지닌 인간은 자기 상에서 벗어나 파괴적 개성을 갈망한다. 개성을 가질 수 없는데도, 자신의 생각과 정서가 공통적인 것이라고 생각하여 과장된 환영을 창조하고, 다른 사람들을 속임으로써 스스로를 속인다. 우리는 곧 21상의 인간이 자기 상에서 벗어나 상상하는 순진함을 자랑하는 것을 발견하게 될 것이다.

　7상의 인간이 자기 상에 충실하면 운명체에 굴복하게 된다. 그 운명체는 개성이 처음으로 자신을 나타내는 상에서 유래하여, 본능적으로 의지 속에 아주 잘 녹아 들어가 개성과 거의 구별할 수 없게 되는 형태로 변한다. 그러나 이런 형태의 성격은 개성처럼 스스로 만족할 수 없기에 환경에서 분리되지 않는다. 어떤 상황에서 생겨나고 그 상황이 종료되었을 때 잊히는 몸짓이나 자세, 최후의 용기 있는 행위, 사람을 이내 갈기갈기 물어

---

*보로는 영국의 소설가이자 여행기 작가이며, 뒤마는《삼총사》로 유명한 프랑스의 소설가, 칼라일은 영국의 비평가이자 역사가, 맥퍼슨은 스코틀랜드 시인이다.

뜯을 듯한 개들의 저돌적 태도 등이 그것이다. 그런 인간들은 역사, 사건 현장, 모험에 대한 열정이 있다. 그들은 행동하기를 즐긴다. 또 그런 행동을 일몰이나 바다 폭풍이나 어떤 큰 전투와 별개의 것이라고 생각하지 못하고, 모두 이해하고 감동하는 정서에서 영감을 받는다.

   알렉상드르 뒤마는 이 상에 완벽히 들어맞는 인간이다. 조지 보로는 약간 멈칫한 상태에 있는 인간이다. 보로는 자신이 천진난만하다는 것을 알고 상상적인 지적 주관성을 자랑할 만큼 순간순간 자기의 상에서 확실히 벗어났기 때문이다. 이것은 그가 믿을 수 없는 공포 이야기를 보여주거나 자신이 여러 언어에 능통하다는 것을 과시할 때 나타난다. 칼라일은 맥퍼슨과 마찬가지로 이 상의 최악에 있음을 보여준다. 그는 역사적 인물 외에는 아무도 좋아할 수도, 좋아해서도 안 되었을 것이다. 자신의 것처럼 보이지만 사실 설교자나 화난 무지한 신도의 생각을 표현하고자 대중적 수사법의 수많은 은유로 역사의 인물을 이용했다. 그 수사법이 너무나 시끄럽고 위협적이며 에너지가 넘쳐났기 때문에, 사람들은 두 세대가 지나서야 비로소 그가 기억에 의존하는 조잡한 유머가 아닌 문장은 하나도 쓰지 못했다는 사실을 알았다. 성적 불능은 의심할 바 없이 운명체를 약하게 하고 거짓 마스크를 강화한다. 사람들은 그렇게 대단히 불성실한 이곳이 개미 알로 만든 회반죽처럼 무슨 도움이 될지 의심한다.

8상

의지	개인과 종족 사이의 갈등
마스크(22상)	참: 용기 / 거짓: 두려움
창조심(22상)	참: 융통성 / 거짓: 무력함
운명체(8상)	힘의 시작

예: 도스토옙스키의 백치

상에서 벗어나면 공포의 상태,

상에 충실하면 패배에도 굴하지 않는 용기의 상태

1상부터 7상까지 모든 기본상적인 것은 점차 약해진다. (강요된 마스크와 관련하여 분석된 의지인) 성격은 (자신과 관련하여 분석된 의지인) 개성이 되었지만, 이제는 개성이 다른 상에서도 계속된다 해도 (자유로운 마스크와 관련하여 분석된 의지인) 개성이 지배적일 수밖에 없다. 기본상적 성향이 지배하는 한, 대립상적 성향은 그 인식 방법을 받아들인다. 또한 성격과 개성은 기본상적 본성이 대립상적 정서에 가까이 가면, 운명체에 자극을 받아 자라나는 감각적 능력들로 커진다. 그러나 이제 그 병은 터질 것이다. 이상화되거나 이론화된 습관적 사고와 본능, 정신과 육체, 이울어지는 기본상과 자라나는 대립상의 갈등은 결판이 나기 마련이다. 자라나는 감각적 능력이 당분간 지배권을 가진다. 그럴 때만 의지는 마스크의 도움이 없는 창조심의 약점을 인식할 수 있고, 강요된 마스크가 자유로운 것으로 변하는 것을 허용할 수 있다. 도덕률에 대한 모든 새로운 수정과 규범화는, 창조심을 통해 작용하면서 자라나는 본능적 기능에 질서를 부여한다. 그러나 이제는 그것이 더는 질서를 창조할 수 없다는 것을 느낀다. 그것은 투쟁의 진정한 본질로, 여기서 영혼은 객관적으로 인정한 세상의 양심으로 느끼는 모든 형태를 잃게 되며, 역사상 어떤 인물도 예로 들 수가 없다. 가능한 예를 생각해보자. 하틀리 콜리지*는 그런 인물로 들기가 어렵고, 브론테 자매의 남자형제**―우리가 그에 대해 아는 것은 거의 없지만―는 이 상에 속한 인물로 보인다. 그러나 도스토옙스키의 백치는 거의 확실히 이 상에 속한 타입이다. 백치는 이 타입으로서는 지나치게 성숙하여 너무 여러 번 28상을 모조리 거친 인물이어서 우리가 이해하기가 어렵다. 이 상의 인물은 대부분 감각적 유혹―술, 여자, 마약 같은 것들―에서 자유롭지 못하고 끊임없이 위기의 삶을 살면서 영속적 의미가 있는 일은 단 한 가지도 못 하는 무명의 부랑자 같은 인물이다. 대립상적 성향이 지배성을 지니기 위해 종종 바로 이 한 상에서 네 번까지 태어난다고 한다. 존재는 물에 빠진 사람처럼 지푸라기 하나라도 붙잡으려고 하며, 기본상적 인간이 지탱하는 모든 공적 사고와 습관이 무너지는 가운데서도 마침내 9상에 들어갈 수 있는 것은, 바로 이 헛된 것처럼 보이지만 힘을 향해 손을 뻗는 집착 때문에 가능하다. 이 상의 인물은 이제까지 약점이었던 본능을 변형하고 힘을 발견해야 한다. 그래서 흩어지고 부서진 구성 요소를 모아야 한다. 운명체와 의지에 반대되는 창조심과 마스크의 결합은 본성을 특성의 호환이 없는 두

---

*19세기 영국의 시인이자 전기 작가로, 낭만주의 시인 새뮤얼 콜리지의 장남이다.
**샬럿 브론테의 남동생이자 에밀리 브론테의 오빠인 패트릭. 화가이며 작가로 술과 아편에 중독되어 31세의 나이에 죽었다.

부분으로 나눔으로써 갈등을 격화한다. 그런 인간은 자신의 운명과 불가분의 관계가 되어 자신이 운명과 분리된 것을 보지 못하며, 감성과 지성을 구분할 수도 없다. 그는 자신의 의지 없이 이리저리 끌려다닌다. 수학적인 22상으로 모이는 그의 비감성적인 지성은 끊임없이 그에게 욕망의 대상이 되어, 기계 에너지 같은 감성과 바퀴와 피스톤 같은 사고를 보여준다. 그는 정지되고 치우침이 없는 상태에 있게 되는데, 치우침이 생길 때까지, 자기 존재 속에서 힘을 찾기 시작할 때까지, 그의 사상과 감정은 그를 판단하게 하지만, 그것은 쓸모가 없다. 22상에 있는 인간이 실제 세계를 발견하도록 추상적 정신 속에 있는 극적 마스크를 해체해야 하는 것처럼, 그는 극적 마스크를 발견하도록 사고를 단순한 비개성적 본능 속에, 종족 속에 해체시켜야만 한다. 즉 그는 운명이 아닌 자신을 택하는 것이다. 용기는 그의 진정한 마스크이며, 다양성은 상습적인 목적이 없어서 그의 진정한 창조심이 된다. 이들은 가장 약한 상이 가장 강한 상에서 끌어들이는 것이기 때문이다. 이들이 손기락으로 지푸라기를 잡으면 그것은 용기요, 그의 능력이란 어떤 물결도 지푸라기를 띄울 수 있다는 것이다. 7상에서 그는 마치 심장 없는 사랑을 하는 것처럼 야망 때문에 자신의 본성을 바꾸려 애썼지만, 이제는 충격을 받는다고 심장이 되돌아올 수 없다. 오로지 가장 큰 갈등에서 생겨나는 충격이 가장 큰 변화를 만들 수 있다. 즉 기본상에서 대립상으로 혹은 대립상에서 기본상으로 말이다. 또한 그 어떤 것도 개입할 수 없다. 그는 갈등만을 의식하며, 절망은 필연이며, 모든 인간 가운데 가장 큰 유혹을 받는다. "엘리, 엘리, 어찌하여 저를 버리셨나이까?"*

9상

의지	신념이 개성을 대신함
마스크(23상)	참: 능란함 / 거짓: 무명
창조심(21상)	참: 자기 극화 / 거짓: 무질서 상태
운명체(7상)	강요된 관능

예: 무명의 예술가

이 유형의 인간은 자기 상에서 벗어나면 실수를 저지르는 무지한 사람이지만, 자기 상에 있을 때는 강하고 숙달된 사람이 되어 금속 축이나 바퀴 같은 막강한 힘이 내부에서 발견된다. 그는 창조심의 도움을 받아 운명체에서 마스크를 해방시키려 한다. 말하자면, 마스크를 깎아 만들어 이제는 자유롭게 된 마스크를 쓴 채 이미지를 보호하고 해방시키려 한다. 그렇게 하는 한, 자기표현에 무한한 자신감이 생기는데, 그것은 수학 계산을 하면서 직선과 직각에 기쁨을 느끼는 맹렬한 자아이다. 그러나 그가 기본 성향에 따라 살며, 운명체를 사용하여 마스크에서 창조심을 제거하고, 객관적인 야망과 호기심을 가지고 살려 한다면, 모든 것이 혼란스러워진다. 의지는 야만적이고 무시무시한 폭력으로 자신을 드러내게 된다. 자기 상에서 벗어나면 이 모든 초기 상들은 잔인해진다. 그러나 진정한 개성이 시작되는 12상 이후에는 잔인성이 변덕스러운 냉정함에 자리를 내준다. 그 냉정함은 "거짓되고 변덕스럽고 맹세를 저버린 클래런스"**가 보

---

*예수가 십자가에 매달려 죽어갈 때 했던 말.
**셰익스피어의 《리처드 3세》 1막 4장에서 클래런스가 자신을 지칭하며 한 말.

여준 것으로, 기본상적 관계에서는 선량한 믿음의 결여를 보여주며, 종종 대립상적 관계에서는 자신을 가장 괴롭히는 양심의 가책이 따른다. 대립상적 인간이 자기 상에서 벗어나면 기본상적 상태를 다시 만들지만, 정서가 변하면 이미지 혹은 마스크에 대한 사랑은 공포가 되고 15상 이후에는 증오가 되며 마스크는 그 사람에게 붙어 다니거나 이미지로 따라다닌다. 심지어 그는 비밀스럽게 간직하거나 공공연히 자랑하는, 자신의 상과는 반대인 상의 운명체와 마스크를 물려받을지도 모른다는 헛된 희망에 사로잡혀 있을 수도 있다. 그는 자신과 반대인 것을 받아들임으로써 대립상적 갈등을 피하려 하며, 그의 대립상적 삶은 침해를 당한다. 9상에서는 비현실적인 개체로부터 칼라일이나 휘트먼의 정신을 순화하는 운명체는 새로운 진정한 개체인 관능성(7상에서 나온 본능의 솟구치는 물결)과 결별한다. 그 인간은 이 관능성을 정복하는 대신 열정적 자기 극복의 형태로 자신을 극화하지만, 이미지 같은 어떤 양식을 찾지 못하고 어리석게도 실수를 저지른다. 그래서 이 상에서는 다른 상에서보다 더 자주 자신들이 사랑하는 여인들을 두려워하고 멸시하고 박해하는 남자를 발견할 수 있다. 그러나 온통 진흙투성이가 홍수가 난 것 같은 잔인한 자아 뒤에는, 통제할 수 없는 정반대의 것, 자신을 대체할 수 있는 어떤 것에 사로잡혀 있음을 아는 흐리멍덩하고 소심한 영혼이 자리하고 있다. 그것에 관해서는 "8상에서 자신의 약점을 발견한 영혼은 9상의 분노 속에서 영혼의 내적 훈련을 시작한다"라는 말이 있다. 그리고 또 "9상은 인간이 바라는 가장 신실한 믿음을 가진다"라는 말이 있다.

어떤 예술가는 이 상징을 연구하는 학생에게 어떤 유명인과 그의 부인, 아이들에 관해 이렇게 물었다. "부인이 더는 그의 일에 관심이 없고 그에게 필요한 공감을 표시하지 않는데도 그는 왜 부인을 떠나지 않는가? 부인과 자식에게 무슨 빚이라도 졌는가?" 학생은 이 예술가가 강력한 상상력을 지닌 입체파 화가임을 발견했다. 또 그의 머리는 음울하고 고집스럽지만 태도나 말은 대체로 동정적이고 부드럽다는 사실을 알았다.

10상

의지 .... 이미지 파괴자
마스크(24상) .... 참: 조직화 / 거짓: 무력함
창조심(20상)... 참: 감정 억제에 의한 지배 / 거짓: 개혁
운명체(6상) .... 강요된 정서
예: 퍼넬*

이 유형의 인간이 야망 없는 반대 상을 기본상적 상태로 생각하여 산다면, 모든 감성 능력이 사라지고(거짓 마스크: 무력함), 방향 없는 변화, 양식에 대한 비전이 없는 개혁에 자신을 내맡기게 된다. 그는 자기 주위에 있는 사람들이 감탄하는 것은 어떤 양식이든(마스크와 이미지) 받아들이지만, 그것이 자

---

*아일랜드의 민족 운동가인 찰스 스튜어트 퍼넬. 영국 하원의원으로 있으며 아일랜드 권리 옹호에 힘썼고 토지연맹 초대 회장을 지내며 아일랜드 토지를 되찾기 위한 운동을 했다.

기와 맞지 않다는 것을 아는 순간 잔인하고 난폭하게 내던지고, 다른 낯선 양식을 선택한다. 그는 9상의 인간이 하는 것보다 더 자신의 삶과 자신에게 가까이 오는 사람들을 혼란스럽게 한다. 왜냐하면 9상은 자신과 관계가 있을 때를 제외하고는, 다른 사람에게 아무런 관심이 없기 때문이다. 반면에 이 유형의 인간이 자신의 상에 충실하여 자신의 지성을 단순한 종족(종족이 규범화되는 6상에서의 운명체)으로부터 해방시키는 데 사용하고, 그래서 언제나 '신성한 권리'를 함축하는 개인 행동 규범을 창조한다면, 그는 긍지 있고 대가다운 실질적 사람이 될 것이다. 그는 자신의 운명체의 영향력을 전적으로 피할 수 없지만, 그것의 가장 개인적인 양식에는 복종하여 집단의 동정심 대신 여인의 비극적 사랑에 복종한다. 비록 운명체가 그의 마스크를 파괴하려 할지라도, 아직 승리가 가능한 투쟁을 그에게 부과할 것이다. 운명체의 상과 마스크의 상이 서로 접근함에 따라 그것은 상대의 성격 일부를 공유하게 된다. 상호 간의 증오심이 미치는 영향이 점점 흩어지면서 덜 가혹해지고 덜 분명해진다. 예를 들어, 10상의 운명체의 영향력은 9상의 '강요된 관능'의 영향력보다 약간 덜 가혹하고 덜 분명하다. 그것은 이제 '강요된 정서'이다. 9상은 제약이 없었으나 이제 제약이 가해지고, 그것과 함께 긍지가 나타난다. 모진 삶의 마력에서 벗어나기 위해 삶이 모질다는 것을 강조할 필요가 없어진다. 주관적 분노는 더욱 계산적이 된다. 의지와 마스크의 대립은 더는 기제(정서와 사상이라는 기제)의 대립과 같은 몰개성적인 정확성과 힘에 대한 즐거움이 아닌, 일종의 불타는 제약, 미개한 사람들이 희생제물을 드리는 조각상을 암시하는 그런 것을 만들어낸다. 이 희생제물은 규범이며, 더는 힘으로만 인식되지 않는 개성이다. 그는 그것의 도움으로 창조력을 집단적 정서에서 자유롭게 하려 하지만, 전적으로 성공하지 못하기 때문에 개인의 긍지와 종족 간의 갈등을 일으킨다. 그래서 삶이 혼란스러워지며 계속 위기에 봉착하게 된다. 9상에는 성적인 차별이 거의 없었지만, 이제는 육체나 성격의 독특한 아름다움보다는 환경 때문에 창조된 정서가 있다. 사람들은 파우스트 박사를 상기할 텐데, 그는 마녀의 술에 취해 모든 여자를 헬렌이라고 생각하지만, 그레트헨을 전심으로 사랑한다. 사람들은 아마도 젊은 여인이 빈둥거리며 변덕스러운 마음에서 우산으로 눈 위에 남자의 이름을 썼다는 것 때문에 그녀를 일생 사랑한 한 남자를 생각할 것이다. 여기에는 분노와 도피하려는 욕구가 있지만, 아직은 반대 운명의 파괴 때문은 아니다. 왜냐하면 일단 눈에 보이는 세계, 이미지, 환경이 파괴되자, 정서와 조화되는 어떤 세계, 이미지, 환경에 대한, 혹은 빈 받침대 위에 세워질 정서와 조화되는 어떤 것에 대한, 막연하고 추상적인 인식이 시작되었기 때문이다. 9상에서 표현 욕구가 적고 행동과 명령 욕구가 더 많은 인간(가장 위대한 극적 힘의 상인 20상의 창조심)은, 자신의 전 생애를 훌륭하게 연기할 배역이 하나밖에 없는 무대극으로 생각한다. 그러나 그가 스스로 무대의 배우라 여긴다 해서 누구도 그를 비난하지는 않을 것이다. 왜냐하면 그는 언제나 돌 같은 마스크(대립상적으로 인식된 '야망의 끝'인 24상)를 쓸 것이기 때문이다. 그도 역시 자신이 승리하면, 대중의 요구에 따라 야망을 끝낼지 모른다. 왜냐하면 그는 벼랑에서 사흘 동안 매달려 자신에게 희생제를 지내는 북구 신화의 신 같기 때문이다. 아마도 모세는

산을 내려오면서 이와 비슷한 돌 같은 마스크를 쓰고, 같은 바위에서 잘라낸 십계명이 적힌 돌판과 마스크를 가지고 왔을 것이다.

퍼넬의 생애는 10상을 입증해주는데, 존 몰리*는 퍼넬이 자기가 아는 사람 가운데 가장 집중을 잘하며, 철학적이고 예술적 호기심은 여전히 미지의 상태로 있으면서 개인적 목표와 관련되지 않으면 모든 실제적 호기심을 거두는 사람이라고 했다. 퍼넬은 동시대 사람들에게 감정이 전혀 없는 사람이라는 인상을 심어주었다. 그런데 어떤 추종자가 퍼넬이 무정해 보이는 연설을 하고 난 뒤에 그의 양손을 손톱으로 긁어 파서 피투성이가 된 모습을 보았다. 추종자 중 하나는 퍼넬을 자포자기로 이끄는 위원회 15호 회의실에서 열정적 토론이 진행되는 동안, 이 과묵한 사람이 과묵함을 잊어버리고 섹스의 작용을 언급하며 열을 올리는 것을 보고 충격을 받았다. 그것은 마치 어떤 계산 문제를 다루는 수학자가 보이는 것 같은 무관심이었다고 한다. 어느 폭풍우가 몰아치던 날 밤, 브라이턴 부두에서 퍼넬은 온 힘을 다해 바닷물 위로 팔을 뻗은 채 부인을 들고 있었다. 부인은 자기가 조금이라도 움직이면 퍼넬이 자신을 물속에 빠뜨릴 거라는 사실을 알았기에 그의 양손 위에 몸을 뻗은 채 가만히 누워 있었다고 이야기했다.

---

*영국의 정치가, 작가, 언론인.

11상

의지 .... 소모자, 장작더미를 쌓는 사람
마스크(25상) .... 참: 거부 / 거짓: 도덕적 무관심
창조심(19상) .... 참: 도덕 파괴 / 거짓: 자기주장
운명체(5상) .... 강요된 신념
예: 스피노자, 사보나롤라*

9상이 개인적 관계와 관능성, 여러 가지 조야함 때문에 주관성을 피하고, 10상이 실제적인 목적을 위한 사람들의 모임과 그런 모임에서 생겨나는 정서 때문에 혹은 공통 관심사가 있는 비극적 사랑 때문에 주관성을 피하는 반면, 11상은 흥분된 확신, 조직적 신념의 전파 혹은 조직 자체를 위한 조직에 대한 관심 때문에 주관성을 막는다. 이 상에 속한 인간은 반쯤 고독하며, 자신이 깃들 수도 없고 깃들지도 않을 고독을 지키는 사람이다. 그의 마스크는 자신의 본성과는 반대되는 한 더미의 수학 공식이나 그런 유의 것을 제공하는 추상적 신념의 상에서 유래했기 때문이다. 마스크가 있는 25상의 인간은, 마치 24상이 규범을 창조하는 것같이, 바보나 건달에게 너무 어려운 것은 모두 배제한 신념 체계를 창조한다는 사실을 곧 알게 될 것이다. 그러나 11상의 인간은 지성을 지성 그 자체로 가능하게 한다. 거칠고 즉석에서 나오는 습관적 사고에 대한 분노에서,

---

*스피노자는 자신의 종교에서 파문당했으나 평생 범신론적 철학사상을 전개한 네덜란드의 철학자이고, 사보나롤라는 르네상스기 이탈리아의 수도사이자 종교개혁가이다.

지성을 제외하고는 모든 것을 불가능하게 하기 위해 체계화하며, 광적인 확신에 이른다. (공통의 본능이 먼저 자신을 결속하여 반성에 이르는 5상에서 유래한) 자신의 운명체에게 정복을 당하면 이 모든 것의 반대가 되어, 전염성이 있는 신념과 일반적 관심사에 휩쓸리며, 지적 분노 대신 자존심을 갖게 되고, 자존심 강한 전통적 성직자가 될 것이다.

사람들은 스피노자에게서 이 상이 가장 순수하고 강력한 형태로 존재함을 본다. 스피노자는 영혼의 가장 개성적인 표현 속에서 신성한 에너지를 보고, 그것은 세계의 행복을 위한 것이며 겉으로 보이는 것처럼 무질서한 형태는 아니라는 점을 보여주는 데 일생을 보냈다. 그의 마스크는 운명체의 영향 아래서 그로 하여금 견고한 외적 대상에 굴복시켜 행복을 찾도록 만든다. 그러나 마스크는 외적인 사람들의 인정을 거부하는 창조심 때문에 자유롭게 되어, 처음으로 신을 독자적으로 인식하게 된다. 사람들은 그를 그 시대 신학자 중 하나로 여긴다. 그러나 그는 보통 사람의 정신을 위한 일종의 양치기 개이다. 그는 언제나 어떤 공식을 찾으며 스스로 늑대로 변해 황야로 나갔다. 그의 범신론은 그를 지지하는 소수 학자에게는 그럴싸해 보였겠지만, 판사나 주교의 연설에는 거의 도움이 되지 않았을 것 같다. 자신의 냉정한 정의의 수학적 형식에 대해서 그는 자부심을 갖지만, 그 정의에서 사람들은 아마 가슴이 거의 찢어질 지경이 되도록 자신에게 강요된 선조들과 친척들의 사상과 싸울 것이라는 점을 짐작할 수 있을 것이다. 운명이 내려치지 않고는 어떤 인간성도 둘로 나누어지지는 않는다.

12상

의지 .... 선구자
마스크(26상) .... 참: 자기 과장 / 거짓: 자포자기
창조심(18상) .... 참: 주관적 철학 /
　　　　　　　　　　　　거짓: 두 표현 양식 사이의 갈등
운명체(4상) .... 강요된 지적 행동
예: 니체

이 유형의 인간은 자신의 상에서 벗어나면 언제나 반동적인 상태가 되며, 여러 가지 자의식적인 태도에 휘둘리고 주저하는 경향이 있다. 그러나 자기의 상에 충실하면, 마치 가득 찼을 때를 기억하는 컵 같은 존재가 된다. 이 상은 단편적이고 격렬하기 때문에 '선구자'로 불린다. 주로 실질적 관계에 의해 자신을 정의하는 행동의 상이 끝났거나 끝나가며, 주로 정신의 이미지로 자신을 정의하는 상은 시작했거나 시작하고 있다. 또한 어떤 외적인 운명을 혐오하는 상은 자기혐오에 자리를 내준다. 이것은 네 기능이 모두 같은 거리에 있기 때문에 엄청난 에너지를 지닌 상이다. (의지와 마스크, 창조심과 운명체라는) 서로 반대되는 것은, 불화에 의해 균형을 이루며, 동일성과 반대 사이의 거리가 같기에 극도로 격렬한 상태에 있다. 이 인간의 본성은 기만을 극도로 의식하기에 자아의 진실을 광적으로 열망한다. 9상이 가장 큰 '자기 욕망에 대한 믿음'을 가지는 것이 가능하다면, 이 상은 개성이 창조한 모든 가치에 대한 가장 큰 믿음을 가지는 것이 가능하다. 그러므로 이 상은 무엇보다

도 영웅의 상, 자신을 극복한 인간의 상이다. 자신의 승리를 입증하고자 10상처럼 다른 사람에게 굴복하라고 하지도 않고, 11상처럼 다른 사람의 믿음이 필요하지도 않다. 비록 침범당하고 방어하기도 어렵지만, 마침내 고독이 탄생한 것이다. 또한 11상의 적나라한 해부를 원하지도 않는다. 모든 생각은 소리나 비유와 함께 오며, 존재의 온전함은 사실과의 관계에서 오는 것이 아니라 자기 존재와의 근접성에서 온다. 그래서 우리는 사실이 위험한 마약이나 마취제가 되는 사람을 이 상에서 볼 수 있다. 사실은 운명체에서 오고, 운명체는 본능이 복잡한 반성에 이르기 전에 가장 설득력을 가지는 상에서 온다. 그는 일련의 사건 때문에 쫓기게 되는데, 사건을 대립적으로 대처하지 않으면 그는 자신의 본성과 반대로 온갖 종류의 일시적 야망에 빠지게 된다. 아마도 어떤 소규모 반대파(지적인 4상의 가족이나 이웃)에 속하게 될 것이다. 그리고 그는 이 야망을 일종의 피상적인 지적 행위, 소책자, 격렬한 연설, 허세 부리는 칼놀림으로 방어한다. 그는 흔한 입장을 격렬하게 주장하기도 하고 원천이 되는 배경을 떼어놓고는 아무런 의미도 없는 독단론에 빠지기도 하며 갈팡질팡 일생을 보낸다.

그러나 만일 그가 자신의 대립상적 존재를 일깨워 이런 사건에 대처한다면, 거기에 개인적 삶의 고상한 방종, 넘쳐흐르는 원천이 있게 된다. 그는 참 마스크를 향하고, 철학적 지성(창조심)으로 그것을 시사적이고 일시적인 것에서 구해냄으로써, 욕망의 대상과 함께 오로지 정신의 논리적 표현인 철학을 선언한다. 공포의 꼽추의 상이라 불리는 26상에서 유래한 참 마스크는, 감정적으로 냉정하기 때문에 감정적인 모든 것과 반대가 된다. 그리고 지적 추상화가 11상에서 그치기 때문에, 수학적이지 않지만 대리석처럼 순수하다. 마스크가 있으면 창조심은 달빛 비치는 샘물같이 고독하다. 그러나 삶을 회피하지 않는 창조심 속에서 의지와 불화를 구별하듯, 이제 가장 섬세한 감수성을 가지며 약점을 점점 더 의식하는 감정적 의지와 외롭고 침착하고 긍지를 가진 마스크를 구별해야 한다. 이 인간은 운명이 제공한 것에서 창조심이 창조하거나 선택한 이미지를 따르며, 그것을 박해하고 지배한다. 그리고 이 이미지는 구체적 이미지와 감각적 이미지 사이에서 망설인다. 그것은 개인적인 것이 되고, 나중보다는 덜 확정적이지만 이제 한 형태의 선택된 아름다움만 존재한다. 성적 이미지는 다이아몬드처럼 묘사되고, 조각가들이 조각상에 입히는 창백한 색이 칠해진다. 15상 이전 사람처럼 이 상의 인간은 자신이 약하다는 생각에 사로잡혀, 이미지와 마스크의 힘 밖에 있는 다른 힘은 알지 못한다.

13상

의지 .... 감각적 인간
마스크(27상) .... 참: 자아 표현 / 거짓: 자기 몰입
창조심(17상) .... 참: 주관적 진실 / 거짓: 병적임
운명체(3상) .... 타인에 대한 강요된 사랑
예: 보들레르, 비어즐리, 어니스트 다우슨*

이 상은 완전한 관능성, 말하자면 다른 요소가 섞이지 않는 관

능성이 가능한 유일한 상이다. 이제 완전한 지적 통합, 즉 정신 이미지로 이해되는 '존재의 통합'이 가능해졌다. 그리고 이 상은 감각의 균일한 원만함과 완전성을 부여하는 운명(몸이 느긋해지고 온전해지는 3상)에 반대된다. 의지는 마스크의 지배를 받느냐 혹은 운명의 지배를 받느냐에 따라 감정적 경험의 거울이 되거나 감각의 거울이 된다. 감정 혹은 감각의 모든 인상에 좌우되면서도 의지는 진리에 대한 열정(창조심)을 통해 자신과 반대가 되어 성인의 상에 있는 마스크(27상)에서 처녀 같은 감정의 순수성을 받아들인다. 만일 의지가 객관적으로 산다면, 즉 감각에 스스로 굴복한다면, 의지는 병적으로 변하고 영원한 분석의 빛(분산의 상에 있는 창조심) 아래서 모든 감각이 다른 모든 감각으로부터 분리되는 것을 보게 된다. 13상은 아주 중요한 상이다. 왜냐하면 가장 지적이고 주관적인 상이기 때문이다. 또 이 상에서만 오로지 대립상적 삶에서, 기본상적 삶에서 신성함에 상응하는 것, 즉 자기부정이 아닌 표현을 위한 표현을 완벽하게 달성할 수 있기 때문이다. 진정 어떤 작가들에게 미친 그것의 영향은 지대하여 문학 비평이 그들의 지적인 성실성을 신학 분야에서 신성이라고 생각되는 그런 위치로 문학 분야에서 올려놓게 했다. 이 상에서 자아는 운명체와 투쟁하는 동안 다른 사람들이 자기네 것으로 인식하는 감정상의 병적 형태들을 자신의 내부에서 발견한다. 마치 성인이 다른 사람들의 육체적 질병을 짊어진 것처럼 말이다. 거기에는 거의 언제

---

*보들레르는 랭보와 함께 유명한 프랑스의 상징주의 시인이고, 비어즐리는 퇴폐적 분위기의 그림을 주로 그린 영국의 삽화가이며, 다우슨은 낭만적 시로 잘 알려진 빅토리아 시대 시인이다.

나 우리가 아주 이상하다거나 몹시 병적으로 보이는 것을 정의할 때 사용하는 그런 비유와 상징, 그리고 신화적인 이미지에 몰두하는 경향이 있다. 이제 자기혐오가 절정에 달하며, 이 증오를 뚫고 지적인 사랑의 해방이 천천히 다가온다. 극단적인 형태로 승리의 순간과 패배의 순간이 각각 나타나는데, 그 까닭은 주관적 지성은 절제를 모르기 때문이다. 기본상적 성향이 약해짐에 따라 양에 대한 감각이 약해지는데, 그 이유는 대립상적 성향은 질에 몰두하기 때문이다.

12상부터가 아니면 이 상부터 17상이나 18상이 지나갈 때까지 행복한 사랑은 드물다. 왜냐하면, 만일 이 상의 남자가 강한 성적 매력이 있는 여자를 찾으려 한다면, 그 마스크가 자신의 운명체와 마스크 범위 안에 있거나 그게 아니라도 바로 밖에 있는 여자를 찾아야만 한다는 것을 알기 때문에, 선택의 폭은 점점 좁아지고 모든 삶은 더 비극이 되기 때문이다. 그 여자를 찾기가 점점 어려워지는 것처럼 모든 애착 대상을 찾기도 점점 어려워진다. 적절한 욕망의 대상이 없기 때문에 인간과 다이몬의 관계는 더 분명하게 투쟁이나 심지어 적대적 관계가 된다.

14상

의지 .... 집착에 빠진 인간
마스크(28상) .... 참: 평정 / 거짓: 자기 불신
창조심(16상) .... 참: 감성적 의지 / 거짓: 공포

운명체(2상) .... 세상에 대한 강요된 사랑
  예: 키츠, 조르조네*, 많은 미인

15상에 접근함에 따라 개인의 아름다움이 증가하며, 14상과 16상에서 인간의 최고 아름다움이 가능해진다. 존재의 목적은 욕망의 이미지인 이런 대상을 운명체의 흥분과 무질서에서 분리하며, 어떤 상황에서는 28상에서 나와 자신에게로 오므라들거나 약화되는 마스크의 모든 성격을 대상에게 각인시키는 것이어야 한다. 육체에 아름다움을 부여하는 것은 개념화 작용에서 시작되는 지성의 행위이다. 육체적으로 가능한 최대의 힘이지만 어린아이처럼 목적 없는 힘의 상에서 유래한 운명체는 이렇게 오므라들지 않도록 작용한다. 그러나 그것의 열광, 꿀의 정수 이상의 대상은 거의 제공하지 않는다. 떨어져 나와 마스크에 종속되는 욕망의 이미지는 개별적이고 조용하다(격렬하게 흩뿌리는 상에서 온 창조심). 13상, 심지어 12상의 이미지는 정도는 덜하지만 이런 성격을 지녔다. 이 이미지는 이어지는 모든 상의 이미지와 비교하면, 각각의 이미지는 그 자체로 연구되는 것처럼 보인다. 이 이미지는 고요한 허공에 있는 것처럼 떠다니거나 어떤 골짜기에 숨어 있다. 그것들이 움직이면 마치 같은 선율로 언제나 돌아가는 음악이나 같은 동작으로 돌아가는 춤과 같기 때문에 불멸의 존재처럼 보이게 된다.
  이 유형의 존재가 자기의 상에서 벗어나면, 즉 기본상적 호기심에 이끌리면, 이 존재는 자신의 기본상적 약점을 인식하

---

*16세기 베네치아 회화의 창시자로 일컬어지는 이탈리아의 화가.

게 된다. 그 지성은 단지 불안한 열정이 되거나 고독을 회피하게 된다. 심지어 미칠 수도 있으며, 자신이 의식하는 약점과 그에 따른 두려움을 다른 사람들의 공감을 이끄는 도구나 지배 수단으로 사용할 수도 있다. 16상에서는 가능한 모든 책임을 떠맡으려는 욕구를 발견할 수 있지만, 여기에서는 책임을 포기한다. 이 포기는 권력의 도구가 되며, 그가 덜어버린 짐은 다른 사람이 떠맡게 된다. 여기에서 절세 미인이 탄생한다. 헬레나는 이 상에 속한 여인이다. 그녀는 마치 평생 통합된 대립상적 에너지의 이미지를 형성하려 한 것처럼, 섬세한 개인적 원칙을 세우는 이미지를 떠오르게 한다. 부드러움과 고요함의 이미지를 지닌 그녀는 다이아몬드로 유리 위에 영원히 그림을 그린다. 그러나 다른 사람들의 원칙에 따르는 것처럼 보여도 개인적 원칙을 깨뜨리지 않으면 그것을 자신의 죄목 중 하나로 꼽지 않는다. 그러나 자신의 원칙을 지키지 못한다 해도 그녀는 자신을 속이지 않을 것이며, 자신의 권태로운 움직임과 다른 사람에 대한 무관심에도 그녀의 마음은 절대 평안하지 않을 것이다. 만개했지만 인간이 보지 못하는 자신의 걸작을 의식적으로 명상하는 것처럼 그녀는 많은 시간을 홀로 방랑할 것이다. 자기 집으로 돌아오면 두려운 마음으로 가족의 눈치를 살필 것이다. 모든 자기방어 능력을 잃어버렸다는 사실과, 한때 격렬했던 자신의 기본상적 성향 중에서 이상한 무책임한 순진성밖에 남지 않았다는 사실을 그녀가 알고 있는 것처럼 말이다. 초년 시절은 아마도 그 고귀함 때문에, 그 대립상적 힘의 과도함 때문에 위험했을 것이다. 이 힘은 사라져가는 기본상적 힘을 너무 강하게 압박해서 이런 힘을 표현하는 대신, 그저 날개가 막연하게 퍼덕거리거나 날개를 접고 우울한 고요함이 되었을 것이다. 위험이 크면 클수록 그녀는 아무것도 욕망하지 않게 되는 기본상적 힘과 대립상적 힘의 최종적 통합에 더 가까이 접근하게 된다. 이미 욕망이 약화되어 그녀는 아무것도 이해하지 못하지만 모든 것을 이해하는 것처럼 보이며, 아직 아무런 봉사를 하지 않았는데도 혼자 봉사하는 것처럼 보일 것이다. 사람들이 그녀를 위해 죽고 죽이려는 이유는 그녀가 바라는 것도 너무 적고 주는 것도 너무 적었기 때문이 아닌가? 사람들은 로댕의 〈불멸의 우상〉을 생각한다. 남자가 겸허한 경모 자세로 등 뒤로 양손을 잡고 무릎을 꿇은 채 소녀의 가슴 약간 아래쪽에 키스하고, 소녀는 무슨 영문인지 모르고 눈을 반쯤 지그시 감고 내려다보는 조각상 말이다. 조금 뒤에 소녀가 얼굴을 붉히며 돈을 도박용 탁자 위로 집어던지는 광경을 보게 된다면, 우리는 행동과 모습이 어쩌면 그렇게 서로 다를 수 있을까 하고 생각할 것이다. 그것은 '바보' 마스크가 그녀가 선택한 광대 옷이라는 사실과, 죽음 직전에 그녀가 느끼는 공포를 이해하지 못하기 때문이다. 우리는 호기심이 너무 많은 보티첼리의 여인들이나 너무 열정적인 로제티의 여인들도 아닌, 번존스*의 여인들을 떠올릴 것이다. 그리고 〈아서 왕의 잠〉에서 아서 왕 주위에 모여들거나 〈황금 계단〉 위에 무리를 지은 순수한 얼굴을 마음속으로 상상해보면, 우리는 그들 역시 어떤 광기나 단순한 흥분의 열정 때문에, 혹은 마약의 노예가 되어 우리를 놀라움이나 실망으로 채우지 않을까 생각할 것이다.

*19세기의 영국의 화가이자 스테인드글라스 장식가인 에드워드 콜리 번존스. 〈아서 왕의 잠〉과 〈황금 계단〉 모두 그의 작품이다.

이 상에 속한 시인에게서도 운명체가 마취제나 마약 같다는 인상을 받는다. 워즈워스는 고독에 몸부림치면서도 자신의 작품을 거의 단 몇 쪽의 평범한 의견과 평범한 감정으로 채웠다. 반면 키츠의 시에는 성적 열정은 거의 없지만, 혀 위의 후추 맛을 마치 자신의 상징인 것처럼 기억하게 하는 과장된 감각성이 있다. 생각은 이미지로 변하여 사라지며, 어떤 점에서 완벽한 유형이라 할 수 있는 키츠에게는 지적 호기심이 가장 약한 상태이다. 그의 시가 최고가 되게 하면서도 많은 위대한 시인과 화가, 조각가, 공예가가 사용함으로써 주관성이 고양되지 않았던 이미지란 거의 없다. 존재는 거의 자신의 완성 단계에 도달하는데, 그 절정은 시간에 몰두하는 것이며, 공간은 마음속의 상징 혹은 이미지일 뿐인 상태이다. 세밀한 표현에서조차 관찰은 거의 없고 모든 것이 몽상인데, 반면 워즈워스에게 영혼의 깊어가는 고독은 인간을 객관적으로 표현할 때 산과 호수 가운데 잠시 윤곽만 보이는 몇몇 사소한 존재로 축소시켰다. 회화에서 이와 상응하는 천재는 1870년 이후의 몽티셀리, 그리고 아마 찰스 콘더일 것이다. 콘더에게는 앞의 상을 암시하는 요소가 있지만 말이다.

15상 이전의 대립적 상에서 태어난 모든 인간은 불확실한 운명체의 힘 때문에 폭력에 빠지기 쉽다. 이 폭력은 우발적이라 예측할 수 없고 잔인하며, 이 상에서는 강도에게 넋을 잃거나 어릿광대에게 매혹당하는 여인이 존재한다.

15상

의지 .... ⎫
마스크(1상) .... ⎪ 완벽한 아름다움 외에 기술할
창조심(15상) .... ⎬ 내용 없음
운명체(1상) .... ⎭

이 상에서는 운명체와 마스크가 동일하며, 의지와 창조심이 동일하다. 아니 그보다는, 창조심이 의지 속에 녹아 있고, 운명체가 마스크 속에 녹아 있다. 생각과 의지를 구분할 수 없고, 노력과 성취를 구분할 수 없다. 이 상은 느린 과정이 완성된 것이며, 꿈꾸는 의지와 그것이 꿈꾸는 이미지 외에 분명히 드러나는 것은 없다. 12상 이후로 모든 이미지와 정신의 율동은 이러한 의지와 생각, 노력과 성취의 하나됨을 표현하는 한, 그 정신에게는 만족스러운 것이었다. '음악적', '감각적'이라는 단어는 하나되는 과정을 묘사한 것일 뿐이다. 생각을 수단이 아닌 목적으로 추구했고, 시와 회화, 몽상은 그것 자체로 충분한 것이었다. 그러나 우리가 이를 이해하는 과정에서, 의지와 창조심의 일체화를 마스크와 운명체의 일체화와 분리하는 것은 불가능하다. 마스크와 운명체 없이 의지는 욕망할 것이 없으며, 창조심은 염려할 것이 없다. 12상부터 창조심은 대립상적 성향과 서로 섞이기 때문에, 점점 더 실제 사물에 대한 명상을 의지가 욕망하는 정신의 이미지를 닮은 것에 한정한다. 존재는 삶의 범위를 선택하고 형성하거나 재형성하며 좁혀왔고, 더욱 예술가처럼 되며 모든 기호에서 더욱 '독특한' 성격을 띠게 되었다.

이제 하나로 결합된 명상과 욕망은 모든 사랑하는 이미지가 육체적 형상을 지니고 모든 육체적 형상이 사랑받는 세상을 사는 것이다. 이 사랑은 욕망을 모른다. 욕망이란 노력을 전제로 하기 때문이다. 그리고 사랑하는 대상과 아직 떨어져 있지만, 사랑은 떨어져 있음을 자신의 존재에 필요한 것으로 받아들인다. '운명'은 우리의 '섭리'에 형식을 부여하는 경계선 때문에, 우리는 그 형식 밖의 것에 대해서는 거의 욕망하는 것이 없기 때문에, 우리 자유의 표현으로 알려진다. '우연'과 '선택'은 서로 성격을 잃지 않고 서로 바꿀 수 있다. 모든 노력이 그치면 모든 생각은 이미지가 된다. 왜냐하면 어떤 생각도 두려움이나 명상 속에서 그 자체의 소멸을 향해 가지 않는다면 존재할 수 없는 까닭이다. 그리고 모든 이미지는 서로 개별적이다. 그도 그럴 것이 이미지와 이미지가 서로 연결되면, 영혼은 그 부동의 황홀경에서 깨어날 것이기 때문이다. 존재가 생각으로 경험한 모든 것은 존재의 눈에는 완전한 것으로 보이며, 이런 방식으로 존재는 다른 사람들에게 보이는 대로가 아니라 자신의 인식에 따라 존재의 모든 질서를 인식하게 된다. 그 자신의 육체는, 모든 상이 배정된 숫자에 따라 반복될 때 영혼이 영원히 깃들 육체, 즉 우리가 정화체 혹은 '천상체'라 부르는 것이 되어, 최고의 아름다움을 소유한다. 존재가 자기 상에서 벗어나 대립적 상이 마치 기본적 상인 것처럼 그 상들 속에서 살려 하면, 이제는 고독의 공포, 고독의 강요된 고통스럽고 느린 수용과 무시무시한 꿈에 시달리는 삶이 있게 된다. 가장 완벽한 사람조차 고통의 시간, 악이 궁극적 의도를 드러내는 환상을 경험한다. 이런 경험 속에서 그리스도는 시간이 길다는 것과 인간 운명의 무가치에 대해 슬퍼했다고 한다. 반면 예수보다 먼저, 혹은 나중에 온 선지자들은 시간이 짧다는 것과 운명에 대한 인간의 무가치를 슬퍼했고 슬퍼할 것이라고 한다. 그러나 이런 진리는 아직도 이해할 수 없다.

16상

의지 .... 적극적 인간
마스크(2상) .... 참: 환상 / 거짓: 망상
창조심(14상) .... 참: 격렬함 / 거짓: 독단적 의지
운명체(28상) .... 강요된 환상
예: 윌리엄 블레이크, 라블레, 아레티노*, 파라셀수스, 몇몇 미인

16상은 14상과 과도한 주관성이 닮았음에도 몰입의 상인 '바보'의 상에서 유래한 운명체를 가지며, '아이'의 상이라고 할 수 있는 목적 없는 힘의 상, 육체적 삶 자체를 위한 상에서 유래한 마스크를 가진다는 점에서 대조된다. 반면 14상은 '아이'의 상에서 유래한 운명체를 가지며, '바보'의 상에서 유래한 마스크를 가졌다. 운명은 목적 없는 흥분을 14상에 억지로 부과한다. 14상은 자기 내부에서 대립상적 자아 몰입형의 꿈을 찾는다. 16상에도 마찬가지 꿈이 부과되며, 자기 내부에서 목적

---

*라블레는 16세기 초 프랑스의 풍자 작가이자 의사이고, 아레티노는 같은 시기 이탈리아의 풍자 작가이자 극작가이다.

없는 흥분을 찾는다. 이 흥분과 꿈은 모두 환상이어서 그 자체가 격렬하게 흩뿌리는 힘인 의지는 환상을 구별하기 위해서는 지성(창조심)을 사용해야만 한다. 기본상적 본성은 너무나 미미하고 현실 감각은 불가능하기 때문에 그것은 모두 환상이다. 만일 목적 없는 아이를 떼어놓고자(즉 아이의 장난감에서 마스크와 이미지를 찾기 위해) 가장 편협하고 가장 단호하고, 심지어 인간에게 가능한 가장 잔인한 지성을 사용한다면, 영혼의 가장 찬란한 표현을 발견하여 자신을 어떤 요정 나라, 어떤 지혜나 웃음의 신화로 감쌀 것이다. 15상의 고요한 황홀경 이후에 자신의 순전한 흩뜨림, 무질서하고 경계가 없는 곳으로 돌진하는 것은, 자신과 반대되는 것, 말하자면 자기 인식과 자기 완성을 발견하는 것이다.

그러나 16상이 지성을 운명체에 종속하게 하면, 지성의 모든 잔인함과 편협성은 이런저런 터무니없는 목적을 위해 쓰일 것이다. 그리고 마침내 고정된 관념과 히스테리성 증오심밖에 남지 않을 것이다. 몰입의 상에서 유래한 이 목적에 의해 운명체는 의지를 주관성으로 몰고 가 마스크를 손상해, 마침내 의지는 욕망의 대상을 이 목적으로만 보게 된다. 그것은 증가하는 대립상적 감정의 상들과는 달리, 반대되는 욕망을 혐오하는 대신 욕망을 반대하는 것을 혐오한다. (그것은 신화나 신화에 대한 옹호 외에는 아무 생각이 없기 때문에) 불가능한 이상주의밖에 가능하지 않으므로, 한 면이 온통 하얀 것을 보면 다른 면은 온통 까맣다고 생각한다. 용 말고 무엇이 조지 성인*을 꺾으리라고 생각하겠는가? 이 상에 속한 인간에게는 보통 이 둘의 성격이 나타나는데, 그 까닭은 상에 충실한 것은 끊임없는 투쟁이기 때문이다. 그들은 어떤 순간에는 증오심으로 가득 차고—블레이크는 '플랑드르와 베네치아의 악마들'**에 대해, '스토더드의 어떤 사악한 주문에 의해' 망가진 자신의 어떤 그림에 대해서 증오하며 썼다—그들의 증오심은 언제나 광기에 가까우며, 또 다음 순간에는 아레티노와 라블레의 희극이나 블레이크의 신화를 만들어내고, 정신의 충만함과 분출을 표현하기 위해 상징을 찾아낸다. 언제나 광적인 요소가 있으며, 거의 언제나 집중된 힘의 타오르거나 빛나는 이미지, 즉 대장장이의 용광로, 마음, 가장 강건하게 발달한 인간의 형상, 태양의 광구, 성기의 상징적 표현 등에 대한 환희가 있다. 이 존재는 자신의 일관성 없음을 극복하고 승리를 자랑해야만 하기 때문이다.

8상 이후에 인간은 점점 더 시간과 관련하여 무엇이 옳은지를 판단하게 된다. 바른 행동 혹은 바른 동기를 영원히 생각하거나 행하는 것이 가능하거나 바람직한 것으로 생각한다. 그의 영혼은 '단 한 순간만 영원히 스스로를 소유할' 테지만, 이제 다시 한 번, 행동이나 동기를 공간과 관련하여 판단하기 시작한다. 바른 행동이나 동기는 곧 비슷한 환경에 있는 다른 사람에게도 바른 것이어야만 한다. 여태까지 어떤 행동이나 동기는 한 사람에게만 바르다는 이유 때문에, 비록 그 사람에게 언제나 그러기는 하지만, 바른 것이었다. 이런 변화 이후에 영혼의 불멸성에 대한 믿음이 비록 느리긴 하지만 쇠퇴하며, 오로지 1상이 지나간 다음에야 회복될 수 있다.

---

*4세기 초에 순교한 영국의 수호성인.
**명암을 지나치게 강조한 화법 때문에 블레이크가 싫어한 플랑드르와 베네치아의 화가들.

이 상에 속한 사람 가운데 위대한 풍자 작가와 풍자 만화가가 있다. 그러나 그들은 아름다운 것에 대해 자신의 마스크라는 이유로 연민을 느끼며, 추한 것을 자신의 운명체라는 이유로 혐오한다. 그래서 이를테면, 추한 것에 연민을 느끼며 아름다운 것을 감상적으로 대하거나 맥이 빠졌다고 하며 외면하거나 몰래 경멸하거나 증오하는 렘브란트 같은 기본적 상들에 속한 사람들과 같지 않다. 이 상에도 역시 아름다운 여인들이 속한다. 그들의 육체는 자신들에게 참 마스크의 이미지를 부여하며, 그들에게는 엘리자베스 시대의 서정시 〈불타는 아기 예수〉와 같은 눈부신 강렬함이 있다. 그들은 여왕처럼 걷고, 등에 화살통을 메고 다니는 것처럼 보인다. 그러나 그들은 자신이 선택하고 굴복하게 한 사람, 혹은 발뒤꿈치를 따라다니는 강아지에게만 친절하다. 관대함과 환상이 끝이 없기에, 어떤 거지가 성화를 닮았다고 해서 그에게 자기 몸을 내맡겨 헌신한다. 혹은 방향을 바꿔 열 명의 애인을 택한다면, 첫 번째 애인이나 마지막 애인을 제외하고는 아무도 자신의 입술에 키스한 적이 없다고 믿으며 죽는다. 그들은 '처녀성이 달처럼 늘 새로워지는' 사람이기 때문이다. 그들이 자신의 상에서 벗어나면, 모든 춤의 구성을 자신이 직접 만들고 예고도 없이 변덕스럽게 바꾸는 카드리유를 추다가 애인이 스텝을 잘못 밟으면 심하게 잔소리한다. 사실, 육체는 완벽해도 정신은 언제나 약간 불완전하며, 마스크에 대한 거부감이나 부적절함이 있기 마련이다. 비너스는 절름발이 불카누스를 선택하지 않았던가? 이 상에도 역시 새로운 기본상의 폭력 때문에 육신이 찢기고 비틀어진 아주 추한 인간이 몇몇 있지만, 육신이 추하면 정신이 아주 아름다울 수 있다. 이 상은 아름다움이 가능한 유일한 기본상인 2상을 보완하기에, 추함이 가능한 유일한 대립적 상이다.

    앞으로 우리는 계속해서 폭력을 당하는 대신 폭력을 행사하며 정신의 이미지가 아니라 살아 있는 사람을 사랑하는 사람들을 위해 준비하는 사람들을 만나게 된다. 그러나 아직 이 사랑은 정조에 대한 '고정관념' 이상은 아니다. 새로운 사랑이 자라남에 따라 미의식은 쇠퇴하기 마련이다.

17상

    의지 .... 다이몬적 인간
    마스크(3상) ... 참: 강렬함에 의한 단순화 / 거짓: 분산
    창조심(13상) .. 참: 대립상적 정서에 의한 창조적 상상력 /
                                     거짓: 강요된 자아실현
    운명체(27상) .... 어쩔 수 없는 상실감
    예: 단테, 셸리, 랜더

이 상에 속한 인간은 존재의 통합, 그리고 결과적으로 다이몬적 사고의 표현이 이제는 다른 상보다 더 쉽기에, 다이몬적 인간으로 불린다. 정신적 이미지들이 서로 분리되어 지식에 종속되는 13, 14상과 대조적으로, 이제는 모든 것이 흐르고, 변하고, 날개를 퍼덕이고, 소리치거나 다른 것과 섞인다. 그러나 16상에서처럼 서로 파괴하거나 상처를 주지 않는데, 그 이유는 이 세 개 상의 중심상인 17상은 광기가 없기 때문이다. 의지는 사방으로

흩어지지만 폭발음이 없다. 분리된 조각들은 관념보다는 이미지를 찾으며, 13상에 자리 잡은 지성은 터지는 콩깍지의 윤곽만을 나타내는 선을 컴퍼스의 촉으로 그리면서 이것들을 통합하려 하지만 헛된 일이다. 존재는 16상에서처럼 (그리고 이어지는 모든 대립적 상에서도 그럴 것이지만) 자신과 다른 존재들로부터 이 분리와 무질서를 숨기는 것을 지상 목표로 삼으며, 3상의 정서적 이미지 밑에 그것을 감춘다. 마치 16상이 2상의 이미지 밑에 더 큰 폭력을 감추는 것과 같다. 자기의 상에 충실할 때, 지성은 모든 통합력을 이 일에 쏟는다. 그것은 16상이 발견한 열정적 신화가 아닌, 동시에 강렬성이기도 한 단순성의 마스크를 찾아낸다. 이 마스크는 지적 혹은 성적 열정을 나타낼 수도 있다. 아하수에로*나 아타나시우스** 같은 사람처럼 보이며, 《신곡》의 수척한 단테이기도 하고, 그것에 상응하는 이미지는 셸리의 '비너스 우라니아'***, 단테의 베아트리체, 심지어 〈천국편〉의 커다란 노란 장미일 수도 있다. 자기의 상에 충실할 때 의지는 마스크를 쓰면서 결코 극적이지 않고 언제나 서정적이고 개인적인 강렬성을 띠게 된다. 이 강렬성은 비록 언제나 의도적인 태도이지만 다른 사람들에게는 단지 그 존재의 매력이 된다. 그러나 의지는 언제나 운명체를 의식하는데, 운명체는 영구히 이 강렬성을 파괴하여 의지가 스스로 '분산'되게 한다.

마스크가 아닌 상으로서 3상에서는 아름다움이나 정서적 강

---

*그리스인들이 '크세르크세스'라고 부른 기원전 5세기 고대 페르시아의 왕.
**4세기 알렉산드리아의 주교로 니케아공회의 삼위일체론을 정통 교리로 확정한 인물.
***'천상의 비너스'라는 뜻으로, 셸리는 시인 키츠에 대한 애도시 〈아도니스〉에서 비너스를 미소년 아도니스의 어머니로 묘사하고 있다.

렬성은 아니지만, 완벽한 신체적 행복과 균형이 있을 것이다. 그러나 27상에서는 3상이 나타내는 모든 것을 외면하고 3상이 보지 못하는 모든 것을 찾는 사람들이 있다. 그래서 포기의 상에서 유래한 운명체는 '상실'이며, '강렬성에 의한 단순화'를 불가능하게 만든다. 존재는 지성을 통하여 마스크를 이미지로 표현하기 위해 어떤 욕망의 대상, 아마도 어떤 여인을 선택하며, 운명체는 대상을 빼앗아간다. 그러면 지성(창조심)은, 가장 대립적인 상들에서 상상력으로 묘사되는 게 더 맞는 일인데, 어떤 욕망의 새로운 이미지로 바꾼다. 그리고 힘과 통합의 달성 정도에 따라 상실된 것과 그것을 빼앗아간 것을 욕망의 새로운 이미지에 연관시키며, 새로운 이미지에 위협이 되는 것을 존재의 통합에 연관시킨다. 그럼에도 통합이 이미 지나갔거나 앞으로 올 것이라면, 그것은 상에 충실할지 모른다. 그러면 존재는 정신의 선택된 형식이나 개념으로서 마스크와 이미지를 격리하기 위해 지성을 사용할 것이다.

이 유형의 존재가 만일 자기의 상에서 벗어난다면, 주관적 갈등을 피하며 운명체가 사라지는 것을 묵인하고 바랄 것이다. 그러면 마스크는 이 존재에 달라붙고 이미지는 유혹할 것이다. 그는 자신이 배신당했다고 느낄 것이며, 박해를 받아 마침내 기본상적 갈등에 얽힌 채 마스크와 이미지를 파괴하는 모든 것에 분노할 것이다. 그는 악몽에 시달릴 것이다. 왜냐하면 (이미지와 마스크로부터 운명체로 기울어진) 창조심은 증오심을 자극하는 모든 것에 고립된 신화적 혹은 추상적 형태를 부여하기 때문이다. 그는 심지어 반대 상의 비개성적 운명체를 소유함으로써 불운을 피하고 열정 대신 책상과 회계장부를 취하는 꿈을 꿀 수도 있다. 종합하는 버릇 때문에, 많은 관심을 일으키는 힘이 점점 더 복잡해지기 때문에, 아직도 물건을 무게와 부피로 어렴풋이 인식하는 것 때문에, 이 상에 속한 사람들은 거의 언제나 한데 뭉치기 좋아하는 열성 당원이요, 선전원이다. 그러나 사냥꾼과 낚시꾼의 고독한 삶과, "창백한 열정이 사랑하는 숲"을 떠받드는 단순화의 마스크 때문에, 그들은 당파와 군중, 선전을 싫어한다. 셸리는 이 상에서 벗어나서 소책자를 쓰고 세상을 바꾸거나 실무자를 조정해서 정부를 전복하려는 꿈을 꾸었다. 그러면서도 고독의 두 이미지로 거듭 되돌아오는데, 하나는 과도한 사고 때문에 머리칼이 하얗게 센 젊은이 이미지이며, 다른 하나는 술탄에게 말할 때처럼 "신에게처럼 접근할 수가 없는 당신"이라고 칭할 만한, 조개껍데기 널린 어느 동굴 속에 있는 노인 이미지이다. 반면에 얼마나 악몽에 시달리는지! 그는 나무에 몸을 기댄 악마를 보며, 상상의 암살자에게 공격을 당하고 초자연적인 목소리라고 생각하는 것에 순종하여 《첸치 일가》*를 창작하여 베아트리체 첸치에게 무도한 아버지를 둔다. 그의 정적들은 괴기스럽고 무의미한 이미지이다. 그리고 두 개 상 뒤에 있는 바이런과 달리, 그는 자신에게 반대되는 것을 결코 있는 그대로 보지 못한다. 유배되는 것을 자기 같은 사람에게 벌어질 수 있는 최악의 일이라고 한탄하며 자신의 잃어버린 고독 때문에 한숨지었지만 정치에서 손을 떼지 못했던 단테는, 아주 열성 당원이어서 만일 자기 당파에 대해 좋

---

*16세기 말 이탈리아에서 있던 실화를 바탕으로 쓴 셸리의 시극으로, 가족을 학대하고 딸 베아트리체를 근친상간하는 등 극악무도한 행위를 저지른 아버지를 결국 가족이 공모해서 살해한 뒤 거의 온 가족이 처형되는 비극적인 이야기이다.

지 않은 소리를 하면 어린아이나 여자라도 돌로 쳤을 사람이라고 했다. 그러나 시인은 모든 것이 질서 있게 자리를 잡는 것을 보듯이, 시인으로서 존재의 통합에 도달했던 단테는 마스크에만 봉사하며 그것에 반대하는 것조차도 봉사하게 하는 지성을 지녔고, 선과 악을 모두 보는 데 만족했다. 반면에 시인으로서도 부분적 통합만 달성했던 셸리는 '상실'(아이들을 빼앗기고, 첫 아내와 불화가 있었으며, 성적인 낭패감을 겪었고, 조국을 떠나야 했고, 악평을 들었다)에 대한 보상을 인류 미래의 희망에서 찾았다. 셸리의 말로는 자신을 사악한 악마로 생각하지 않는 사람은 서넛밖에 되지 않았다고 한다. 셸리에게는 '악의 비전'이 있지 않았다. 또 세상을 끊임없는 갈등으로 생각하지 않았기에, 분명히 위대한 시인이기는 했지만 가장 위대한 시인은 아니었다. 단테는 불의와 베아트리체의 상실을 경험하고서 신의 정의와 천상의 베아트리체를 발견했지만, 〈사슬에서 풀린 프로메테우스〉*의 정의는 모호한 선전가의 감정이며, 정의의 도래를 기다리는 여인들은 구름에 불과하다. 이것은 부분적으로 셸리가 살았던 시대가 본질적으로 파괴되어 진정한 존재의 통합이 거의 불가능했기 때문이다. 또 실제적 이유를 들자면, 자기 상에서 벗어나 특히 장시에서 시적 창의력으로 착각한 자동기술의 지배를 받았기 때문이다. (15상을 일단 지난) 대립상적 인간들은 증오심을 피하기 위해, 혹은 그보다는 자신들의 눈에 있는 증오심을 감추기 위해, 이 '기계적 행동'을 사용한다. 아마도 조만간, 피로에 지쳤을 때 모든 사람은 꾸며진

---

*낭만주의적 자유와 사랑을 노래한, 셸리의 서정시극.

환상적 이미지나 거의 기계적인 웃음에 자신을 맡길 것이다.

랜더는 《상냥하고 조용한 달빛 속에서》라는 책에서 이미 검토했다. 가장 격렬한 인간인 그는 지성을 사용하여, 상상할 수 있는 가장 평정하고 고전적인 예술에서 언제나 보이는 (3상의 마스크인) 완벽한 온전함의 시각적 이미지를 풀어놓는다. 그는 아마도 자기 시대가 허락하는 만큼의 존재의 통합을 달성하고, 충분한 정도는 아니지만 '악의 비전'을 소유했을 것이다.

18상

의지 .... 감성적 인간
마스크(4상) .... 참: 정서적 강렬성 / 거짓: 호기심
창조심(12상) .... 참: 감성적 철학 / 거짓: 강요된 유혹
운명체(26상) .... 어쩔 수 없는 환멸
예: 괴테, 매슈 아널드

존재가 과거의 대립상적 삶을 직접적으로 알지 못하기 때문에, 대립상적 성향은 이 상에서 끝을 맺는다. 자신의 통일성에 관련된 감정적 삶의 부분과 다른 사람들과 공유하는 부분 사이의 갈등이 끝나가면서 과거의 삶을 알 수 없게 되는 것이다. 〈사랑의 야상곡〉이나 〈서풍의 노래〉* 같은 시는 분명 더는 가능하지 않을 것이며, 확실히 이 상의 특징적인 시가 되지 못한다.

*전자는 단테 가브리엘 로세티의 시, 후자는 퍼시 비시 셸리의 시.

이 상에 속한 인간에게서 행동과 그것에 관련된 지성을 빼앗으면, 그는 자신이 꿈꾸는 삶을 거의 재현해낼 수 없게 된다. 그리고 "나는 누구인가?"라고 자문할 때, 자신의 생각을 서로 연결하거나 자신의 감정을 서로 연관해 검토하기가 어렵다는 것을 알게 되지만, 그것을 행동과 연관해 고찰하는 것은 쉽다는 사실을 알게 된다. 그는 이런 행동 자체를 새롭고 명확하게 고찰할 수 있다. 이제야 12상 이후 처음으로 괴테의 다음과 같은 말이 거의 진실이 된다. "인간은 오로지 행동으로 자신을 알게 되는 것이지, 절대 생각으로 알게 되는 것은 아니다." 반면 대립상적 성향은 이전의 투쟁이나 자기분석 없이 사랑―사랑은 감정과 본능의 결합이니까―혹은 상에서 벗어날 경우, 감상성이라는 적극적 형태를 띠기 시작한다. 의지는 정서적 철학으로 정서적 아름다움(마스크)을 '환멸'에서 자유롭게 하려는데, '환멸'은 간헐적으로 깨어나기 때문에 지속적이라 할 수 있는 16상의 '환상'과는 구별된다. 대립상적인 것이 끝나는 의지는 이미지의 삶에서 관념의 삶으로 전환하고 있다. 그것은 동요하고 호기심이 많고, (모든 기능이 완벽한 상에서 온) 이 마스크 속에서, 대립상적으로 생각할 때 정서의 지혜가 되는 것을 추구한다.

다음 상에서 의지는 무너져 흩어질 것이다. 이미 그것은 신중하게 경험들(12상의 창조심, 26상의 운명체)의 균형을 유지하면서 통일성을 간신히 유지하고 있다. 그렇게 해서 그것은 (비록 정서적 삶으로 변형되기는 했지만) 지혜가 물리적인 사건처럼 보이는 그 상을 욕망하는 게 틀림없다. 그 욕망 대상은 더는 단일한 열정의 이미지가 아닌데, 그 까닭은 모든 것을 사회생활과 연관해야 하기 때문이다. 그는 현인도 아하수에로도 아닌 현명한 왕이 되기를 원하며, 자녀에게 현명한 어머니가 될 여자를 찾는다. 아마도 이제야 처음으로 아름다움이나 기능과는 별개로 (일단 '환멸'을 받아들인) 살아 있는 여인에 대한 사랑이, 전적으로 달성된 것은 아니지만, 용인된 목적이 된다. 운명체는 '지식의 지혜'가 마스크와 이미지로 하여금 욕망의 대상이 아닌 지식의 대상이 되도록 강요하는 상에서 온다. 베도스가 말했듯이, 괴테는 자신의 요리사와 결혼했던 것은 아니지만 확실히 자기가 바라던 여인과 결혼하지도 않았다. 그녀가 죽었을 때 그가 보여준 슬픔은 부서진 장난감을 잊어버리는 16상 혹은 17상과는 달리 환멸이 주는 것을 사랑할 수 있었다는 점을 보여준다. 객관적으로 살려 할 때 그는 정서적인 지혜를 호기심으로 대치하며, 욕망의 대상들을 인위적으로 고안해 낼 것이다. 필시 뒤에 오는 상에 속한 사람이 하는 소리이지만, "난 절대 뱀 마술사를 사랑한 적이 없어"라고 말할 것이다. 거짓 마스크가 그를 압박하고 추격할 것이고, 그는 갈등을 피하기 위해 참 마스크를 버리고 매번 인위적인 선택을 할 것이다. 나이팅게일은 가시를 피해, 관념으로 향하는 대신 이미지 가운데 머물 것이다. 그는 여전히 환멸을 겪지만, 철학을 통해 더는 삶이 빼앗아간 욕망 대신 삶이 가져다준 사랑을 택할 수가 없다. 의지는 〈바퀴에 대한 검토〉에 나오는 커다란 도표 위에 '머리'라고 표시된 곳 근처에 있어서, 상에 충실할 때조차 거의 냉정하고 언제나 신중하게 그 마스크를 선택할 수 있게 된다. 반면 창조심은 '심장'이라고 표시된 곳에서 나오며, 아직은 논쟁적이거나 흥분된 상태는 아니지만 16상이나 17상이 의지의 장소일 때보다 더 열정적이며 덜 미묘하고 덜 섬세하다. '머리'에 있는 의지는 완전히 능숙하게 심장을 사용하고, 아직은 비록 19상이 그러하듯 효과를 위해 마스크를 짐짓 극화하지 않을 것이지만, 기본상적 성향이 증가하기 때문에 청중을 의식하기 시작한다.

19상

 의지 .... 자기주장이 강한 사람
 마스크(5상) .... 참: 확신 / 거짓: 지배
 창조심(11상) .... 참: 감성적 지성 / 거짓: 배반자
 운명체(25상) .... 행동의 어쩔 수 없는 실패
 예: 가브리엘레 단눈치오(추정), 오스카 와일드, 바이런,
    어떤 여배우

이 상은 인위적, 추상적, 단편적, 극적인 것의 시작이다. 존재의 통합은 더는 가능하지 않다. 왜냐하면 존재는 자신의 단편적 일부분 속에 살면서 부분을 극화하지 않을 수 없기 때문이다. 기본상적 성향은 끝나가고 있으며, 행동과 관련된 자아의 직접적인 지식은 불가능해지기 시작한다. 존재만이 행동을 위해 사실을 판단하는 자신의 부분을 알고 있다. 이 유형의 인간이 상에 따라 살면, 지배적인 분위기 대신 신념의 지배를 받게 되며, 단지 신념을 발견할 수 있는 만큼만 힘을 가지게 된다. 그의 목적은 바라는 목적을 달성하기 위한 노력이 허사가 되

는 인생에서, 쉽사리 감정을 강조하는 열변에 의지하는 지성을 사용하여 신념에 도움이 되게 하는 것이다. 그는 강하고 안정적이기를 바라지만, 존재의 통합과 자기 인식은 모두 사라지고 기본상적 정신으로 다른 통합을 얻는 데 이르므로, 계속해서 강조하는 바가 바뀐다. 대립상적으로 변화한 첫 사분영역의 마스크에서 유래한 신념에서 나온 힘은, 다른 사람들에게는 그렇게 보일지 모르지만 사회적 의무에 기초한 것이 아니라, 기질적으로 어떤 개인적 삶의 위기에 대처하도록 변형된 것이다. 그의 사고는 언제나 어떤 즉각적인 상황, 그가 발견하거나 창조한 상황에서 생겨나서 엄청나게 효과적이고 극적이며, 흥미로운 개성의 표현으로서 영구적인 가치를 지닐 수도 있다. 이 사고는 언제나 드러난 비판이다. 혹은 갑작스러운 강조, 터무니없는 행위, 혹은 어떤 보편적 관념의 열정적 웅변으로, 이 경우는 더 은밀한 비판이 된다. 창조심이 11상에서 유래했기에 그는 개성을 파괴하거나 방해하는 모든 것을 파괴하도록 되어있지만, 이 개성은 단편적이고 순간적인 강렬성으로 생각할 수 있다. 그러나 18상에서 위협받거나 상실된 이미지에 대한 통제력은 완전히 회복할 수 있지만, 여기에서 상징은 적어지고 사실은 많아진다. 꿈에서 온 활력은 사라져버리고, 실제 세상을 정복하는 것이 궁극적 목표라는 사실에서 온 활력이 시작된 것이다. 갑작스럽게 폭포를 만난 뒤 물줄기는 낮은 곳에서 계속되며, 얼음은 물로, 물은 수증기로 변한다. 새로운 화학적 상인 것이다.

    이 유형의 인간이 자기 상에서 벗어나면, 다른 사람을 혐오하거나 경멸하게 된다. 신념을 위한 신념을 찾는 대신 다른 사람에게 스스로 강요할 수 있는 견해를 취한다. 그는 독단적이며 변덕스러워지고, 그의 지성은 '불성실함'이라는 딱지가 붙는다. 왜냐하면 그것은 오로지 승리만을 위해 사용되어 한순간에 자신의 근거를 바꾸어버리고, 새로운 것을 강조하는 데 희열을 느끼며, 새것이든 옛것이든 일관성을 가진 것에는 신경쓰지 않기 때문이다. 마스크는 괴팍성이 시작되고 인위성이 시작되는 상에서 유래된다. 인위적인 것이 가능한 마지막 상인 25상에서 불화가 온다. 그러므로 운명체는 행동의 어쩔 수 없는 실패이고, 이 상에 있는 많은 사람은 표현 수단으로 무엇보다 행동을 갈망한다. 이 유형의 인간은 자기 상에 있건 상에서 벗어나건, 존재의 통합이나 그것에 가까이 가는 것을 모두 피하려는 욕구가 있는데, 통합이 지금 그림자 같은 것에 불과할 수도 있기 때문이다. 그리고 영혼이 잠재적 통합에 대한 기억을 간직하는 한, 의식적인 대립상적 약점이 있다. 그는 지금 의지로 마스크를 극화시켜야 한다. 가장 강했던 과거 대립상적 성향의 이미지를 마음속 깊이 두려워하지만, 만일 욕망을 찾을 수만 있다면 이 이미지는 대단히 바람직해 보일 수 있다. 그렇게 둘로 찢어졌을 때 도피가 이루어지면 하도 격렬해서 그를 거짓 마스크와 거짓 창조심 밑으로 데려간다. 어떤 여배우가 전형적인 예이다. 그녀는 번존스의 후기 그림들로 주위를 온통 도배하고 마치 성화인 것처럼 숭배하지만, 그녀의 태도는 거칠고 지배적이며 자기 위주이기 때문이다. 그 그림들은 조용한 여인의 얼굴을 담고 있지만, 그녀는 잠시도 조용하지 않다. 그러나 그 얼굴은 내가 한때 생각했던 것과는 달리 참 마스크가 아니라 참 마스크가 감추어야 하는 모순의 일부이다. 그녀가 그 그림의 영향력에 굴복한다면, 자신의 예술에 불성실해지며 더는 자신의 것이 아닌 감정을 보이게 될 것이다. 나는 와일드에게서도 역시 17상과 그 이전 상들의 작가들에 대한 찬탄에서 비롯한 어떤 예쁘고 여성적이고 불성실한 것, 그리고 도피 욕구에서 비롯한 많은 격렬하고 독단적이고 오만한 것을 발견한다.

대립적 마스크는 17상과 18상의 인간들에게 힘으로 다가오며, 그들이 그것을 극화하고 싶은 유혹을 받을 때 극화는 발작적으로 일어난다. 강조를 싫어하기 때문에 힘에 대한 아무런 확신도 주지 못한다. 그러나 이제 대립상적 성향의 약화가 시작되는데, 그 까닭은 그것이 아직 더 강하기는 하지만 기본상적 성향이 강해지는 것을 무시할 수 없기 때문이다. 그것은 더는 절대군주가 아니며, 정치가나 민중 지도자에게 권력이 넘어가도록 허용한다. 그러나 그것은 그들을 끊임없이 변하게 할 것이다.

여기에서 자기에게 강도짓을 하거나 때리는 자를 도리어 사랑하는 사람을 발견할 수 있다. 마치 영혼이 인간성의 발견으로 도취된 것처럼, 혹은 심지어 욕망의 이미지가 흩어지는 데서 은밀한 기쁨을 발견한 것처럼 말이다. 마치 "나는 '인간적'인 것에 사로잡히고 싶어" 혹은 "나는 '인간적'인 것을 붙잡을 거야. 그게 좋든 나쁘든 무슨 상관이야?"라고 외치는 것 같다. '환멸'이란 없다. 왜냐하면 그들은 추구했던 것을 얻었지만, 그들이 추구하고 얻은 것은 단편적인 것이기 때문이다.

20상

    의지 .... 실제적 인간
    마스크(6상) .... 참: 숙명론 / 거짓: 미신
    창조심(10상) .... 참: 마스크의 극화 / 거짓: 자기 모독
    운명체(24상) .... 강요된 행동의 성공
    예: 셰익스피어, 발자크, 나폴레옹

바로 이전 상과 이후 상처럼 존재의 해체와 분할의 상이다. 그 힘은 언제나 분리되어 있기 때문에 더 분명히 보이거나 더 분명히 표현할 수 있는 사실을 찾는다. 그러나 이 유형의 인간이 상에 충실하면, 과거의 통합과 유사한 것, 아니 그 보다는 새로운 통합이 나타나는데, 그것은 존재의 통합이 아니라 창조 행위의 통합이다. 그는 더 이상 자신과 다른 사람들에게 바로 그 신념들을 강요함으로써 신념을 통해 부서진 것을 통합하려 하지 않고, 한 개나 여러 개의 극(劇)을 만들어 통합하려 한다. 그는 이 극들을 자신과 별개의 것으로 볼 수 있을 정도로, 그러나 역시 자신의 전체 본성의 요약으로서 창조할 수 있다. 그의 마스크는 월트 휘트먼의 시에서처럼 기본상적 성향에 따라 인간이 처음으로 일반화된 형태가 되는 6상에서 유래하지만, 그는 이 마스크를 극화함으로써 24상에서 유래한 운명체에서 구해야만 한다. 24상에서는 하나의 전체로서 인식되는 외부 세계의 지배 이전에 도덕적 지배가 끝난다. 운명체는 '강요된 성공'이라고 부르는데, 이 성공은 부드럽게 굴러 나가 사라지고, 창조를 통해 용해되며, 외부로 나가는 모든 호흡을 기뻐하는 것처

럼 보인다. 또 모든 것을 지방과 기름으로 적시며, 극을 모독으로 바꾸어 "나는 대놓고 나 자신을 어릿광대로 만들었다"고 하는 성공이다. 극적 이미지나 이미지들을 개별적인 인간으로서, 즉 구체적이거나 고정된 배경 가운데 놓인 존재로 봐야 할 필요성 때문에, 그는 자신이 창조하지 않은 거울이라고 할 수 있는 어떤 행동의 영역을 찾는다. 19상과 달리 그는 전적으로 자신이 창조한 상황이나 인물이나 이야기가 역사로부터 아무것도 취하지 않은 예술 작품의 경우는 실패한다. 그의 상은 '실제적 인간'이라 부른다. 왜냐하면 19상에서 시작된 부분의 고립은 이 세 개 상 중 두 번째 상에서 극복되며, 부분들의 종속은 구체적인 관계의 발견으로 얻어지기 때문이다. 이런 관계에 영향을 받는 그의 추상화 역시 '신'이나 '인간'과 같은 일반화에 지나지 않을지 모른다. 나폴레옹 같은 사람은 별이 총총한 하늘을 가리키며 그것이 신의 존재를 입증한다고 말할지 모른다. 17상과 18상의 열정적 이미지나 19상의 수사적 이미지와는 달리, 복합적 고통을 통하여 인간의 보편적 운명을 드러내는 구체적 이미지에서 그는 즐거움을 느낀다. 그러나 이 고통을 표현하기 위해 그는 그 특성을 규정하기보다는 인간을 통해 구체화시키고, 사물이 여러 개로 비치는 거울 앞에 있는 것처럼 그의 마스크에 불과한 대중을 관찰하는 대신 창조해야만 한다. 왜냐하면 기본상적 성향은 사실로 인식된 외부 세계의 통합으로 잃어버린 존재의 통합을 대치할 만큼 아직 충분히 강하지 않기 때문이다. 행동하는 사람에게 이 다양성은 자신의 운 때문에 좌절하지 않는 최대의 다양한 원천을 주는데, 이는 상상력을 자극하는 어떤 역할이든 맡는 재주이며, 충동과 대담성의 철학 등의 원천이다. 그러나 행동하는 사람의 본성 일부는 부서지며, 그는 극화된 하나의 주요한 이미지나 집단의 이미지를 다른 어떤 것보다 선호한다.

　나폴레옹은 스스로를 동방을 정벌하러 가는 알렉산드로스 대왕처럼 생각했다. 마스크와 이미지는 신화적 형태나 꿈의 형태가 아닌 역사적 형태를, 창조된 것이 아닌 발견한 형태를 취하기 마련이다. 그는 로마 황제의 옷을 입은 채 왕관을 쓰고 있다. 이 상에 속하는 또 다른 걸출한 인물인—만일 우리가 몇몇 전기를 보고 당대 사람들이 그에게 붙였던 '유쾌한'이나 '상냥한' 같은 형용사로 그를 판단한다면—셰익스피어는 실제로는 개성이 약하고 열정이 없는 사람이었다. 싸움을 벌여 투옥되기도 했던 벤 존슨과 달리 그는 결투를 한 적이 없다. 걸핏하면 싸웠던 시대에 살면서도 싸움을 멀리했고, 누군가가 그의 소네트를 표절했을 때 불평조차 하지 않았다. 그는 '인어 주점'*에 죽치고 앉아 있지도 않았다. 그러나 사물이 여러 개로 보이는 거울에 비친 마스크와 이미지를 통하여 인류 역사상 가장 열정적인 예술을 창조했다. 그는 가장 위대한 근대 시인이었는데, 부분적인 이유는 그가 상에 전적으로 충실하며, 오로지 상황에서 창조한다거나 오로지 운명체에서 창조하지 않고, 언제나 마스크와 창조심에서 창조를 했다는 것이다. 그리고 만일 우리가 모든 것을 안다면, 성공은 이 상에 있는 다른 사람들에게 다가오듯이, 적대적이고 예측할 수 없는 어떤 것으로, 외부에서 온 것처럼 운명체의 직관(6상의 조건)을 부과하려는 어떤 것

---

*엘리자베스 시대 런던 중심부에 있던 술집으로 극작가와 시인들이 모이는 장소였다.

으로, 따라서 미신의 형태를 띠고 다가왔다는 사실을 발견하게 될 것이다. 셰익스피어와 발자크 두 작가 모두 거짓 마스크를 상상적으로 사용하고, 참 마스크를 부과하기 위해 그것을 탐구했다. 그래서 미국의 반허풍쟁이 공상가인 토머스 레이크 해리스*가 셰익스피어에 대해 한 말이 이 두 사람에게 모두 적용될 수 있을 것이다. "종종 그의 머리칼은 곤두섰고, 전 생애는 무덤 속 메아리치는 방이 되었다."

19상에서는 외적으로 표현된 마스크를 통하여, 우리가 실제 존재를 믿지만 멀리하는 상상의 세계를 창조한다. 20상에서 우리는 그 세계에 들어가 그것의 일부가 된다. 우리는 그것을 연구하고, 역사적 증거를 모으며, 그것을 더 많이 지배할 수 있도록 신화와 상징을 몰아내고 우리가 사는 실제 세계처럼 보이도록 강요한다.

야망의 상이다. 나폴레옹에게는 극작가 자신의 야망이며, 셰익스피어에게는 자기 작품 속 인물들의 야망이다. 이 야망은 고독한 입법가의 야망도 아니며, 거절하고 저항하고 좁히는 (창조심이 있는) 10상의 야망도 아닌, 창조적 에너지이다.

---

*〔원주〕 그의 추종자들이 개인적으로 돌려본 책에서 인용한 것이다. 나는 그 책을 몇 년 전에 보았는데, 때로는 모호하고, 때로는 저속하고, 때로는 문체가 장려했던 것으로 기억한다.〔토머스 레이크 해리스는 미국의 신비주의자이며 예언가, 시인―옮긴이〕

21상

의지 .... 소유욕이 강한 사람
마스크(7상) .... 참: 자기분석 / 거짓: 자기 적응
창조심(9상) .... 참: 지성의 지배 / 거짓: 왜곡
운명체(23상) .... 강요된 성취감
예: 라마르크, 버나드 쇼, 웰스, 조지 무어*

대립상적 성향이 아주 약간만 우세하기 때문에, 창조심과 운명체가 욕망을 통제하는 힘은 거의 같다. 의지는 마스크를 창조심과 운명체와 별개라거나 그것보다 우세하다고 생각할 수는 없지만, 그렇게 생각할 수도 있기 때문에 성격이 아닌 개성이 있게 된다. 그러나 다른 용어를 쓰는 게 더 낫고, 그래서 21, 22, 23상은 반대의 상들처럼 의지가 마스크와 관련해서 더욱 자신과 관련해 연구되는 개성 있는 상으로 묘사된다. 23상에서 피해야 할 어떤 것으로서의 마스크와의 새로운 관계는 분명해질 것이다.

대립상적 성향은 고상하며, 기본상적 성향의 기준으로 판단하자면, 사악하다. 반면 기본상적 성향은 선하고 진부하다. 이 상은, 대립상적 성향이 지배권을 넘겨주기 전 마지막 상으로, 자신의 진부함을 싫어하지 않는다면 거의 전적으로 선하다고 할 수 있다. 개성은 성격의 완고함과 영속성에 가깝지만 성격과는 다르다. 개성이란 인간이 언제나 취하는 것이기 때문이

---

*라마르크는 프랑스의 진화론자, 버나드 쇼는 아일랜드의 극작가, 웰스는 영국의 소설가이자 비평가, 조지 무어는 영국의 철학자이다.

다. 나폴레옹에 대해 깊이 생각해보면 우리는 우리 자신을 볼 수 있고, 심지어 스스로 나폴레옹 같은 사람으로 생각할 수도 있다. 그러나 21상의 인간은 자신의 환경과 결점이 창조한 것처럼 보이는 개성을 지니는데, 이것은 그에게는 특별하고 남들에게는 불가능한 방식이다. 우리는 단번에 "그 사람 개성 있다"라고 말할 것이다. 이론상 어떤 사람이 택한 것은 어떤 순간이나 어떤 목적을 위한 다른 사람의 선택 범위 내에 있어야 하지만, 실제로는 이 상에 속한 사람은 누구도 개인적 모방자가 없으며, 또 자기 이름을 어떤 형태의 방식에 붙이는 사람도 없다는 사실을 발견한다. 의지는 지적 복합성을 최종적으로 뒤얽히도록 몰고 가는데, 이것은 논리적인 질서를 새로운 환경에 끊임없이 적응하게 하여 생기는 것이다. 그리고 자신의 상에 충실할 때 개인의 목표는, 모든 환경을 스스로 완전히 지배함으로써 자기 분석적, 자기 의식적 단순성을 깨닫는 것이다. 7상은 자신의 지적 단순성에 몸서리쳤지만, 반면 이 상의 인간은 틀림없이 자신의 복합성에 몸서리치게 된다.

  이 유형의 인간이 자기 상에서 벗어나면, 자신의 지배적이고 건설적인 의지로 단순성을 추구하는 대신, 상상하는 천진난만함을 보일 것이다. 심지어 일의 실수까지 자랑하고, 자신의 악의나 감상성의 어리석음을 부추기거나, 충동을 따르는 것처럼 계산된 경솔한 짓을 저지를 것이다. 그는 거짓 마스크(감정적 자아 적응)와 거짓 창조심(왜곡: '강요된 관능'에 의해 움직이는 분노의 9상)의 지배 아래에 있다. 그는 대립상적 성향을 악한 것으로 보며, 그 악을 욕망한다. 악귀가 들리기 쉬운 사람이기 때문이다. 그러나 이것은 실제로 극적 장면에 불과하다.

기본상적 성향에 따라 살게 되면 그의 적응력이 어느 방향으로 튈지 모른다는 이유 때문에, 그는 모든 야릇하거나 기괴한 것, 마음이 만들어낸 열정, 거짓 감정에 빠져든다. 헛되이 갈망하는 불타는 가슴을 암시하는 모든 것을 받아들이고 허풍선이나 어릿광대가 된다. 그는 도스토옙스키의 《백치》에 나온 누군가처럼, 동전을 훔치고 하녀가 죄를 뒤집어쓰도록 내버려두었다는 사실을 고백하기 위해 다른 사람들을 초대해서 그들이 저지른 최악의 행위를 말하게 할 것이다. 모든 사람이 자기에게 대들면 그는 아주 놀랄 것이다. 왜냐하면 그는 그 고백이 진실이 아니며, 설사 진실이라 하더라도 그 행위 자체는 장난 혹은 꾸민 일에 불과하고 언제나 자신은 염치를 아는 선량함이 넘치는 사람이라고 생각하기 때문이다. 자기의 상에 따라 살며 인생을 아무런 감정 없이 생각하건, 혹은 자기의 상에서 벗어나 살며 감정을 꾸며내건, 그의 운명체는 그를 지적 통일성에서 떼어놓는다. 그러나 자기 상에서 벗어나 사는 한, 그는 갈등을 약화시키고 저항하기를 거부하며 물결 위에 표류한다. 자기 상에 있으면, 그는 대립상적이지 않는 모든 활동을 거부함으로써 갈등을 극도로 강화시킨다. 말하자면, 그는 지적으로 지배적이며, 지적으로 독특한 사람이 된다. 그는 자기와 반대되는 상의 단순성을 거대한 체계로 이해하는데, 여기에서 의지는 다양하고 생생한 이미지나 사건에 자신을 강요하며, 독립적인 삶을 즐기는 셰익스피어와 심지어 나폴레옹에게까지도 모두 자신을 강요한다. 그는 폭군이며 자신의 적을 제거해야 하기 때문이다. 그가 소설가라면 등장인물은 그들 자신의 길이 아닌 그의 길을 가야 하고 끊임없이 그의 주제를 드러내야 한다. 그는 삶의 흐름보다 구성을 좋아하고, 극작가로서 열정도 없고 좋아하지도 않으면서 인물과 상황을 창조하지만, 사람을 놀라게 하는 데는 대가로서 화살 공격이 언제 벌어질지 아무도 확신할 수 없다. 문체는 단지 잘된 작품의 표시로, 운동의 어떤 에너지와 정확성으로 존재한다. 예술적 의미에서 볼 때 문체는 더는 가능하지 않다. 왜냐하면 의지의 긴장감이 너무 커서 암시를 허용하지 않기 때문이다. 이 상에 속한 작가들은 위대한 공인으로 시간, 환경과 떼어서는 아무런 의미가 없는 사람이기에 사후에는 역사적 기념물로서 존재한다.

22상

의지 .... 야망과 숙고 사이의 균형
마스크(8상) .... 참: 자기희생 / 거짓: 자기 확신
창조심(8상) .... 참: 융합 / 거짓: 절망
운명체(22상) .... 힘에 의한 유혹
예: 플로베르, 허버트 스펜서, 스베덴보리, 도스토옙스키, 다윈

존재의 목적은 균형점에 도달할 때까지는 21상의 목적과 같을 것이다. 다만 통합이 더 완벽하고, 인간과 사고 및 욕망과 통합의 일치에 대한 의식이 더 밀접하다는 점은 제외된다. 그러나 이 상의 성격은 정확히 말해 여기에서 균형이 이루어지고 지나간다. 그것이 지나가기 전에 네 번이 넘지는 않지만 한 번 이상

개인이 이 상으로 돌아와야 한다고 명시되어 있지만 말이다. 일단 균형에 도달하면, 그 목적은 운명체를 이용하여 창조심을 마스크에서 구해내는 것이며, 창조심을 이용하여 마스크를 운명체에서 구해내는 것은 아니다. 존재는 세상일에 지성을 사용하여 개성의 마지막 흔적을 사라지게 함으로써 이것을 행한다. 외부 사실(운명체)과 마지막 투쟁을 벌이고 있는 의지는 굴복해야 한다. 그래서 사실로 인식되는 자연과 스스로 불가분의 관계라는 것을 알게 된다. 그리고 의지는 정복이 논리의 힘으로 이루어지든, 극의 힘으로 이루어지든, 혹은 손의 힘으로 이루어지든, 자기가 정복한 대상 속에서 길을 잃어버리는 정복자로서건, 정복 순간에 죽어가건, 혹은 정복을 포기하건, 자신의 마스크를 통해 자연과 하나가 된다는 것을 안다. 8상 이후 의지는 점점 더 자신을 하나의 마스크로서, 개인적 힘의 한 형태로 보게 되지만, 이제는 그 힘이 파괴된 것을 보지 않을 수 없다. 12상부터 18상까지 그것은 온 자연이 휘두르는 힘이었거나, 힘이었어야 했다. 그러나 19상 이후 그것은 점점 더 전문적이거나 감정적이거나 기술적인 어떤 것으로서 오로지 단편적인 것에 의해 지배되어왔다.

그것은 추상적인 것이 되었고, 자연적 사실 전체를 추구하면 할수록 점점 더 추상적인 것이 되었다. 엎질러진 액체가 퍼지면 퍼질수록 점점 더 엷어져서 마침내 얇은 막처럼 되는 것과 같다고 생각할 수 있다. 21상에서 논리적 복잡성과 세분화에 대한 도피로 의식적 단순성을 갈망한 것은 이제 (8상의 마스크를 통한) 지성의 죽음에 대한 갈망으로 바뀐다. 21상에서 그것은 언제나 세상을 바꾸고 싶어 했고 언제나 쇼나 웰스 같은 사람일 수 있었지만, 이제는 아무것도 바꾸고 싶어 하지 않고, 단지 '본질', '진실', '신의 뜻'이라고 부를 수 있는 것만을 원한다. 너무나 많이 붙잡으려 하기에 혼란스러워지고 지쳐서 손은 풀릴 수밖에 없게 된다.

여기에서 1상과 15상의 과거와 현재의 기본상적 성향 및 과거와 현재의 대립상적 성향 사이의 상호 교차와 닮은 정신의 여러 부분들 사이의 상호 교차가 일어난다. 그러나 그것은 내가 2권에서 기술할 '원리들의 바퀴'가 반영된 것이다. 대립적 상들을 통해 희생자의 것으로 불리는 극히 감정적 성격을 지닌 사람의 정신은 이제 현인의 것으로 불리는 극히 지적인 성격을 보여준다(비록 1상이 지나갈 때까지 상에 충실할 때 지성을 제거하기 위해 지성을 사용할 수 있을 뿐이지만 말이다). 반면에 극히 현인의 것이었던 정신은 희생의 모습을 띤다. 본성의 요소는 균형점에서 고갈되고, 반대 요소가 정신을 제어한다. 사람들은 격렬한 인간을 엄습하는 감상성의 돌풍과, 감상적인 사람들을 엄습하는 잔인성의 돌풍을 생각하게 된다. 맹목적이고 억압된 상인 8상에는 비슷한 상호 교차가 없다. 생략된 이것은 2권에서 다시 언급할 것이다. 22상의 인간은 자신의 의지가 고갈되도록 체계화할 뿐만 아니라, 자신이 연구하는 모든 것에서 의지의 고갈을 보게 된다. 필시 그러했겠지만 만일 라마르크가 21상의 인간이었다면, 다윈은 필시 22상의 인간이었을 것이다. 왜냐하면 운이 좋게 우연히 변종의 생존으로 발달한다는 그의 이론은 이런 고갈을 표현한 것으로 보이기 때문이다. 이 상의 사람 자체는 결코 약하지도 않고, 생각이 모호하거나 동요하지도 않는다. 왜냐하면 그가 모든 것을 침묵하게 한다 해도 그것은 긴장에서 생긴 침묵이며, 균형의 순간까지 가능한 최대의 노력으로 이어지지 않으면 아무것도 그의 흥미를 끌 수 없기 때문이다. 플로베르는 이 상에 속한 최고의 문학적 천재이다. 그의 《성 안투안의 유혹》과 《부바르와 페쿠셰》는 이 상의 성스러운 책들로, 전자는 모든 것이 구체적이며 감각적인 정신에 미치는 상의 영향을, 후자는 더 논리적이고 사실적이며 호기심 많은 현대적 정신에 미치는 상의 영향을 묘사하고 있다. 두 책에서 모두 정신은 자기 범위 내에 있는 모든 지식을 다 써버리고 지쳐서 허무 의식에 빠져든다. 그러나 문제는 상에 관한 것이라기보다 방법에 관한 것이다. 플로베르가 이 상에 속한 인간이라는 것을 한순간도 의심하는 사람은 없다. 모두 비개인적임이 틀림없다. 그는 인물이나 사건을 좋아하지도 싫어하지도 않았을 것이다. 그는 스탕달이 갖지 못한 투명한 빛을 가진, 스탕달의 "어슬렁거리며 길을 따라 내려가는 거울"이다. 그리고 그의 정신을 우리 것으로 만들면, 우리는 편견 없는 시선의 영향 때문에, 이상하고 멀리까지 미치는 우리 자신의 야망을 포기하는 것처럼 보인다.

우리는 또한 하나의 정서적 연상을 단지 다른 것에 연결해서 체계화하는 이 사람이 이상하게도 완고하고, 냉정하고, 공격할 수 없는 사람이 되었음을 느낀다. 이 거울은 부서지기 쉬운 것이 아니라 부서뜨릴 수 없는 강철이라고도 느낀다. '체계화되었다'는 말이 머리에 떠오르는 유일한 단어이지만, 그것은 많은 심사숙고가 있었음을 암시한다. 왜냐하면 사발에 담긴 물 위에서 서로 붙어 있는 작은 종잇장들이나 작은 나무판들처럼, 연상은 연상에 의해 배열되기 때문이다. 사람들이 느끼기에 도스토옙스키에게 '융합'은 덜 지적이고 덜 질서정연하다. 그는 심사숙고하는 예술 과정을 통해서가 아니라 삶을 통해 균형점에 도달했고, 지적인 의지뿐만 아니라 전체적 의지가 흔들렸다. 이 부서진 의지가 반영된 그의 작품 속 인물들은 《부바르와 페쿠셰》나 심지어 《성 안투안의 유혹》의 인물들과는 달리, 그들이 '신'이라는 이름을 부여한 어떤 파악할 수 없는 '완전체'를 의식하고 있다. 잠시 동안, 바로 우리 자신의 존재인 그 단편, 그 관계는 부서진다. 그들은 우단 아단*에서 "거의 알아들을 수 없는 약한 목소리로 무존재의 경계에서 통곡하며, 예루살렘이 그리워 통곡하지만" 아직 완전한 굴복은 하지 않는다.

스베덴보리는 마치 그가 스웨덴 정부를 위해 분석한 광물들처럼 믿을 수 없을 정도로 무미건조하고, 딱딱하고, 명확하며 차가운 정신을 소유했는데, 쉰 살이 넘어서 균형점을 지나며, 새로운 학문 분야—하늘의 자연사, 경제학—를 공부하여, 거기에는 오로지 감정과 지배적 사랑만이 존재한다는 점에 주목한다. 지배욕이 완전히 사라졌기 때문에, '융합'은 잠재의식 속으로, 우리가 비전이라고 부르는 어두운 세계 속으로까지 멀리 들어갔다. 만일 그가 자신의 상을 벗어났더라면, 즉 자신의 삶을 개인적 마스크에 따라 꾸리려 했다면, 그는 현학적이고 오만한 부바르나 페쿠셰 같은 사람이 되어 절망적이고 만족할 줄 모른 채 어리석은 짓을 계속했을 것이다.

행동의 세계에서는 그런 어리석은 짓이 무서운 일이 될 수 있다. 왜냐하면 사람들은 추상적 통합을 위해 죽고 살인하며,

---

*블레이크의 시에 나오는 거대한 호수.

그것이 더 추상적이 될수록 양심의 가책과 타협에서 멀어지기 때문이다. 그리고 통합을 방해하는 장애물이 늘어날수록 의지의 폭력도 늘어난다. 그것은 반대의 상만큼 비극적이지만, 더 무서운 상이다. 이 상의 인간은 균형점에 도달하기 전에 파괴자와 박해자, 소동을 일으키거나 폭력을 행사하는 인물이 되기 때문이다. 혹은 가능성이 더 많아서, 그런 인간의 폭력은 포기나 절망의 순간, 균형점의 예감에 의해 억제되지만, 그의 체계는 다른 사람들의 손에 들어가면 파괴와 박해의 도구가 될 수 있다.

모든 기능의 사용에 의한 존재의 통합 대신, 단일한 기능에 의한 사실의 통합을 추구함으로써 인간은 재능과 분리되었다. 이것은 바퀴에서 (우리가 15상에서 물러남에 따라) 의지와 창조심, 마스크와 운명체의 점진적인 분리에 의해 상징화된다. 15상의 초자연적인 구현 동안, 우리는 의지 혹은 자아와 창조력, 아름다움과 육체의 절대적인 동일성을 가정하지 않을 수 없다. 그러나 자아와 창조력은 분리되기는 하지만, 얼마간은 이웃사촌이다. 랜더나 모리스 같은 사람은 아무리 격렬하고 어린애처럼 보일지라도 언제나 비범한 인간이다. 19, 20, 21상에서 천재는 점점 전문적 인간이 된다. 그것은 일을 택하면 취하게 되는 태도로, 스크랩북에 천재들의 어리석음을 기록하는 일이 가능해진다. 부바르와 페쿠셰도 노년에 그런 도피처를 갖게 된다. 어떤 사람이 말하기를, 발자크는 낮에는 아주 무지한 인간이지만 한밤중에 커피를 한 잔 마시고 나면 세상 모든 이치를 알게 되었다고 한다. 행동하는 인간에게는, 이를테면 나폴레옹 같은 인간에게는, 어리석음이 숨어 있는데, 그 이유는 행동이란 표현할 수 없는 모든 것을 부숴버리는 추상화의 한 형태이기 때문이다. 22상에서 어리석음은 분명해지는데, 카를 마르크스의 편지 속 진부한 욕설에서 그것을 발견할 수 있다. 반면에 공쿠르에게 인간 플로베르는 경솔한 생각으로 가득 차 있는 것 같았다. 플로베르는 지적이지 못했다고 아나톨 프랑스는 말한다. 도스토옙스키는, 처음 그의 천재성에 갈채를 보냈던 사람들 눈에는, 펜을 내려놓는 순간 히스테리에 걸린 바보처럼 보였다. 어떤 사람은 허버트 스펜서가 하숙집 카펫 위에서 잉크 코르크 마개로 포도알을 짓이겨 자기가 좋아하는 색깔인 '불결한 자주빛'으로 카펫을 물들이고 있던 것을 기억하기도 한다. 반면에, 의지가 창조심에서 멀어짐에 따라 운명체에 가까워지며, 이와 함께 비개인적 에너지와 무생물에서 점점 기쁨을 느끼게 된다. 그리고 마스크가 운명체에서 분리되어 창조심에 가까워짐에 따라, 우리는 모든 인위적인 것, 심사숙고하여 발명된 모든 것에 더욱 즐거움을 느낀다. 우리에게 상징이 증오스러운 것이 될 수 있고, 추하고 독단적인 것이 즐거운 것이 될 수 있어서, 우리는 더 빠르게 존재의 통합에 관한 모든 기억을 없애버릴 수 있다. 우리는 환경 속에서—사실로 인식되는 환경 속에서—우리 자신을 확인할 수 있지만, 동시에 지성은, 말하자면 파악하기가 너무 어렵기 때문에 우리는 그 에너지를 우리가 더는 통제할 수 없는 것으로 생각하며, 그 에너지 하나하나에 마치 살아 있는 존재인 것처럼 적당한 이름을 붙인다. 이제 의지와 운명체는 하나이고 창조심과 마스크도 역시 하나이므로, 우리는 더 이상 넷이 아니고 둘이다. 그리고 삶은 균형에 도달하면 숙고 행위가 된다. 더는 사고 자체와 구분되는 욕망의 대상은 없으며, 사실로 여겨지는 자연의 과정과 구분되는 의지도 없다. 그래서 사고 자체는 시작할 수도 끝낼 수도 없으므로 정적이다. 지성은 스스로가 자기 욕망의 대상임을 알고, 의지는 스스로가 세상임을 알며, 여기에는 변화도 없고 변화의 욕망도 없다. 그 순간 형태에 대한 욕망은 멈추고, 절대적 리얼리즘이 가능해진다.

23상

의지 .... 수용적 인간
마스크(9상) .... 참: 지혜 / 거짓: 자기 연민
창조심(7상) ... 참: 연민으로 창조 / 거짓: 자발적 욕망
운명체(21상) .... 성공
예: 렘브란트, 싱

나중에 드러나겠지만 어떤 이유로 자기의 상에서 벗어나면, 이 유형의 인간은 전제적이며, 우울하고, 자기 몰입형이 된다. 자기의 상에 있을 때는 16상의 갈망과 유사한 성격이 있어서, 에너지가 완전한 주관성을 벗어나려 한다. 그것은 폭발적인 기쁨의 상태에서 체계화와 추상화를 피한다. 시계태엽이 다 풀렸으니 다시 감아야 한다. 기본상적 성향은 이제 대립상적 성향보다 더 크며, 그래서 그는 이제 처음으로 그 자체를 위해 연구되고 정복된 외부 세계의 도움으로 개인적 욕망에 기초한 모든 동기에서 지성을 해방시켜야 한다. 그는 어떤 일을 원해서나

해야만 하기 때문이 아니라, 할 수 있기 때문에 함으로써, 세계를 체계화하려는 모든 사고를 없애야 한다. 말하자면 그는 모든 사물을 자기 기술의 관점에서 보고, 만지고 맛보고 기술적으로 탐구한다. 그는 자기 에너지의 특성 때문에, 사분영역의 첫 상에 속한 모든 사람과 마찬가지로, 격렬하고 무정부주의적이다. 그는 체계화가 없기 때문에 선생도 없고, 그래서 자신의 기술적 숙달에 의해서만, 다른 사람 때문에 좌절하고 반대에 부딪혔다는 느낌에서 벗어날 수 있다. 그리고 그의 기술적인 숙달은, 비록 그 자체를 위해 행해졌지만, 그 자체를 위해서가 아니라—사고와 감정과는 구별되는 손과 눈에—그것이 드러낸 것을 위해, 그것이 드러낸 보편적 인간성을 위해, 존재해야 한다. 그러나 이렇게 드러내는 것은 영구히 놀라운 행위이며, 예기치 못한 기술의 보상이다. 그리고 대립상적 인간과는 달리, 개성에서 자신의 지성을 해방시키기 위해 (이제는 언제나 그의 '성공'인) 자신의 운명체를 사용해야만 한다. 그가 이것을 행할 때만, 자발적 마스크를 벗어날 때만, 그는 자신의 진정한 지성을 찾고 자신의 참 마스크에 의해 발견된다.

참 마스크는 개인적 삶이 처음으로 가시화되는 열광적인 9상에서 나오지만, 그 상에서부터 '강요된 관능'인 자신의 운명체의 지배를 받고, 본능의 물결이 거의 입술 위를 넘는 7상에서 유래한다. 그것은 '지혜'라고 부르며, (기본상적 거울에 비친 개성인) 이 지혜는 삶의 '사소하고 개별적인 것'에서 무심결에 느끼는 감정과 무심결에 느끼는 환희의 한 형태로 경험하는 보편적 인간성이다. 그는 유리창에 서린 입김을 닦아내고, 내다보이는 다양한 광경을 보고 즐거워 웃음 짓는다. 그의 창조심은 본능적 삶이 극도의 복잡성에 도달하여 외적인 추상적 종합을 거치는 7상에 있고, 그를 지적인 삶으로 몰아가는 그의 운명체는 21상에 있으며, 그의 의지는 모든 지적인 요약, 모든 지적인 추상화에서 반발하는 상에 있기 때문에 이 즐거움은 단순한 즐거움이 아니며, 그는 하나의 통합체를 구축하려 하지만, 그 통합체는 온통 사건이나 그림처럼 보일 것이다. 그러나 아무리 그렇게 보여도 이 통합체는 본능적이거나 육체적이거나 자연스럽지 않다. 실제로 그는 인간적이고 개별적이고 도덕적인 것만을 좋아하기 때문이다. 다른 사람들에게 그는 부도덕하고 비인간적인 것만 좋아하는 것처럼 보일지 모른다. 왜냐하면 그는 지적인 설명처럼 도덕적인 것에 대해서도 적대적이거나 무관심할 것이기 때문이다. 그가 만약 렘브란트라면, 그는 해부학적인 호기심, 즉 빛과 그림자에 관한 호기심에서 그리스도를 발견할 것이다. 만약 싱이라면, 희극의 본질에서 발견한 주인공과 사람들 마음속에 있는 주인공을 대조하며 악의적 즐거움을 느낄 것이다. 정말로 그가 싱이든지 렘브란트이든지, 그는 깜짝 놀랄 만한 주제나 사람들이 좋아하는 그림 모델을 위해, 모든 관습을, 아마 사람들이 하나같이 존경하는 모든 것을 기꺼이 희생할 것이다. 그러나 그러는 동안에도 자기 마스크의 특성 때문에 뼈와 신경조직을 통해 작용하는 또 다른 핵심이 있다. 그는 겉으로 보이는 것처럼 단순한 기술자가 아니다. 비록 무슨 의미로 그렇게 하는지 우리가 물으면, 그는 대답하지 못하거나 부적절하고 유치한 대답을 할 테지만 말이다.

   21상과 22상의 예술가와 작가는 자신들의 문체에서 개인적인 것은 모두 제거해버리고 차가운 금속과 순수한 물을 찾는다. 비록 창조하기보단 찾아야 하는 것이지만 그는 색채와 특이성에서 즐거움을 느낄 것이다. 싱은 애런 제도*에서 리듬과 구문을 찾았고, 렘브란트는 가시적인 세계의 모든 사건에서 즐거움을 느꼈다. 그러나 실제로 즐거워하는 것이 무엇이든지 두 작가 모두 그것을 과장 없이 보여주지는 않는다. 왜냐하면 두 작가 모두 의도적인 것, 지적 일관성을 조롱하는 것에 즐거움을 느끼고, 세상을 마치 끓어 넘치는 가마솥처럼 생각하기 때문이다. 두 작가 모두 애쓰고 고뇌하면서 일하며 자신들이 추구하지도 않는 것을 발견할 것이다. 왜냐하면 22상 이후에 욕망은 더는 창조하지 못하고, 의지가 그 자리를 대신하기 때문이다. 그러나 그들이 드러낸 것은 즐거운 것이다. 셰익스피어가 기쁨이 가득한 문체로 멀리에서 찾은 우울한 비전을 보여주고, 유희의 문체에서 봉사 정신을 보여주었던 것과는 달리, 싱은 많은 공책을 채우고 천장 구멍에 귀를 바싹 대었고, 렘브란트는 두 눈을 뜨기만 하면 되건만 주제를 찾으려 레이스 깃을 그리는 데 얼마나 인내력을 보였던지! 자신의 상에서 벗어날 때, 자신의 마스크를 선택하려 할 때, 이 유형의 인간은 자신이 창조할 수 없으므로, 다른 사람들의 우울함 때문에 우울해지고 다른 사람들의 포악한 행위 때문에 포악해진다. 9상은 욕망의 지배를 받고 인간에게 가능한 자신의 욕망에 대한 가장 큰 믿음을 가진 것으로 묘사되었지만, 그것에서 23상은 욕망이 아닌 연민, 믿음이 아닌 지혜를 받게 된다. 욕망은 믿음이 필요하듯이 연민은 지혜가 필요하다. 왜냐하면 연민은 기본상적인

*아일랜드 서해안에 있는 세 개의 섬으로, 존 싱의 작품은 이 섬의 언어와 전설을 토대로 하고 있다.

데 반해, 욕망은 대립상적이기 때문이다. 연민이 지혜에서 분리될 때 우리는 거짓 마스크를 가지게 되는데, 그것은 다른 사람에게 보이는 것이든 자기에게만 보이는 것이든, 술주정뱅이의 연민, 자기 연민, 즉 욕망 때문에 타락한 연민이다. 누가 렘브란트와 싱의 작품에서 연민을 느끼면서도, 그것이 지혜와 불가분의 관계라는 것을 알겠는가? 싱의 작품에는 살아 있는 모든 존재에 대한 연민으로 격이 높아진 자기 연민이 있다. 언젠가 어떤 여배우는 싱의 데어드레* 역을 하며, 모든 것을 하나의 몸짓으로 바꾸었다. 데어드레의 남편과 친구들을 살해했던 코노바는 복수를 요구하는 퍼거스와 언쟁을 벌였다. 그녀는 "바보들하고 다투지 말고 좀 물러나요"라고 외치며, 잠시 후 몽유병자처럼 움직이면서 코노바의 팔을 만지는데, 그것은 "당신도 역시 살아야 해요"라고 말하는 것처럼 친절과 동정으로 가득 찬 몸짓이었다. 싱이 애런 섬과 위클로의 방언을 발견하기 전에 쓴 그의 초기 미간행 작품에는 우울함과 병적 자기 연민이 전체를 덮고 있다. 그는 우리가 아는 대담하고 즐겁고 풍자적인 사람이 되기 전에, 종교적 개종에 유사한 미학적 변화를 겪었다. 정서적인 삶은 의도적인 것인 한, 9상에서 23상으로, 자아에 관한 우울함에서 정반대의 것으로 바뀌어야 한다. 이 전환은 틀림없이 그에게 자신의 진정한 자아, 자신의 진정한 도덕적 존재의 발견처럼 보였을 것이다. 반면, 셸리의 전환은, 자신을 잊게 만든 열정적 이미지를 처음으로 창조했던 순간에 이루어졌다. 그것은 그가 《매브 여왕》의 논쟁적 수사에서 《알래

---

*아일랜드 전설 속에 나오는 비련의 여주인공으로, 이를 모티브로 싱이 《비운의 데어드레》라는 시극(詩劇)을 썼다.

스터》의 외로운 몽상으로 옮겨갔을 때 왔다. 기본상적 예술은 무엇보다 자신이나 의지에 대한, 특히 적극적이고, 전환적이며, 인식하는 자아에 대한 성실성을 중시한다.

지성의 영역은 분산과 일반화의 영역, 동물적 성장의 1사분영역과의 셔틀콕 놀이였지만, 4사분영역은 물러남과 집중의 영역으로, 여기에서 적극적이며 도덕적인 인간은 2사분영역의 정서적 자아 인식을 자기 내부로 받아들여 기본상적 동정심으로 바꾼다. 만일 그렇게 수용하고 변형시키지만 않으면 그는 어리석음과 정체에 빠지며, 자신의 관심거리만을 인식하고, 다른 사람들 손의 도구가 될 것이다. 그리고 23상에서는 틀림없이 예측할 수 없는 것들에 대한 즐거움이 있기 때문에 그는 야만적이고 난폭해질지 모른다. 그러나 그는 3사분영역 인간처럼 다른 사람들의 감정에 무지하거나 무관심하기 때문에 증오심은 없다. 렘브란트는 추한 것에 연민을 가졌는데, 그 까닭은 우리가 추하다고 부르는 것이 그에게는 설명할 수 있고 알려진 모든 것에서 도피하는 것이었기 때문이다. 그러나 만일 그가 대립상적 인간이 아름다움을 이해하듯이 아름다운 얼굴을 그렸다면 그것은 하나의 관습으로 남았을 것이며, 지루함의 환각을 통해 그것을 보았을 것이다.

렘브란트의 작업을 21상에 속하는 다윗의 작품과 비교하고, 싱의 작품을 웰스의 작품과 비교하면, 대립상적 성향이 부서지고 와해되는 사람과 그것이 마지막 저항으로서 팽팽해지고 집중되고 평탄해지고 변형되고 평평해지는 사람을 서로 비교하는 셈이다. 렘브란트와 싱은 단지 지켜보며 박수를 친다. 어떤 경우에는 다른 경우처럼 사건들 속에서 많은 것을 선택할 수 있지만, 23상에서는 사건이 지성을 회피하기 때문에 놀라워 보인다.

15상 이후부터 22상 이전까지의 모든 상은 15상 이전과 8상 이후에 대등한 상들이 엮은 것을 풀어낸다.

23상의 인간은 9상에 있는 마스크 속에 바로 자기 자신인 것처럼 보이는 반대되는 것을 가진다. 마침내 그는 21상에 있는 반대되는 것, 즉 운명체의 불화를 이용하여 마스크를 몰아내고 지성을 해방하며 연민에서 욕망을 제거하고 믿음을 지혜로 바꾼다. 의지와 불화를 이루는 창조심은 본능적 분산의 상에서 유래하며, 자아 혹은 의지의 격렬한 객관성을 숨 쉬고 움직이는 모든 것에 대한 즐거움으로 반드시 전환한다. "달이 이슬을 빨아들일 때, 물결 위에서 노는 즐거운 물고기 떼."*

24상

의지 .... 야망의 끝
마스크(10상) .... 참: 자립/ 거짓: 소외
창조심(6상) .... 참: 건설적 정서 / 거짓: 권위
운명체(20상) .... 객관적 행동
예: 빅토리아 여왕, 골즈워디, 그레고리 여사

이제 마스크는 타고난 자아처럼 보이는데, 이 유형의 인간이

*블레이크의 시 〈유럽: 예언〉 163행에 나온 구절.

피해야 할 것이기 때문에, 10상에서 온 자기 내부의 모든 것을 24상의 특성으로 바꾸려고 노력한다. 타고난 자아처럼 보이는 것 속에 있을 때인 23상에서, 그는 우울한 자기 몰입과 그에 걸맞은 추상화된 것들로 가득했지만, 이제 그 추상화된 것은 독선과 다른 사람에 대한 경멸을 키워주는 것이며, 타고난 자아가 10상의 자기표현적 숙달에 가장 가까이 가는 것이다. 수동적이며 허식적이 된 도덕성은 무의미한 형식과 공식으로 축소된다. 풀어내는 자인 운명체와 10상의 불화의 영향 아래, 그는 지칠 줄 모르는 비개인적 활동에 의하여 마스크에서 지성을 자유롭게 한다. 23상에서처럼 기술적 불길 속에서 지적 추상성을 태우는 대신, 도덕적 추상성을 맷돌에 간다. 자유로워진 지성으로 창조된 이 맷돌은 개인적 행동 규범이며, 그것은 사회적, 역사적 전통에서 형성되어 마음속에 언제나 구체적인 형태로 머물러 있다. 모든 것이 이 규범에 희생되며, 도덕적인 힘은 절정에 도달하고, 외부에서 존재를 속박하는 모든 것을 부수려는 10상의 분노는 이제 자포자기 상태이다. 거기에는 대단한 겸손("매일 사는 그녀는 매일 죽는다"), 대단한 긍지, 마치 "하인 중의 하인"이라고 서명하는 것 같은 비개인적인 긍지인, 규범의 수용에 대한 긍지가 있다. 거기에는 철학적 수용력, 지적 호기심은 없지만, 철학이나 과학에 대한 혐오감도 없다. 그것은 세상의 일부이며, 그 세상은 수용되는 것이다. 규범을 깨거나 규범에 저항하는 모든 사람을 용납하지 못할 수도 있고, 규범 위에 있건 아래에 있건 규범을 초월한 세상의 모든 악을 크게 용납할 수도 있다. 규범이 지배해야 하지만, 그 규범은 지적 선택일 수 없으므로 언제나 가족이나 업무 혹은 거래와 밀접한 관련이 있는 전통이며, 언제나 역사의 일부이다. 그것은 언제나 숙명적인 것처럼 보인다. 그것의 잠재된 목적은 모든 개인적 야망의 포기를 강요하기 때문이다. 그리고 그것을 고통스럽게 따르지만—엄격한 규범에 자비가 있을 수 있겠는가?—그는 자포자기의 기쁨으로 넘친다. 그 규범이 아무런 권리를 가질 수 없는 아이들과 이름 없는 대중에 대한 자비로 넘치지만, 자포자기에 다른 무엇이 있을 수 있겠는가? 봉사하는 자와 자신에게 무자비하지만, 봉사를 받는 사람들을 생각하는 데 자비로운 그는 용서하는 일에 지치지 않는다.

이 상에 속한 남자와 여자는 개인이 단지 어떤 역사적 규범이나 행동과 감정의 어떤 역사적 전통, 래프터리가 "민족의 책"*이라고 부른 책 속에 쓰여 있는 것이나, 심지어 인명부나 귀족명부에 실려 있는 것 같은 사회적, 공적 지위로 정리된 것을 표현하기 위해 존재하는 예술을 창조한다. 판사석에 있는 판사는 판사일 뿐이며, 피고석에 있는 죄수는 단지 영원한 범죄자로서 우리는 그들을 전설적 이야기나 정부간행물에서 살펴볼 수 있다. 그들은 누구보다 그 방랑자를 경멸하며, 마침내 그는 집시나 납땜장이, 범죄자 등이 되어 역사적 구속력을 찾는다. 말하자면 물려받은 규범이나 그런 규범으로 인정된 관계에 도달하게 된다. 그들은 자신의 모든 행위를 가장 단호한 시험에 맡기지만, 여전히 심리학이나 자아 인식이나 스스로 만든 어떤 종류의 기준도 가지고 있지 않다. 왜냐하면 끊임없이 "나는 이러

---

*그레고리 여사는 전설과 민속 역사를 다룬 자신의 책 《킬타르탄 역사》(1926)를 이렇게 지칭했고, 예이츠도 〈1931년 쿨 파크와 밸릴리 탑〉이라는 시 마지막 연에 "시인의 이름으로 쓰인 것은 무엇이든 민족의 책"이라고 했다.

저러한 것만큼 내 의무를 다했나?" "나는 앞서 간 내 조상만큼 단호한가?"라고 묻기 때문이다. 그들은 모든 세상 사람이 비난한다 해도 무관심하게 완전히 홀로 설 수 있지만, 그렇게 할 수 있는 이유는 그들의 충실함을 그가 아닌 다른 사람이 발견했기 때문이다. 그들의 눈에 그 방랑자들은 전적으로 개인이 아니며, 단지 태어나기 전에 사회의 필요나 하느님의 의지에 따라 저주를 받았을 뿐이다.

이 유형의 인간이 자신의 상에서 벗어나 비개인적인 행동 대신 감정을 찾으면, 욕망은 불가능하기 때문에 거기에는 자기연민이 있고, 따라서 사람들과 환경에 대한 불만과 버림받았다는 엄청난 고독감이 있게 된다. 어떤 비판에도 분개하고, 작은 개인의 권리와 기호를 특히 습관이나 지위로 지지받을 때 폭력적으로 주장한다. 다른 사람들의 권리나 기호에는 전혀 관심이 없다. 우리는 통찰력이나 망설임 없는 폭군인, 풍자적 관료나 성직자를 만날 수 있다.

그들의 지성은 6상에서 유래하지만 그들의 에너지나 의지나 편견은 24상에서 유래하므로, 만일 그들이 자신의 상에 있다면 자신들의 규범이 다양한 삶에서 표현되는 것을 보게 된다. 최상의 경우는 월트 휘트먼의 정신과 구별되는 빅토리아 여왕의 정신에서 나타난다. 그들의 정서적 삶은 10상의 반대인데, 빅토리아 여왕에게 독재적인 것이 퍼넬의 개인적 독선과 반대인 것과 같다. 그들은 마스크를 벗어던지는데, 그것이 강요되면 전문적 혹은 사회적 질서를 한데 묶는 자긍심과 겸손의 형태가 된다.

자신의 상에서 벗어날 때, 그들은 10상의 소외를 취하는데,

그것은 그 상에는 좋지만, 다른 사람들을 위해 살고 다른 사람들의 도움으로 사는 상에는 파괴적이다. 그리고 그들은 6상부터 한 무더기의 종족 본능을 받아서, 그것을 추상적 도덕이나 사회적 관습으로 바꾸며, 그리하여 6상과 대조가 된다. 마치 빅토리아 여왕의 최악의 정신이 월트 휘트먼의 정신과 대조되는 것과 같다. 자신의 상에 있을 때, 그들은 이 본능을 죽은 사람이나 살아 있는 사람의 예에 근거하여 구체적 규범으로 바꾼다.

점점 강하게 마지막 사분영역에 있는 모든 상에 특징을 부여하는 것은 이제 명백해지며(종족은 도덕적 관념으로 변하고), 22상에 접근함에 따라 지적인 상은 점점 강하게 정서를 박해한다. 도덕과 지성은, 각각 본능과 정서를 박해하여, 자신들의 보호를 추구한다.

25상

의지 .... 조건적 인간
마스크(11상) .... 참: 자아를 의식 / 거짓: 자의식
창조심(5상) .... 참: 수사학 / 거짓: 정신적 교만
운명체(19상) .... 박해
예: 뉴먼 추기경, 루터, 칼뱅, 조지 허버트, 조지 러셀

24상이 도덕적 오만을 타고났듯이 신념의 오만을 가지고 태어난 것처럼 보이는 이 상의 인간은, 자신을 반드시 반대로 만들

어 11상에서 25상으로 바꾸어야 한다. 또 운명체를 사용하여 마스크로부터 지성을 정화해, 마침내 이 지성이 어떤 사회 질서, 어떤 삶의 조건, 어떤 조직화된 믿음을 받아들여야 한다. 아마도 기독교 신앙 같은 것 말이다. 그는 믿음에서 모든 개인적인 것을 제거해야 하며, 23상이 기교로, 24상이 규범으로 그러하듯, 어떤 공통 합의의 전염으로 지성의 필요성을 제거해야 한다. 의지는 가라앉고 지성은 느슨해지고 분리되면서 23상이나 24상처럼 자신이 구체적 종합(19상의 운명체와 11상의 불화)을 하지 않을 수 없는 상황에 처했음을 알게 된다. 그러나 만일 의지가 거짓 마스크를 추구하면 이 상황은 의지로 다른 사람을 박해하게 하고, 참 마스크가 이를 발견하면 박해를 참게 한다. 운명체의 상인 19상은 파괴의 상이며, 의지가 25상에 있을 때는 신념 혹은 조건으로 인한 파괴의 상이 된다. 이 상에서 그것은 충동과 기쁨을 발견한다. 그것은 조건적 인간이라고 불린다. 아마도 그 이유는 모든 인간의 사고가 실제 삶의 어떤 특정한 조건에서 나오거나 사회적 양심으로 그 조건을 바꾸려는 시도이기 때문이다. 그는 강하며, 주도적이고, 사회적 지성이 풍부하다. 몰입이 거의 시작되지 않았지만, 그의 목적은 인간이 다르게 되지 않게 하는 것이다. 인간이 나면서부터 흑인종, 백인종, 황인종으로 태어나듯, 나면서부터 선할 수 있도록 금기와 관습을 조정함으로써, 인간을 더 낫게 만들도록 제한하고 묶는 것이다. 그들에게는 개인적 표현이 아니라 구체적 이미지를 숙달되게 다루는 대단한 말재주가 있을지 모른다. 왜냐하면 비록 아직 세상과 섞이지 않은 차별이 있고, 맑은 정체성이 있기는 하지만, 넘쳐나는 사회적 양심이 있기 때문이다. 다른 상의 어떤 사람도 대중에 대한 이런 즉각적 영향력을 행사하지는 못한다. 규범은 사라졌고, 보편적 양심이 그 자리를 대신하기 때문이다. 그는 개인적 흥미를 끌지도 못하며, 일련의 추론이나 많은 기술 용어를 요하는 논의를 거의 사용하지도 않을 것이다. 왜냐하면 그의 능력은 자신의 성격과 함께 자라난 단순화하는 신념에 있기 때문이다. 그에게는 증명이 아니라 표현을 위해 지성이 필요하다. 만약 이런 신념에서 멀어지면 감정과 추진력을 잃게 된다. 그에게는 모든 사람을 선하게 하겠다는 단 하나의 압도적 열정밖에 없다. 이 선은 구체적이면서 동시에 비개인적이다. 그리고 그는 여태까지 그것에 어떤 교파나 국가의 이름을 부여했지만, 어느 순간에라도 새로운 이름을 부여할 태세를 갖추었다. 왜냐하면 24상과는 달리 과거를 토대로 키울 자긍심이 없기 때문이다. 정성 들인 음식에 물린 사람들 속에서 빵과 물에 가장 강한 식욕을 느끼는 사람이 강력해지는 것처럼, 그는 모든 비개인적인 것에 감동을 받아 강력해진다.

   11상은 확산된 개성과 범신론적 꿈의 상이기 때문에, 이 유형의 인간이 자신의 상에서 벗어나면, 감상적이며 모호해지고 어떤 추상적 감정에 빠져들며, 그의 머릿속은 삶에서 오랫동안 유리된 이미지와 경험에서 오랫동안 유리된 관념으로 가득해진다. 요령도 없고 취미도 없는 사람이 되며, 인간이 가질 수 있는 최고의 오만함으로 자신의 위치를 확인한다. 심지어 거의 전적으로 선한 인간인 경우에도 오만함에서 좀처럼 벗어날 수 없다. 뉴먼 추기경이 아주 미세한 신학적 견해 차이로 오래된 친구를 내치지 않았던가?

거짓 마스크 속에서 사는 것이 정서적 인습과 진부함을 만들어내듯, 모든 기본상에서 거짓 창조심 속에서 사는 것은 무감각을 만들어낸다. 왜냐하면 거짓 창조심은 운명체에서 아무런 영향도 받지 않고, 개인적 관심으로 변형되지도 않기 때문에, 말하자면 스스로 정지되기 때문이다. 25상에서 이 무감각은 사람을 고문하도록 명령하는 판사의 무감각, 집단 학살을 역사적 필연으로 받아들이는 정치가의 무감각일 수 있다. 사람들은 루터의 선동에 따라 어떤 때는 농부들이 자행하는, 또 어떤 때는 농부들에게 자행되는 잔인한 행위에 루터가 무관심했던 것을 떠올릴 수 있다.

싱과 렘브란트의 천재성은 23상의 전형적인 것으로 설명되어왔다. 23, 24, 25상 중 첫 상은 관련 없는 힘의 표현이다. 그들은 대중을 놀라게 하지만 지배하려 하지는 않았다. 반면, 24상의 사람은 대중을 도덕적 규범 속에 집어넣는다. 25상의 사람은 대중을 표현하거나 놀라게 해서가 아니라 그들에게 정신적 규범을 강요하여 지배하려 한다. 25상에서 재생한 싱은 애런 섬 사람들의 기본상적 활기와 비극이 아닌 그들의 상황과 믿음에 관심을 가졌을 것이다. (상이 아닌 별자리의) 기이함을 통하여, 뉴먼이 그러한 것처럼 동료 가톨릭 신자와 공유한 게 아니라 일본 농부와 공유한 것에, 혹은 종교와 철학으로 여겨지는 모든 민속신앙의 일부로 그들의 믿음에 관심을 가질지 모른다. 그는 자신의 내부에 있는 개인적인 추상적 사색의 마지막 흔적을 없애기 위해 이 종교와 철학을 이용하지만, 그의 마음에 나타난 이 종교와 철학은 언제나 구체적이기는 해도 인위적이고 선택적인 것이 될 것이다. 정신적 기본상으로 가라앉고 열중하는 것은 아직 불가능하며 심지어 상상할 수도 없다.

이 상에 속한 시인들은 언제나 어떤 형태의 선전에 자극을 받아 강렬한 상상력에 이른다. 조지 허버트*는 틀림없이 이 상에 속한 인간이며, 조지 러셀**도, 비록 중간 대립상에 속한 시인들과 화가들이 그의 초년 시절에 미친 영향 때문에 징후가 모호해 보이지만, 이 상에 속한 인간이다. 이런 가정에서 볼 때, 러셀의 환상적 그림도, 그의 '자연 신들'의 환상도, 이 상에 충실한 것이 아니다. 어떤 형태의 철학적 선전에 감동을 받아서 쓴 그의 모든 시는 정확하고 섬세하고 독창적이지만, 반면 그의 환상적인 그림에서 다른 사람들, 귀스타브 모로***의 영향을 발견할 수 있다. 이 그림은 그의 많은 '환상'과 같이 대립상적 예술에 기초한 비판적 생각으로 촉발된 마스크 속에서 살려는 시도이다. 방언과 싱의 관계는 러셀의 실제적인 작품과 협동 조직자로서 러셀의 관계와 같으며, 러셀은 신념의 표현 속에서 정확한 개념과 진지한 감정을 발견했다. 그는 이론이 아닌 실제로 마스크를 휘날려야 한다는 사실을 배웠다. 그의 작품은 의식적으로 미학적이거나 사색적이어서도 안 되고, 중심 존재를 모방하는 것이어야 하는데, 그것은 추구자의 마스크이며, 의식적으로 뚜렷한 어떤 것으로서, 영원히 영혼에 결합되어 있지만 절대 내재하지 않는 것으로 이해할 수 있다.

15상 이전의 모든 상은 신과 구별되는 자연 속에 있고 11상

---

*17세기 초 영국의 시인이자 성직자.
**20세기 초 아일랜드 민족주의자이며 신비주의 작가, 화가, 비평가, 시인, 편집자로서 '영겁의 시간(aeon)'이라는 뜻의 'AE'라는 익명을 사용했다.
***19세기 프랑스 상징주의 화가로 성경이나 신화의 인물들을 주로 그렸다.

에서 그 자연은 모든 피조물과의 관계를 지적으로 의식하게 되기에 그의 거짓 마스크는 '자연 신들'이 어떤 의미인지를 그에게 보여주었다. 마스크를 피하는 대신 원하여 쫓아가면, 그것은 신의 직관 대신 자연의 유사 직관을 준다. 그 유사한 직관은 그의 별자리 성격 때문에 추상적 의견의 형식 대신 감각의 이상적, 관습적 이미지로 치장된다.

26상

의지	꼽추로도 불리는 다중적 인간
마스크(12상)	참: 자아실현 / 거짓: 자포자기
창조심(4상)	참: 추상적 초감각의 시작 / 거짓: 죄악에 매혹됨
운명체(18상)	꼽추가 자신의 운명체임

가장 어려운 상이며, 개인적 경험에서 거의 혹은 전혀 예를 찾을 수 없는 상 가운데 첫 번째 상이다. 내 생각으로는 아시아에서는 적어도 한 순환 주기의 마지막 상인 26, 27, 28상의 예를 찾는 일이 어렵지 않을 것이다. 만일 그런 시현이 지금 유럽 문명에서 나타난다 해도, 그들은 자기표현의 도구가 없기 때문에 미천한 존재로 남을 것이다. 사람들은 경험의 도움 없이 상징에서 이 유형을 창조해야만 한다.

도덕이든 신념이든 그것의 오래된 추상화 작업은 이제 모두 소진돼버렸다. 그러나 26상에서 자연인처럼 보이는 사람이 자기의 상을 벗어나면, 거짓 자기표현인 새로운 추상화 작업으로 대신하려는 시도를 하게 된다. 감정을 갈망하는 그는 가능한 모든 인간 가운데 가장 완전하게 고독해진다. 왜냐하면 자기와 같은 인간과의 모든 정상적 교류, 공동 연구의 교류, 달성한 작업에 대한 관심의 교류, 삶의 조건의 교류, 공통된 하나의 규범, 신념이 사라져버렸기 때문이다. 개성이 없는 그는 인공적 유사물을 창조하게 된다. 네로 황제를 그렇게 보는 것은 역사에 대한 모독일 수가 있다. 왜냐하면 우리가 알기로, 네로는 이상의 개성을 막는 것 가운데 첫째인 육체적 불구자가 아니었기 때문이다. 불구는 심한 것일 수도 있고 가벼운 것일 수도 있다. 그것은 단지 카이사르나 아킬레우스의 야망 같은 것을 좌절시키는 혹으로 상징화되기 때문이다. 그는 범죄를 저지르지만, 원해서도 아니고, 자기의 상을 벗어난 23상처럼 할 수 있어서도 아니다. 단지 범죄를 저지를 수 있다는 걸 확신하고 싶어 하기 때문이다. 그리고 그는 자신의 야망 속에서만 충동을 느끼기 때문에, 다른 사람의 충동을 시기하며 악의로 가득 차게 된다. 그는 온통 두드러지며, 더 크게 두드러지면 두드러질수록 감정을 더 다스리지 못하고 자신의 무력감을 내보인다. 만일 그가 신학적 기질이 있는 사람들 가운데서 산다면, 그가 받을 수 있는 가장 큰 유혹은, 신을 거부하고 서른 냥의 은화 때문이 아니라 자신을 창조자라 부름으로써 신을 배반한 유다 같은 인간이 될 것이다.

그가 얼마나 상에 충실해지는가를 실험하는 가운데 사람들은 "꼽추가 자신의 운명체"라는 운명체에 대한 모호한 묘사 때문에 혼란스러워진다. 이 운명체는 18상에서 유래한 것이며,

(26상의 육체적 존재에 반영되기 때문에) 단지 (18상이 12상을 깨뜨리듯이) 이기적 거짓 마스크를 깨뜨리는 것과 같은—불구라는—기능의 분리일 수 있다. 26상부터 11상까지 상들은 모조리 한 무리가 될 것이며, 26상부터 28상까지는, 상에 충실히 살면, 초감각적 삶과 접촉하기도 하고 육체가 초감각적 원천에까지 이르기도 한다. 아니면 그렇게 접촉하고 원천에 이르려는 욕망이 있게 된다. 26상에서는 신념에서건 행동에서건 도덕적 삶, 판단과 동의의 삶인 모방의 삶의 잠재의식적 고갈이 닥치게 된다. 의지는 대체물을 찾아야 하며, 늘 그렇듯 세 개의 상 중 첫째 상에서 에너지는 격렬하고 단편적이다. 도덕적 추상이 더 이상 가능하지 않으므로 의지는 모든 상호 관계에서 결여된, 말하자면 뿌리째 뽑힌 사람과 짐승의 삶에 대한 지식을 통해 이 대체물을 찾아야 할지 모른다. 거기에는 고독에 대한, 강요된 영원한 상냥함에 대한 증오심이 있을지도 모르지만, 그것이 추구하는 것은 사회적 도덕성이 없는, 급진적이며 믿을 수 없는 어떤 것이다. 에스겔이 "왼편과 오른편 옆구리"를 대고 누워 더러운 음식을 먹으며 "다른 사람에게 무한한 존재를 인식하게 하려 했을 때" 그는 그것을 추구했을 것이다. 노루와 함께 생활했던 인도의 현자도 아마 그랬을 것이다.

  이 상의 인간이, 삶이 아닌 초감각적 통합성과 관련하여 분리된 각각의 삶에 대한, 그리고 무엇보다도 각각의 분리된 육체적 삶 혹은 행동—그것만이 전적으로 구체적인 것인데—에 대한 지식을 추구한다면, 그는 삶과 행동을 서로 간의 관계에서가 아니라 그 원천과 관련하여 볼 수 있기 때문에, 이례적으로 정확하게 그 결함과 무능함을 보게 된다. 그는 자신의 과거 행동들도 서로 분리시키고, 각각을 그 원인과 관련시켜 판단하게 될 것이다. 그리고 사랑이 아닌 지식으로 경험할 수 있는 이 원인은 그의 마음속에 무시무시하고 단호한 판단으로 존재할 것이다. 여태껏 그는 기본상적 인간에게 "나는 아무개 씨만큼 선한 사람인가요?"라고 말할 수 있었다. 대립상적일 때도 "결국 나는 전체적으로 봐서 내 선한 의도가 실패하지 않았어요"라고 말할 수 있고, 자신을 용서할 수 있었다. 그러나 모든 행동이 하나하나 평가되고 아무리 선한 행동도 나란히 있는 악한 행동의 평가를 막을 수 없는 상황에서, 어떻게 용서를 할 수 있겠는가? 그는 지독하게 눈부신 빛 앞에 서 있는 것이며, 그 순간 벌레나 두더지로 태어났길 바랄 것이다.

22상부터 25상까지, 인간은 소위 육체적 기본체 혹은 육체적 대상과 접촉하며, 26상과 4상부터 기본체는 정신적인 것이 되었다가, 다음 세 개의 상 동안에 육체적 기본체가 되돌아온다. 이런 관점에서 정신적이라는 것은 오로지 비유로만 알려진 하나의 본질로 이해할 수 있을 것이다. 자신에게만 의존하는 것이 무엇인지 우리가 어떻게 알 수 있겠는가? 초승달과 그믐달에서 달의 성격은 얇은 베일에 불과하며, 눈은 태양을 응시하여 부시게 된다.

27상

의지 .... 성인
마스크(13상) .... 참: 포기 / 거짓: 경쟁

창조심(3상) ……. 참: 초감각적 수용성 / 거짓: 자긍심
운명체(17상) ………………… 비개인적 행동만 있음
예: 소크라테스, 파스칼

마스크에서 유래한, 외관상 자연적으로 보이는 이 유형의 인간에게는 정신적 권위에 대한 극도의 욕망이 있어서 사고와 행동은 열성의 표현이나 권위에 대한 주장을 목적으로 삼게 된다. 경쟁은 논증이 아닌 심리적 혹은 생리적 차이에 근거하기 때문에 더욱 격화된다. 영혼의 중심상이며, 영혼의 관계와 관련된 세 개 상의 중심상인 27상에서 이 유형의 인간이 자신의 상에서 벗어나면, 다른 사람들을 초월한 능력이나 초감각적 특권에 대한 권리를 주장한다. 그는 자신을 다른 사람보다 더 높게 만드는 비결을 갖고 있다.

   자신의 상에 충실하면, 이 유형의 인간은 경쟁 대신 포기를 선택하며, 죄에 대한 비판과 폭로라는 오래된 수고 대신 자기 가슴을 치며 참회하겠다고 하고, 심지어 자신이 가장 악한 인간이라며 도취한 듯 외쳐댄다. 그는 26상이 그러하듯 개별적 삶과 행동을 전체 삶만큼 더 뚜렷하게 인식하지 않는데, 그 이유는 전체 삶이 갑자기 원천을 보이기 때문이다. 그에게 지성이 있다면, 인식과 포기라는 목적에만 그것을 사용할 것이다. 그는 아무것도 아닌 존재이며 아무것도 하지 않고 아무것도 생각하지 않지만, 그의 기쁨은 인간성으로 표현된 전체 삶을 허용하고 그 삶을 자신에게 흘러들게 하며, 행동과 사고로 그것을 표현하는 데 있다. 그는 그것과 일치하지도 않으며 그것에 몰두하지도 않는다. 왜냐하면 그렇다 하더라도 자신이 아무것

도 아니며, 심지어 더는 자신의 육체를 소유하지도 않고, 자신의 구원을 위해 욕망조차 포기해야 하며, 전체 삶은 자신의 무가치함을 사랑한다는 사실을 알지 못하기 때문이다.

 자아가 22상에서 지나가기 전에 소위 '신성의 감정'에 도달하는데, 이 감정은 죽음 너머의 삶과 접촉하는 것으로 묘사된다. 그것은 종합을 포기하고 운명을 수용하는 순간 다가온다. 23, 24, 25상에서 우리는 이 감정을 사용하며, 25상을 지나기 전에 지적으로 신성 자체의 본질을 깨닫는다고 하는데, 신성은 개인적 구원의 포기로 묘사된다. '신성의 감정'은 8상에서의 초기 개성에 대한 깨달음과 반대되는 것으로, 의지는 이 상을 11상이 지나갈 때까지 집단행동에 연관시킨다. 22상 이후에 이 인간은 지성이 파악할 수 없는 것을 의식하게 되는데, 그것은 영혼의 초감각적 환경을 말한다. 23, 24, 25상에서 그는 기술적 성취와 도덕성, 신념을 통하여 그것을 자신의 육체적 감각과 기능에 연관 지으면서 모든 지적 이해를 위한 시도를 억제한다. 26, 27, 28상에서 그는 이 감각과 기능이 그 환경으로 흘러드는 것을 허용한다. 그는 가능한 한 만지거나 맛보거나 보려고 하지 않을 것이다. 말하자면, "인간은 진리를 인식하지 못하며, 신이 인간 속에 있는 진리를 인식하는" 것이다.

28상

 의지 ……………………………………… 바보
 마스크(14상) ……………… 참: 망각 / 거짓: 악의

창조심(2상) .... 참: 육체적 활동 / 거짓: 교활
운명체(16상) .... 바보가 자신의 운명체임

자신의 마스크를 욕망하는 '바보'인 이 상의 자연적 인간은 점점 더 악의적으로 변하는데, 언제나 사물에 대한 감각이 있는 사람을 질투하는 꼽추처럼 그러는 것이 아니라, 공포심과 지적이고 효율적으로 행동할 수 있는 모든 사람들에 대한 질투심 때문에 그런 것이다. 자신과 정반대가 되고 14상과 유사한 것으로부터 28상의 본질에 이르는 것이 그의 진정한 업무이며, 그는 이것을 자신의 정신과 육체의 영향 아래에서 행하는데―그는 자신의 운명체이다―어떤 적극적 지성도 없어서 그가 자신의 정신과 육체 말고는 어떤 외적인 세계도 소유하지 못하기 때문이다. 그는 바람에 날리는 티끌 같은 존재에 불과하며, 정신은 없고 바람만 있고, 행동은 없고 이름 없이 표류하고 빙빙 돌 뿐이라, 때로는 '신의 자식'이라 불린다. 최악의 경우, 그의 손과 발, 눈, 의지는 막연한 잠재의식적 환상을 따른다. 최선의 경우에는 모든 것을 다 아는 듯한 전적인 지혜를 소유할 것이다. 물질적 세계는 그의 필요성이나, 심지어 그의 욕망과 무관한 그림과 사건을 그의 정신에 제시한다. 그의 사고는 정처 없는 몽상이며, 그의 행동은 사고처럼 정처가 없고, 그가 기뻐하는 것은 바로 이 정처 없음이다. 그의 중요성은 체계가 다듬어짐에 따라 명확해질 것이지만, 아직 당분간은 그가 동네 바보에서 '셰익스피어의 바보'로 변해가는 과정에 있는 자신의 여러 모습을 발견하게 된다는 정도만 얘기하면 족할 것이다.

살해당한 자가 사랑으로

살인자를 사랑하며 누워 있는 웅덩이에

웃음을 잃어버린 바보의 창백한 웃음이 부글거리네.*

1상

의지	
마스크(15상)	완벽한 가변성 외에 기술할
창조심(1상)	내용 없음
운명체(15상)	

이 상은 완전한 객관성만 존재하기 때문에 15상처럼 초자연적 시현이지만, 사실 인간의 삶은 완전히 객관적일 수 없다. 15상에서는 정신이 존재에 완전히 흡수되지만, 이제는 육체가 초자연적 환경에 완전히 흡수된다. 심지어 정신의 이미지가 연관되는 것은 아무것도 없으므로 그것은 더는 무관하지 않으며, 판단받을 사람이 없으므로 행동은 더는 부도덕하거나 어리석은 것일 수도 없다. 사고와 성향, 사실과 욕망의 대상은 구분할 수 없다(마스크는 운명체 속에 흡수되고, 의지는 창조심 속에 흡수된다). 즉 완전한 수동성, 완전한 유연성이 있을 뿐이다. 정신은 선과 악, 참과 거짓에 무심해지며, 육체는 밀가루 반죽처럼 구분되지 않는다. 영혼이 더 완벽해질수록 정신은 더 무심

---

*윌리엄 왓슨의 시 〈연극 '리어 왕'〉의 일부를 변형한 구절.

해지고 육체는 더 반죽처럼 된다. 정신과 육체는 어떤 형상이든 취하며, 어떤 이미지가 각인되었든 받아들이며, 어떤 목적이 부과되었든 처리한다. 진정으로 초자연적 현현의 도구이며, 살아 있는 존재와 더 강한 존재 사이의 궁극적 고리 역할을 한다. 커다란 즐거움이 있을 수 있지만 그것은 의식적 유연성의 즐거움이며, 모든 지식을 본능과 능력으로 만드는 것은 이 유연성, 액체 상태, 가루로 만드는 행위이다. 모든 유연성이 거장을 따르는 것은 아니며, 순환 주기와 별자리를 생각하면 미묘한 초자연적 의지의 도구들이 더 조야한 에너지의 도구들과 어떻게 다른지 알게 될 것이다. 그러나 최상의 것과 최하의 것은 모두 자동적이라는 점에서 같다.

1922년 내란의 시기에
밸릴리 탑에서 완성

2권
상징의 완성

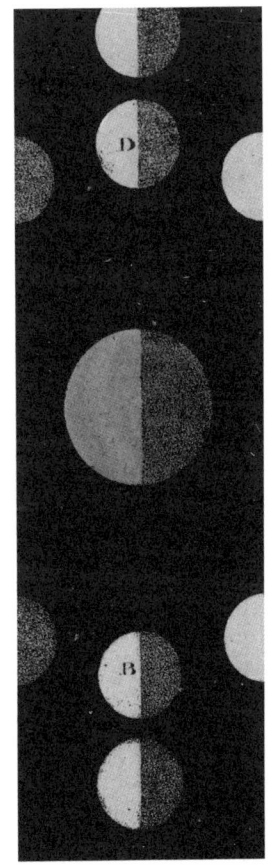

1

나는 지난 권을 쓸 때 네 원리에 대해서는 아무것도 몰랐다. 좌절감 혹은 나 자신의 부주의로 원고를 분실했던 것이다. 기능들이란 인간의 자발적이며 후천적인 힘과 그 대상이며, 원리들은 기능들의 선천적 근거이다. 비록 내 선생들이 혼선을 피하려고 그것에 다른 도형을 제시했지만, 마찬가지로 상호작용을 하는 것이 틀림없다. 전체적인 체계는 쿠사의 니콜라스 추기경이 처음으로 보여주었듯, '구'로 상징된 궁극적 본질이 인간의 의식 속에서 일련의 대립으로 나타난다는 것이다. 원리들은 말하자면, 오목거울에서 볼록거울로, 혹은 그 반대로 이동한 기능들이다. 그것들은 '외피(Husk)', '정념체(Passionate Body)', '영혼(Spirit)', '천상체(Celestial Body)'이다. 영혼과 천상체는 정신과 그 대상(통합된 신성한 관념)이며,* 반면 의지와 마스크에 반응하는 외피와 정념체는 감각**(충동, 이미지, 즉 청각, 시각 등 우리 자신―귀, 눈 등―과 연관되는 이미지)과 그 대상이다. 외피는 상징적으로 인간의 몸이다. 원리들은 갈등을 통해 본질을 드러내지만, 아무것도 창조할 수 없다. 원리들은 천상체에서 그들의 통일성을 발견하며, 기능들은 마스크에서 그들의 통일성을 발견한다.

기능들의 바퀴 혹은 원뿔은 탄생과 죽음 사이에서 운동을 완성한다. 원리들의 바퀴 혹은 원뿔은 생애와 생애 사이의 기간도 역시 포함한다. 생애와 생애 사이의 기간에는 영혼과 천상체가 지배적인 것이 되고, 반면 외피와 정념체는 생애 동안에 지배적인 것이 된다. 다시 한 번 말하자면, 태양의 낮, 달의 밤인 셈이다. 그러나 우리가 두 개 바퀴 혹은 원뿔이 똑같은 속도로 움직인다고 생각하고 둘을 비교하고자 기능들의 원뿔처럼 그려지고 숫자가 매겨진 이중 원뿔에 원리들을 놓고 그것을 기능들의 원뿔에 포개어서 보면, 처음 원뿔에서 1상과 15상을 잇는 선은 다른 원뿔 위의 똑같은 상들을 잇는 선과 직각을 이룰 것이다. 원리들의 원뿔에서 22상은 기능들의 원뿔의 1상과 일치할 것이다. '태양의 동쪽에 있는 태음의 남쪽'인 셈이다. 그러나 실제로 우리는 원리들의 바퀴를 한 달의 여러 날로 나

---

*〔원주〕 다음에 인용한 구절은 콜리지의 《친구》에 나온 것으로, 그는 내가 '정신'이라고 하는 것을 '이성'이라고 부른다. "나는 야코비, 내 친구 엘베시우스처럼, 눈이 물질과 부수적인 현상과 가지는 관계를, 보편적 존재, 영원한 존재, 필연적 존재와 같은 정신적 대상과 갖는 하나의 기간으로 이성을 정의하는 데 반대하지 않을 것이다. 그러나 그때 이성은 관계되는 대상과 일치하는 기관이라는 사실이 추가되어야만 한다. 그러므로 신, 영혼, 영원한 진리 등은 이성의 대상이지만, 그것 자체가 이성이며⋯⋯ 의식적 자기 인식은 무엇이든 모두 이성이다." 나중에 그는 "외적인 감각과 이성인 심안"을 구분하며, 다음 페이지에서 정신과 그 대상, 혹은 우리가 영혼과 천상체라고 하는 것을 구분하는데, "추론(혹은 여기에서는 이차적인 의미인 이성)은 관념이나 그것의 명확성에 있지 않고, 그것이 정신 속에 있을 때 단지 서로 일치하는지 그렇지 않은지를 보는 데 있다."
**〔원주〕 인도 철학에는 능동적 감각과 수동적 감각이라는 개념이 있다. 보는 것은 수동적이며, 걷는 것은 능동적이다.

누는 게 아니라, 한 해의 여러 달로 나눈다.

사람이 죽으면 의식은 외피에서 영혼으로 옮아가고, 외피와 정념체는 사라진다고 말하는데, 그것은 22상 이후에 의지와 마스크가 힘을 얻는 것에 상응하는 것이다. 그리고 영혼은 정념체에서 나와 천상체에 달라붙어서 마침내 그것들은 하나가 되어 영혼만이 남게 된다. 이는 자신 속에 순수한 진리를 포함하고 자신에게만 의지하는 순수한 정신이다. 마치 기본적 상에서 창조심이 운명체에 달라붙어서 장애물이 없어진 정신이 더는 창조하지 못하고, 단지 '하나된 영혼', 서로 연관되지 않은 사실과 목적 없는 정신과 자발적 노력을 기다리는 다 타버린 것 외에는 아무것도 남지 않게 되는 것과 마찬가지이다.

외피(혹은 감각) 뒤에는 어떤 다이몬들을 자신에게 분명하게 하려는 다이몬의 갈망이 있고, 감각기관들은 갈망이 가시화된 것이다. 정념체는 그런 다이몬들의 집합체이다. 반면, 영혼은 다이몬의 지식인데, 그것은 영혼 속에서 다른 모든 다이몬들을 통합된 '신성한 관념들'로서 이해하기 때문이다. 그것은 천상체 속에서 하나이다. 천상체는 '필연'과 동일시된다. 우리가 다이몬들을 정념체로 인식할 때, 그것들은 시간과 공간, 원인과 결과에 지배를 받는다. 그것들이 영혼에게 알려질 때 지적인 필요성으로 알려지는데, 그 이유는 영혼이 아는 것은 그 자체의 일부가 되기 때문이다. 영혼은 다이몬들을 감각의 대상으로 처음 인식할 때까지는 통합된 다이몬들을 알 수가 없고, 정념체는 '천상체를 고독에서 구하기' 위해 존재한다. 상징체계 속에서 정념체가 점점 젊어짐에 따라 천상체는 나이를 먹어간다는 말이 있으며, 종종 천상체는 탑 속에 갇혀 있다가 영혼에 의해 구출된다. 늙어서 그것은 종종 악의 화신이 된다. 그것은 다이몬들을 쫓아가고, 핍박하고 가둔다.*

2

다이몬은 그것이 원하는 것을 외피를 통해 정념체 속에서 찾기 때문에, 정념체가 지배적일 때 모든 것은 '운명'이며, 자기 다이몬의 지배를 받는 인간은 이성에 상관없이 행동한다. 반면, 인간은 이성이나 영혼의 직접적 비전을 통해 자신 밖에 있는 운명체 혹은 천상체 속에 있는 운명이나 필연성을 찾는다.**

정념체는 물리적 빛과 동일한 양상들 중의 다른 하나 안에 있다. 우리가 일련의 개별 이미지라 부르는 것이 아니라 물리적 빛으로서, 이는 중세 철학자가, 《시리스》에서 버클리가, 《루이 랑베르》에서 발자크가 이해한 바와 같은, 감각 있는 모든 것의 창조자이다.

*〔원주〕 블레이크의 〈정신 여행자〉 참조. 이런저런 사람이 어떤 구절을 설명하기는 했지만, 에드윈 엘리스〔예이츠와 함께 블레이크의 시집을 편집한 영국의 시인—옮긴이〕나 나 그 어떤 주석자도 이 시에 대해 설명하지 못했다. 《비전》을 공부하는 사람은 그것을 단번에 이해할 수 있을 것이다. 블레이크와 내 선생들은 어떤 알려지지 않은 역사적 자료, 아마도 달의 순환에 관한 어떤 설명에 의존하지 않았던가?
**〔원주〕 일부 연금술 문서는 다소 비슷한 구분을 한다. 그것을 보면, '필연성'은 삶의 사건을 통해 우리에게 닥치며 '복종할' 수밖에 없다. '운명'은 그런 사건의 씨앗을 뿌리고 악인을 재촉한다. 어떤 문서는 '필연성'과 '운명'을 연결하는 '질서'를 추가하고, 그것을 우주와 동일시한다. 이 셋은 헤겔의 정반합을 구성한다. 나는 스콧의 《연금술》의 발췌문 7, 8과 39절의 아스클레피오스 3에서 요약하고 있다. 그들과 내 관점의 차이는, 나는 '운명'이 악인만 자극하는 것은 아니라고 생각한다는 것이다. 연금술 문서들은 플라톤의 주지주의로 가득하다. 정념체가 '필연성'에 종속적일 때 '운명'은 사악해진다.

내 선생들이 기능들의 대립상적 원뿔 혹은 달의 원뿔을 밝게 만들고 태양의 원뿔을 어둡게 놓아두는 것은, 빛을 자연과 동일시하기 때문이다. 원리들의 원뿔에서 태양의 원뿔은 밝고, 달의 원뿔은 어둡지만, 그것의 빛은 자연으로 생각되지 않는다.*

3

영혼은 미래이며, 정념체는 현재이고, 외피는 과거로, 그 명칭은 씨앗이 싹틀 때 벗겨져나가는 껍질에서 온 것이다. 정념체는 감각의 대상인 현재, 창조, 빛이다. 외피는 과거인데, 그것은 단지 우리가 그 이미지를 알기 전에 대상이 사라지기 때문이 아니라, 그런 이미지가 한 전생이나 여러 전생에서 형성된 유형과 반복에 속하기 때문이다. 때때로 그것은 종족이나 본

---

*[원주] 콜린스 사이먼은 《인간 지식의 원리》[버클리의 철학 논문으로, 사이먼은 편집자—옮긴이]의 색인에서 '빛'을 "어떤 물리학자가 가르치려는 것의 상태나 원인이 아닌 감각"으로 부른다. 혼과 로시는, 버클리가 '빛'을 '감각'이 아닌, 정신만이 발견할 수 있는 "'감각'을 일으키는…… 반물질적인 동인"으로 생각했다고 말했다. 그러나 사이먼의 말이 옳다. 왜냐하면 버클리는 '빛'을 우리에게는 어두워 보이지만 동물이 발견할 수 있는 것으로 말하며, '빛'은 만물에 스며들어 있다는 것을 증명하고자 이 주장을 이용하기 때문이다. 《평범한 책》[버클리의 저서 《철학 주석 혹은 평범한 책》을 말한다—옮긴이]에서 그는 개성이라는 신학적으로 위험한 주제를 피하라고 스스로 경고하고 있다. 그는 개인적으로 '빛'을 모든 자아 속에 사는 보편적 자아의 창조 행위로 간주했던가? 링컨 교회 주교인 그로스테스트는 '빛'의 물질성 자체를 설명하고 최초의 질료와 결합해 모든 육체를 만들어낸다고 생각했다. 피에르 뒤앙은 《천체 역학》 5권 356~358쪽에서 그의 철학을 분석한다. 플로티노스는 우리가 눈을 뜬 채 본 '빛'과, 감은 눈을 비비며 본 영혼 자체에서 오는 빛을 구분한다. 현대 용어인 '별빛'은 이 근원을 암시하며, 분명히 영혼을 별로 상징화한 어떤 17세기 플라톤주의자에게서 나왔을 것이다. 그러나 그것을 이용하는 대중 작가들은 '영적 비전'에서 본 '빛'만이 오로지 그 별에서 온 것이라고 생각하는 것 같다.

능과 동일시된다. 의지가 자발적인 것처럼, 그것은 비자발적인 자아이다. 그러나 나는 '영혼은 미래이다'라는 진술을 이해한다는 확신이 없다. 만일 내 선생들이 천상체가 미래라고 말했다면, 나는 이해했을 것이다. 왜냐하면 이상적인 형상은 희망을 통해서만 명확히 보이기 때문이다. 아마도 그들이 뜻하는 것은, 우리가 실제로는 그런 형상을 추구하지 않으며, 우리에게서 분리되어 있으면 그것은 환상적인 것이 되고, 우리는 영혼을 완전한 자아실현으로서 추구한다는 의미일 것이다. 그리고 그 형상들은 미래의 범주에서 우리가 파악하게 되는 본질이라는 의미로, 영혼들은 "우리에게는 현재가 없고* 우리는 미래이다"라고 종종 말하지 않는가? 다른 관점에서 보면, 외피와 정념체는 사라졌기 때문에, 영혼들에게는 과거도 현재도 있을 수 없다. 내 선생들은 천상체의 성격을 규정하지는 않지만, 그것은 의심할 바 없이 영원하다. 기능에는 반대의 속성이 있는 것 같다. 기능에서 마스크('우리를 우리 자신과 결합하기 위해 열정으로 창조된' 형상, 대립적 상들에서는 아름다움)는 영원이며, 의지는 미래이고, 운명체 혹은 사실은 현재이며, 창조심은 과거이다. 기능의 과거는 일련의 판단으로, 추상적이다. "율리우스 카이사르는 언제 죽었나?" "물의 화학적 구조는 어떻게 되나?" 기억은 일련의 판단이며, 그런 판단은 기억이 아닌 어떤 것과의 관련성을 암시한다. 그 어떤 것이란 다이몬으로, 영원한 순간에 공존하면서, 자체 내에 현생의 모든 사건과 여

---

*[원주] 단테는 〈지옥편〉에서 영혼들이 현재에 접근할 때 모든 것이 어두워지기 때문에 현재가 없는 것으로 묘사한다. 그러나 영혼들의 미래는 영적 자유의 미래가 아니다.

러 전생에서 우리가 알게 된 것과 다른 다이몬들에 대해 발견할 수 있는 것들을 포함하고 있다. 대상과 판단이 공간을 내포한다는 점을 생각하면, 외피와 창조심 둘 속에 시간이 공간화되기 때문에 그것을 그렇게 부를 수 있을 것이다.

　기능들의 바퀴 속에서 의지는 1사분영역에서 지배적이고, 마스크는 2사분영역에서, 창조심은 3사분영역에서, 운명체는 4사분영역에서 지배적이다. 원리들의 바퀴에서 외피(아직도 벗겨지지 않은 새 껍질)는 1사분영역에서, 정념체는 2사분영역에서, 영혼은 3사분영역에서, 천상체는 4사분영역에서 지배적이다. 만일 미래와 현재, 과거, 영원을 기능이나 원리에 관한 속성에 따라 각 바퀴의 네 사분영역에 놓는다면, 현재와 영원, 과거와 미래가 서로 반대라는 사실을 발견할 수 있다.

4

궁극적 본질은 하나도 다수도 아니고 조화도 불화도 아니기 때문에 상이 없는 구로 상징화되지만, 모든 것은 인간의 경험 속에서 일련의 모순에 빠지기 때문에 그것을 생각하는 순간, 그것은 내가 곧 제13원뿔이라고 묘사하는 것이 된다. 모든 것은 우리의 다이몬(혹은 구에 살 때 부르듯 '영적 자아')에 영원한 순간으로 존재하지만, 모순에 빠져 있는 모든 것은 필시 그 순간을 알 수가 없다. 그래서 내 선생들은 전통에 따라, 모든 과거 사건의 이미지는 영원히 "생각을 생각하며 행위를 행하는" '기록'이라는 말로 그것을 대신했다. 일반 신비주의 사상에서 그것은 19세기 중반에 유행했던 용어인 "별빛이 비치는 그림"
으로 불리며, 블레이크가 "로스*의 전당에 있는 빛나는 조각
품"이라고 부른 것이다. 우리는 그것을 시간을 초월한 정념체
로 묘사할 수 있다.

5

내 선생들은 현상계와 최대한 거리를 유지하면서, 상징화할 수
는 있지만 알 수는 없는 그 구를 논하는 데 거의 시간을 쓰지 않
았다. 비록 어떤 우연한 구절이 필요한 상징을 모두 보여주기는
하지만 말이다. 그 구 속의 네 원리를 상상하려 할 때, 나는 좀
망설이며 천상체와 플로티노스의 '제1근원존재자'를, 영혼과
(움직이지 않는 원 속에 '제1근원존재자'를 품고 있는) '제2근
원존재자'를 동일시했다. 육체가 없는 다이몬 혹은 영적 자아
를 (움직이는 원 속에 '제2근원존재자'를 품고 있는) '제3근원
존재자' 혹은 세상의 영혼(기독교의 성령)과 동일시한다. 플로
티노스는 처음에는 감각과 그 대상(우리가 말하는 외피와 정념
체)으로, 다음에는 추론하는 이성(우리가 말하는 기능에 거의
가까운 것)으로 비치는 '제3근원존재자'인 네 번째 조건을 가
지고 있다. 구의 일부로서 외피는 영적 자아 속에 합쳐진다.
   그러나 이 도형은 바위에서 바위로 떨어지는 폭포, 원리에
서 원리로 하강하는 것을 의미한다. 반면, 일련의 풀리지 않는

---

*블레이크의 장편 예언시에 나오는, 상상력을 대변하는 존재.

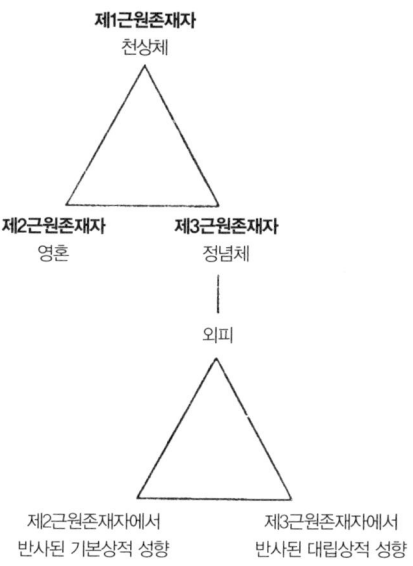

모순 때문에 현상계를 불합리한 것으로 상징화하는 체계는 출발점으로 영원히 회귀하는 데서 그 표현을 찾아야만 한다. 해결된 모순은 높은 원류에서가 아니라 소용돌이의 정지된 중심에서 혹은 가장자리 너머에서 나타난다.*

나는 이제 도형으로 설명할 수 없는 기능들과 원리들의 상호작용을 열거하겠다.

감정은 의지로 형성되고, 마스크와 천상체로, 혹은 마스크와 정념체로 각각 작용한다. 의지와 정념체, 마스크가 함께 작용할 때는 행위 자체에 즐거움과 고통이 있지만, 의지가 단독으로 작용할 때 모든 것은 존재를 지속하기 위한 메커니즘인 추상적 유용성과 경제성만이 있을 뿐이다. 정념체와 천상체가

*[원주] 소용돌이는 대립상적 상징이고, 떨어지는 물은 기본상적 상징이다.

마스크에 자리를 내줄 때 우리는 미학적 과정, 브론즈나 물감으로 하는 작업의 많은 기교에 대해, 혹은 감정을 위한 감정을 일으키는 어떤 상징을 곰곰이 생각한다. 마스크와 천상체가 조화를 이룰 때, 우리는 정상적 자아와 대립상적 관계에 있는 사랑에 사로잡힌다. 창조심이 둘 중 어느 하나의 결합에 덧붙여지면, 사랑이나 욕망은 행위에서건 예술 작품에서건 통합되거나 객관화된다. 창조심이 영혼에서 분리되면, 거기에는 추상적 사고, 분류 작업, 삼단논법, 숫자, 사실을 정립하는 모든 것이 있게 되고, 그런 사실들을 모두 합친 것이 과학과 상식의 세계이다. 창조심이 영혼에 결합되면, 사실이 아닌 진리, 과학이 아닌 철학이 된다. 원리 단독으로는 사실과 환상을 구분할 수 없다. 프랭크 해리스가 한 말로, 러스킨은 방 끝 쪽에서 고양이 환상을 보고는 그것을 창밖으로 집어던지려고 허리를 구부렸다고 한다. 그 고양이는 집고양이보다 더 의미 있는 형태를 하고 있으면서 마치 어떤 예술가의 작품인 것처럼 모든 고양이의 특성을 보여주었을지도 모른다. 모든 움직임이 영혼과 천상체를 상징하고, 다른 사람들에게도 보이지만—동물이 늘 출몰하는 집이 있다—그 고양이는 어미 고양이에게서 난 새끼도 아니고, 주전자를 뒤엎지도 않았으며, 아직 아무 가치도 없는 사실들의 총합인 연속적 이미지 속에 고정된 자리를 차지한 것도 아니었던 것이다. 가짜 예술은 외피와 정념체가 마스크를 지배한 것이며, 상업 예술은 의지가 마스크를 지배한 것이다. 일반적인 사실주의는 운명체가 지배한 것이며, 나머지도 그런 식이다.

6

선생들은 1, 8, 15, 22상에는 각각 한 달을, 다른 상에는 한 달의 3분의 1씩을 배정하고, 초기 로마력의 일 년처럼 낮이 밤보다 더 길어지기 시작하는 3월에 해당하는 음력 달에 일 년을 시작하라고 했다. 즉,

3월......................15상
4월...............16, 17, 18상
5월...............19, 20, 21상
6월......................22상

등등이다. 왜 3월, 6월 등은 한 개의 상을 차지하고 다른 달들은 세 개의 상을 차지해야 하는지는 모른다. 그것은 분류이지 상징은 아니다. 28상의 바퀴와 열두 달의 바퀴 사이의 관계는, 마치 양력과 음력의 관계가 고대 천문학자들에게 그랬듯이, 상징주의자들에게는 불가해한 것으로 판명이 났다. 나는 자유롭게, 어떤 시기가, 별자리들 사이이건 달의 상에 속해 있건 간에, 그것을 여러 날과 달, 해를 포함하는 단순한 소우주와 같은 것으로 생각하려고 한다. 3월 이데스*에 우리의 상징적, 이상적 해의 첫날인 양자리의 첫 단계를 상징하는 춘분이 온다. 그리고 매달 중간에 별자리가 바뀐다. 두 번째 달 중간, 즉 17상의 중간에 양자리가 황소자리로 바뀌며, 나머지도 그런 식이

*고대 로마력의 15일.

2권 상징의 완성　233

다. 의지는 음력 달로 그 과정을 표시하고, 창조심은 별자리로 표시한다. 거대한 바퀴가 한 달이면 상징은 더 단순한 것 같다. 왜냐하면 음력 주기는 그달의 자연적 상이며, 각 양력 주기는 상의 중간에서 시작하고 끝나기 때문이다.

양력 주기는 일출 때부터 다음 일출 때까지 하루이거나, 3월부터 다음 해 3월까지 한 해이거나, 보름부터 다음 보름 때까지의 한 달이다. 반면에 음력 주기는 일몰 때부터 다음 일몰 때까지의 하루, 9월부터 다음 해 9월까지의 한 해, 그믐밤부터 다음 그믐밤까지 한 달이다. 달리 말하자면, 모든 달 혹은 상은 전체적으로 보아 1상부터 28상까지 움직이는 이중의 소용돌이, 혹은 헤라클레이토스의 말을 빌리면 "서로의 죽음을 살고, 서로의 삶을 죽는", 하나는 양력 다른 하나는 음력인 두 기간이다.

우리가 점성술에서처럼 동쪽을 머리의 상징으로 생각하면, 양력 바퀴의 동쪽에서부터 그어진 대각선은 음력의 동쪽에서부터 그어진 유사한 선과 직각으로 교차할 것이다. 내 선생들이 양력 바퀴의 인간은 수직으로 서는 데 반해, 음력 인간은 자는 사람처럼 수평으로 선다고 말해서 나는 이 사실을 잘 기억하고 있다. 태어날 때부터 다시 환생할 때까지 운행하는 조그만 바퀴들과 소용돌이들이, 28개 시현 바퀴 상징의 일부가 되고 그것을 심안으로 볼 때 혼동하지 않도록, 내 선생들은 '기능들'의 상징과 혼동되지 않는 원뿔을 이 조그만 바퀴들의 '원리들'에 부여하는 것을 선호했다. 지배적인 생각은, 외피는 바퀴의 중심인 구현된 다이몬으로부터 여행을 시작하고, 영혼은 마치 다이몬 너머에서 추진력을 얻는 것처럼 둘레에서 시작한다는 것이다. 이 원뿔들은 바퀴의 중심을 가로질러 기능과 기능

사이를 잇고 있는데, 둘은 밑면이 창조심과 운명체를 잇고 있고, 둘은 꼭짓점이 의지와 마스크 사이를 잇고 있다.

이 도형들 속에서 원리들이 움직이는데, 영혼과 천상체는 다이아몬드의 에이스 같은 도형에서, 외피와 정념체는 모래시계 같은 도형에서 움직인다. 첫 번째 도형은 컴퍼스의 뾰쪽한 두 다리처럼 쉽게 나눠질 수도 있겠지만, 여기에서는 동쪽, 즉 일출이 춘분의 자리를 잡고 황도대의 별자리처럼 나눠지며, 두 번째 도형은 28개 달의 상으로 나누어진다. 영혼과 천상체의 원뿔에서는 단 하나의 가이어만 있는데, 영혼과 천상체의 가이어는 다이아몬드 전체로 나타낸다. 영혼과 천상체의 결합은 오랫동안 가까워지면서 이루어지는데, 가이어가 가장 크게 팽창되었을 때 완성된다. 여기에는 단지 한 개의 가이어만 있는데, 외피는 자신에게 낯선 대상에게로 얼굴을 돌리는 데 반해, 영혼의 대상은 자신과 같은 특성을 갖고 있기 때문이다. 외피의 가이어는 중심(1상)에서 출발하여 호 둘레가 마스크로 표시될 수 있는 8상에 도달하며, 15상을 향해 중심으로 돌아왔다가, 중심을 지나 호 둘레가 의지로 표시될 수 있는 22상으로 갔다가, 중심에서 끝을 맺는다. 외피는 상들로, 영혼은 황도대 별자리들로,* 외피와 정념체는 우에서 좌로 이동하고, 영혼의 유일한 가이어는 좌에서 우로 이동하여 이 운동은 도형의 가장자리에 기록한다. 외피와 정념체는 언제나 반대편에 위치하고 있어

---

*[원주] 내 선생들은 종종 외피와 의지에 그들 나름의 황도대를 부여한다. 이 음력의 황도대는 우에서 좌로 세며, 음력 황도대에서 게자리와 산양자리를 잇는 선은 양력 황도대에서 게자리와 산양자리를 잇는 선을 직각으로 자른다. "음력의 남쪽은 양력의 동쪽이다." 나는 이 논의를 간단하게 하기 위해 이 이야기를 생략했는데, 나중에 다시 논의할 것이다.

서, 외피가 1상에 있으면, 정념체는 15상에 있는 식이 된다. 외피가 15상에 있으면, 영혼은 양자리에서 출발한다. 영혼은 외피가 22상에 있을 때 게자리에, 외피가 1상에 있을 때 천칭자리에 도달한다. 영혼이 바퀴의 가장자리에 있을 때, 외피는 중심에 있다.

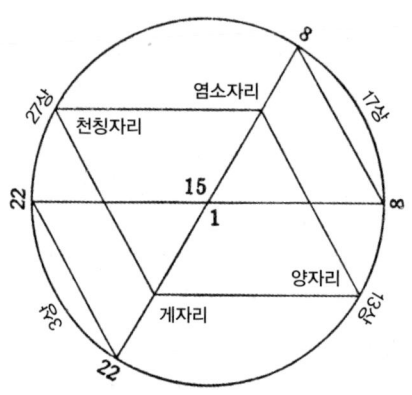

원뿔과 다이아몬드가 겹쳐질 때(옆 페이지 참조), 우리는 이 중 원뿔에 일치하는 단순한 도형을 얻게 된다(101쪽 등). 다이아몬드와 모래시계는 풍차의 날개처럼 축을 중심으로 서로 회전한다. 다이아몬드가 구를 나타내므로 가이어가 최대로 팽창할 때 영혼은 전체 바퀴를 품게 된다. 편의상 우리는 카드놀이의 다이아몬드처럼 다이아몬드를 좁게 만들지만, 그것이 가장 넓게 팽창하면 바퀴가 제13원뿔의 가이어와 만나는 바퀴 둘레와 접한다고 생각해야만 한다. 실제로 가이어는 내내 그 둘레와 만난다. 다이아몬드는 구의 편리한 대용물이고, 모래시계는 서로 만나는 두 개 구의 대용물이다. 바퀴와 관련해 생각하면 다이아몬드와 모래시계는, 하나는 팽창하고 또 하나는 수축하는 두 개의 파동이다. 나는 그것을 맑은 물속에 있는 해파리처럼 볼 수 있다.

앞에 나왔던 그림은 바퀴 위에 있는 의지가 17상을 지날 때 다이아몬드와 모래시계의 위치를 보여준다. 다음 도형은 28상의 바퀴 위에 있는 의지가 15상에 있을 때의 원뿔을 보여준다.

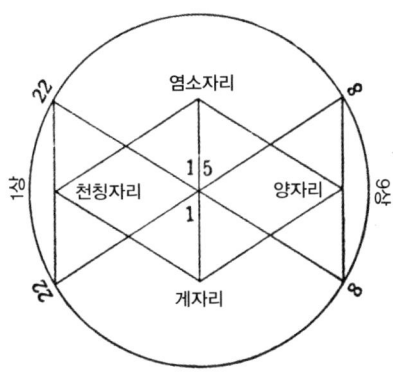

시현 바퀴의 15, 22, 1, 8상에서 원뿔들은 서로 겹친다. 이 가이어들이 열두 달이든 28일이든 그 운동을 완성한다. 그동안 그 둘레에 표시되어 있듯이 의지는 그 상을 완성하고, 그 상이 시작할 때 중심에서 출발한 그들의 외피는 마지막에 그곳으로 돌아온다. 가끔 자동기술 문서는 바퀴 자체를 이 도형으로 대체하는데, 회전하는 원뿔은 내포하는 원뿔 없이 그려져, 대충 다른 것과 관계된 위치로 이 상을 가리킨다. 교신자들은 마치 나중에 이야기할 어떤 상에 대해 기억하려는 듯이, 텍스트와 아무 상관도 없이, 종종 그것을 문서 가장자리나 종이쪽지에 끄적거렸다.

네 기능은 원리들의 원뿔들 내에서도 움직인다. 그들의 이중 소용돌이는 의지(바퀴 둘레에 있는 의지)와 바퀴 중심 사이에 있는 외피와 정념체의 원뿔 한쪽에 겹쳐진다.

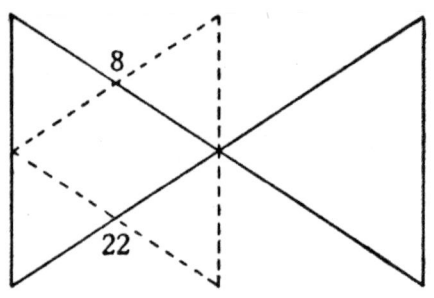

외피가 8상에 도달하면 그들은 15상에 있고, 외피가 15상에 도달하면 그들은 1상에 있다. 의지(바퀴 둘레에 있는 의지)가 한 상의 반을 지나가고 외피가 1상에서 15상까지 지나가면, 기능은 1상에서 28상까지 전체 움직임을 완결한다. 그들의 움직임이 하나의 시현을 나타낼 때는, 완결될 때 사라진다. 그래서 원리는 죽음과 탄생 중간 상태를 규정하며 자리를 잡는다. 영혼 가이어가 양자리에 있을 때 다가오는 죽음은 봄이나 새벽을 상징하며, 영혼 가이어가 천칭자리에 있을 때 다가오는 탄생은 가을이나 일몰을 상징한다. 육체를 가진 생명은 밤이나 겨울이며, 육체가 없는 생명은 낮이나 여름이다.

8

28개 시현의 커다란 바퀴는, 실패 때문에 어떤 상을 반복해야만 하는 일이 생기지 않는다면, 약 2천여 년의 세월이 걸린다. 12개 바퀴나 가이어는 약 2만 6천 년의 단일한 거대 원뿔 혹은 주기를 구성한다. 그러나 이 2만 6천 년의 세월은* 단지 하나의 기준 혹은 편리한 수치일 뿐이며, 전체나 전체의 일부가 많이 줄거나 늘어날 수도 있다. 모든 인간은 한때는 똑같은 속도로 일생을 보낸다고 생각했다. 그래서 모든 사람은 똑같은 순간, 똑같은 상에 있었다. 그러나 점차 어떤 사람은 뒤처지고 또 어떤 사람은 앞서 달리게 되어, 이제는 개인의 일생을 마감하는 해가 생겨났고, 기준이나 평균이 되는 대주기가 개인의 해 가운데 자리하게 된 것이다. 앞으로 고대의 '대주기'에 대해 쓰게 되면 나는 프로클로스**도 똑같은 개념이 있어서 가장 작은 생명체에게도 개별적 해를 부여했다는 사실을 언급할 것이다.

9

헤겔은 아시아를 '자연'과 동일시하며, 문명의 전 과정을 자연

---

*[원주] 내 선생들은 양자리에서 다음 양자리까지 세차 운동을 완성하는 데 필요한 기간을 두고 논의했다. 그것은 에드먼드 스펜서가 《선녀 여왕》 5권 서시와 1~2연에서 묘사한 뒤로 문학 전통의 일부가 되었다. 그러나 내 선생들은 스펜서가 플라톤년〔온 천체가 일주하는 데 소요된다고 생각되었던 기간—옮긴이〕에서 취한 3만 6천 년 대신 근대 천문학의 2만 6천 년을 택했다.
**5세기 그리스의 신플라톤학파 철학자.

으로부터의 도피로 보는데, 그 문명은 그리스에 의해 부분적으로, 기독교에 의해 전적으로 완성되었다. 오이디푸스—그리스—는 스핑크스—자연—의 수수께끼를 풀어서 스핑크스가 절벽에서 몸을 던지게 만들었다. 비록 인간 자신은 무지하고 늘 실수를 저지르는데도 말이다. 나는 헤겔의 정의를 받아들인다. 내 거대 바퀴 도형이 맨 처음 나를 위해 그려졌을 때, 1상에서 15상까지는 모두 옆에 '자연'이라는 글자가 쓰여 있었다. 15상부터 1상까지는 '신'이라는 글자가 쓰여 있었다. 그러나 나는 그의 《역사철학》에서의 자연 묘사를 거부하는데, 그 묘사는 오직 처음 8개 상에만 적용될 수 있는 것으로 보이기 때문이다. 또한 나는 아시아를 그가 보는 것처럼 보지 않는다. 아시아는 기본상적이고 태양과 관련되고, 1상에서만 자연이 된다. 대주기의 바퀴는 상징적 유럽과 상징적 아시아의 결합이며, 전자가 후자에게서 자식을 본 것으로 생각해야 한다.* 3월의 상징적인 만월에 그것이 시작되었을 때, 그리스도 혹은 기독교가 서양을 아버지로 해서 동양에서 태어났다. 이 탄생에는 아시아의 정신적인 우월이 따랐다. 그다음에는 동양을 아버지로 해서 서양에 태어난, 이번에는 엄마를 닮을 시대가 반드시 오게 된다. 2만 6천 년의 해 가운데 각각 2200년의 음력 달은 문명의 기간이며, 이와 유

*〔원주〕《문명의 혁명》에서 플린더스 페트리〔고고학에서 체계적 방법론을 처음 도입한 20세기 영국의 이집트 학자—옮긴이〕는 동양의 상은 유럽의 상보다 500년 앞선다고 말하고 아라비아 문명의 발생과 유럽 문명 몰락의 일치를 주목한다. 나의 체계는 아라비아 문명의 발생과 기독교 문명의 발생은 동일한 현상이라는 것을 함축하는 것 같다. 보티첼리의 일본 평론가가 보여주었듯, 주요한 표현 도구로서 르네상스 이후에 '색조 명도'가 정립될 때까지 유럽 예술은 동양 예술의 영향을 벗어나지 못했다. 그것은 기독교의 쇠퇴와 함께 이루어졌다. 그러나 얼마만큼 내 상징을 문자 그대로 해석해야 할지는 말하기 쉽지 않다.

사한 상징적 길이의* 양력 달은 종교의 시기에 해당한다.

각 양력 달은 양자리의 창조심과 함께 시작하고 끝나는 창조심과 운명체의 주기이다. 각 음력 달은 1상의 의지와 함께 시작하고 끝나는 의지와 마스크의 주기이다. 그러나 자동기술 문서가 보통 그렇듯이, 사람들이 각 문명과 종교 제도는 바로 이전 것과는 정반대라는 사실을 보여주고자 하면, 단일 주기는 두 개의 양력 혹은 음력 달을 구성한다. 예를 들어 고전 문명은―이를테면 기원전 1000년부터 기원후 1000년까지―탄생의 장소인 1상부터 죽음의 장소인 15상까지 의지가 이동하는 것으로 표현되며, 우리 문명은 15상에서 1상으로 이동하는 의지가 이제 거의 중간쯤에 있다. 고대의 상징체계 연구자는 힌두교 상징체계의 어두워지고 밝아지는 두 개의 14일, 즉 달빛이 증가하고 대립상적 문명을 나타내는 14일과 달빛이 감소하고 기본상적 문명을 나타내는 14일을 발견하게 된다. 고전 문명의 음력 달 중심점―거대한 바퀴 위의 양자리 첫 단계―혹은 그 가까이에서, '동굴'에서 태어난 자식인 기독교의 기본상적 제도가 나타났다. 우리 문명의 중심점 혹은 그 가까이에서 '제단'의 요동치는 자식인 대립상적 계시가 나타날 것임이 분명하다.** 음력과 양력의 대립은, 여름은 어두워지는 14일, 겨

---

*[원주] 우리는 같은 길이의 이 기간을 플라톤이 자신의 이상적 인간인 우르인(man of Ur)에게 부여한 같은 길이의 시현에 비유할 수 있다. 3만 6천 년 혹은 360개 시현의 각각의 해를 나중 세대들은 플라톤년과 동일시했다. 플라톤년은 많은 개별적 해에 의해 확정된 평균 혹은 기준이지만, 이상적 인간의 해는 그것에 들어맞을 것이다.
**[원주] 나는 프로베니우스가 아프리카에서 발견한 두 개의 상징을 생각하는 것인데, 하나는 서쪽으로 이동하는 민족의 상징인 '동굴'이며, 다른 하나는 동쪽으로 이동하는 민족의 상징인, 방사형 도로 중앙에 있는 '제단'이다.

울은 밝아지는 14일에 해당한다는 사실로 강조된다.

10

내가 이 상징을 현실에 연관 지으면 여러 가지 환상이 내 마음 속을 스쳐간다. '거대한 바퀴'는 짐승이 인간으로 변하기 전에 수없이, 인간이 땅을 경작하는 법을 익히기 전에 여러 번 회전했다. 아마 현재 주기가 대략 4상이나 5상에 오게 되었을 때, 수렵시대는 농경시대에 자리를 내주었다. 4상이나 5상 혹은 아마 좀 나중에, 모든 역사와 개인적 삶의 상징이며 모든 초기 문명의 기초가 되었던 태양의 일 년 운행에 대한 '성스러운 전설'이 나타났다. 존재의 통합이 가능해진 상에서 아마도 이집트와 수메르 문명이 시작되었을 것이다. 이때 글의 발견으로 진보적이고 의식적이며 지적인 삶이 가능해졌다.

유럽과 아시아의 결합은 지리적인 현실인가? 아마도 그럴지 모르지만, 여전히 상징적 바퀴는 무시간적, 무공간적이다.

역사에서 대립상적인 것과 기본상적인 것의 갈등 혹은 결합을 찾을 때면, 나는 페트리와 슈나이더가 보편적 법칙이라고 말한 종족 간 갈등이나 결합에서 그것을 발견할 수 있다. 동떨어져 살아서 관습의 단일성과 혈통의 순수성을 가진 민족이, 이주나 이민 혹은 정복에 의해 다른 민족과 통합된다. 이 종족도 저 종족도 아닌 종족(새로운 대립상적 종족)이 나타나고, 대략 500년 정도가 지나면 그 종족은 자기만의 독특한 문화나 문명을 만든다. 이 문화는 승리한 어떤 계급에서만 살아 있게 되며, 그다음에는 경찰관과 학교 선생, 제조업자, 박애주의의 문명에 의해 끝나는 혁명기(22상)가 온다. 이것은 종족의 영화(榮華)가 너무도 빨리 끝나는 두 번째 시기이다. 슈나이더는* 중국과 인도에서 각각 두 번씩 꽃을 피운 종족 문명 세 개를 찾았다. 또 마지막 모방 시기를 별개의 문화로 부를 수 있는지는 의심스럽지만 이집트에서 네 개, 그리스인 가운데서 두 개, 로마인 가운데서는 하나와 다른 것의 일부를 발견했다. 그런데 페르시아와 바빌론, 유대에서는 얼마나 되었는지 나는 잊어버렸다. 선생들이 가르쳐준 바로는, 이 모든 문화들은 첫 번째 꽃이 필 때 어떤 아킬레우스적인 것을 달성하고서, 두 번째에서 경건한 아이네아스적인 것을 발견하는데, 이 두 번째 영화에는 어떤 문명도 스스로 획득하지 못한 것을 누릴 수 없기 때문에 소용이 없게 된 유토피아적 꿈이 선행된다. '성인'도 이와 유사한 곤란을 겪는다. 자신의 27상에서 신에게 느끼는 사랑은 전생에 어떤 여인의 가슴에서 찾았던 것이며, 그의 충성과 지혜는 아마도 천 년 전 어떤 나쁜 주인을 섬길 때 생겼던 것일지 모른다. 그것은 인도 음유시인이 신을 여자로, 남편으로, 연인으로, 아이로 노래한 이유이다.

   슈나이더는 그리스를 페르시아의 발전된 형태로, 로마를 그리스의 발전된 형태로 생각한다. 또 수렵시대를 농경시대보다 좋아하는 것은 불가능하다고 생각한다. 반면에 나는 분명히 모든 문명은 최상의 상태일 때 동등하다고 생각한다. 모든 상은 다시 돌아오며, 그러므로 어떤 의미에서 모든 문명도 그렇다.

*[원주] 마거릿 그린이 번역한 헤르만 슈나이더의 《세계문명사》.

나는 수렵시대와 바로 이어지는 시대를, 인간의 깨어 있는 의식이 오늘날의 복합성과 안정성에 도달하지 못했던 시대로 생각한다. 죽음에 대한 두려움이 없어서 때때로 인간은 자기 뜻대로 누워서 죽었고, 신들의 세계는 주신제(酒神祭) 의식을 통해서나 금욕주의자의 무아지경에서 쉽게 탐구할 수 있었다. 환영이 나타났다가 사라지며 비극 가운데서도 위안을 얻었다.

11

사후 세계에 대해 쓸 때를 제외하고는 나는 원리들에 대해 거의 쓰지 않을 것이다. 내 선생들은 기능들에 대해 알려주는데, 기능들만이 인간의 역사에서 분명하고 의식적이라고 했다. 비코는 우리가 역사를 창조하기 때문에 역사를 안다고 말했지만, 자연은 신이 창조했기에 신만이 자연을 알 수 있다.

　이제 나는 내 시 속에, 그리고 아직은 논할 준비가 안 되었지만, 나의 삶에 들어온 상징체계를 자세히 설명해야만 한다. 의지가 16, 17, 18상을 지나고 있을 때, 창조심은 14, 13, 12상을, 즉 양자리에서 황소자리를 지난다. 말하자면 화성과 금성 결합의 영향력 아래 있다.* 반면에 의지가 12, 13, 14상을 지나가고 있을 때, 창조심은 18, 17, 16상을, 혹은 물고기자리로부터 물병자리까지를 지나가고 있다. 말하자면, 목성과 토성 결

---

*〔원주〕 다음 사항은 지금 당장 쓸 목적이 아니라 나중에 그 주제로 다시 돌아가 이 메마른 점성술적인 뼈를 숨 쉬는 생명으로 일깨우기 위해 적어놓은 것이다.

합의 영향력 아래 있다. 그렇게 많은 것을 표현하는 이 두 개의 결합은, 경우에 따라 외향적인 정신과 사랑, 유혹으로서, 스스로 태어난 정신적 통일성, 지적인 흥분에 대한 내향적 지식과 대조된다. 말하자면, 그들은 15상의 신비를 수호하는 전령 같은 지지자들처럼 자리를 잡고 있다. 몇 년 전에 처음 발견하고 느끼는 흥분 속에서 쓴 어떤 시에서 나는, 하나를 스핑크스에, 또 하나를 부처에 비유했다. 나는 부처 대신 예수를 넣어야 했다. 왜냐하면 내 선생들이 부처는 목성과 토성 결합의 영향력이라고 했기 때문이다.

내 비록 마음의 눈으로 이 모든 것을 보았지만
죽는 날까지 이보다 더 확실한 것은 없다네.
나는 달빛 아래서 보았네
지금은 15상 보름밤.

하나가 자기 꼬리를 흔들었네. 달빛에 빛나는 두 눈은
알려진 삼라만상, 미지의 삼라만상을 응시했네,
지성의 승리감에
흔들림 없이 머리를 꼿꼿이 세운 채.

다른 하나의 달빛에 빛나는 눈동자는 꼼짝하지 않고
자비를 받는 삼라만상, 자비를 받지 못하는 삼라만상에 고정했네,
그러나 마음이 편하지 못하네,
자비를 베푸는 사람은 슬프니까.*

12

어떤 종교 제도가 15상에서 시작되고 끝날 때, 화성과 금성의 결합은 시작을 지배하고 토성과 목성의 결합은 끝을 지배한다. 그렇게 지배받는 상의 무리는 존재의 통합이 가능한 곳이다. 기본상적 제도를 지배하는 흐름은 그 제도 자체가 시작된 조금 뒤에, 아마도 16상에서 오고, 대립상적 제도를 지배하는 흐름은 앞선 기본상적 제도가 끝나기 상당히 이전에, 말하자면 26상에서 온다. 그것은 새로운 생명이 터져 나오는 것이라기보다 오래된 지성이 생기를 띠는 것이라 할 수 있다. 그러므로 기본상적 계시는 화성과 금성 결합의 영향력 아래에서, 대립상적 계시는 토성과 목성 결합의 영향력 아래에서 시작한다.

13

국가와 문화, 사상 유파들은 그들 자체의 다이몬이 있을지 모른다. 이 다이몬은 개별적 남자와 여자처럼 '대주기'를 통과할 것이다. 남자와 여자를 자기네 몸처럼 사용해서 자기 뜻대로 이 몸들을 모으고 흩어지게 한다. 라이프니츠의 논리적 모나드**는 나의 인식론적 다이몬을 약간 닮았는데, 그는 각 남자

---

*예이츠의 시 〈마이클 로바츠의 이중 비전〉 2부의 일부. 15상 보름은 완전한 주관의 상태로, 예이츠는 여기에서 완전한 자아실현을 이룬 두 존재, 스핑크스와 부처를 등장시키고 있다. 둘째 연의 '하나'는 지성과 서양을 대표하는 스핑크스를, 셋째 연의 '다른 하나'는 자비와 동양을 대표하는 부처를 가리킨다.
**라이프니츠가 말한 존재의 궁극적 단위.

와 여자의 모나드들보다 훨씬 더 크고 많은 모나드들이 틀림없이 존재한다고 생각했다. 라이어넬 존슨은 "그는 천사들에 따라 자기 나라 국경을 정했다"라고 아레오파고스의 디오니시오스*의 말을 인용하기를 좋아했지만, 스베덴보리는 모든 천사가 한때는 인간이었다고 생각했다.

14

열두 달 혹은 열두 순환 주기는 바퀴가 아니라 점점 확대되는 하나의 원뿔이라고 생각할 수 있다. 이것에 역시 열두 순환 주기 혹은 열두 달로 나뉘는 것으로 생각되는 또 다른 원뿔이 대립한다. 각 원뿔 바닥의 중심에 다른 원뿔의 꼭지가 있으므로 이중의 소용돌이를 다시 한 번 확인할 수 있다. 두 번째 원뿔의 열두 순환 주기나 열두 달은 첫 달이 첫 번째 원뿔의 마지막 달이 되고, 한 원뿔의 여름이 다른 원뿔의 겨울이 되도록 숫자가 매겨진다. 그 체계 속에서는 한 원뿔이 다른 원뿔을 정확히 닮았다. 1상부터 15상까지의 변화는, 그것을 한 달이라 부르든 여섯 달이라 부르든, 열두 달이라 부르든 혹은 어떤 개인의 일생이라 부르든, 언제나 15상부터 1상까지의 변화와 반대로 겹친다. 그리고 우리가 그 원뿔을 환생한 존재의 원뿔로 생각하든 아직 환생하지 못한 존재의 원뿔로 생각하든, 외피나 의지의 가이어는 똑같은 사계절의 대립으로** 영혼 혹은 창조심의 가이

*1세기 아테네의 기독교 신비주의 철학자.

어를 가른다. 미래로 돌진해가는 존재는 과거로 돌진하는 존재를 지나가고, 머리끝에서 발끝까지 발끝에서 머리끝까지 두 개의 발자국은 영원히 서로를 지운다.

기능들과 원리들을 구분하는 대신, 논의를 단순화하고자 나는 확대되는 현재 원뿔 속의 가이어를 전체 인간의 생애로 생각하고, 대조되는 원뿔을 대립의 다른 반쪽, '영적 객관체'로 생각할 것이다. 비록 확대되는 원뿔의 첫 달에 있을지라도 우리는 다른 원뿔의 열두 번째 달에 있는 것이고, 두 번째에 있을 때는 다른 원뿔의 열한 번째에 있는 식이다. 우리 것에 상응하는 다른 원뿔의 달을 내 선생들은 언제나 제13순환 주기 혹은 모든 달은 원뿔이기 때문에 제13원뿔로 부른다. 그것은 우리를 시간과 공간의 제12순환 주기에서 해방해줄 순환 주기이다. 정(正)에 대한 반(反)으로 생각하는 한, 우리의 원뿔을 분할하는 원뿔은 하나의 원뿔이 되지만, 해방의 때가 오면 그것은 종종 '제13구'라 불리는 상이 없는 구가 된다. 왜냐하면 모든 작은 순환 주기는 그 자체 내에 마지막 구원의 그림자 혹은 전령인 구를 포함하고 있기 때문이다. 그 속에 해방된 모든 영혼과 다이몬과 영적 자아가 산다. 우리의 확대되는 원뿔은 그 가이어를 횡으로 자르고, 영적인 흐름은 그 둘레에서 오며 살아 있는 생명은 그

[원주] 어떤 시골 사람이 11월에 요정의 양들이 우는 소리를 듣고, 어떤 영웅담에서 한겨울에 피는 초자연적인 꽃에 관해 읽었다고 말했을 때, 나는 이 계절의 대립을 발견했다. 나는 자신을 속이고 있었을지 모르는데, 만일 그랬다면 내 극《모래시계》의 첫 구절은 나도 모르게 따온 것이다. "오늘 내가 제자들에게 설명할 구절이 어디 있지? 여기 있군. 그런데 책에 나온 말로는 그건 거지가 바빌론 성벽에 쓴 것이야. '세상에는 두 개의 살아 있는 나라가 있는데, 하나는 보이는 것이고 다른 하나는 보이지 않는 것이지. 우리가 겨울이면 그 나라는 여름이고, 동짓달 찬바람이 우리에게 몰아칠 때 거기는 양이 새끼를 낳는 계절이지.'"

중심에서 온다. 아스클레피오스 대화에서 헤르메스는 말한다. "영원성 역시 그 자체는 움직이지 않지만 움직이는 것처럼 보인다." 셀리의 '마왕'―영원성―이 지구 중심에서 나올 때 그렇게 오는 것은 셀리가 지구로 그런 구를 대치했기 때문이다.*

15

이 모든 상징은 남자와 여자의 관계와 아이들 탄생의 상징으로 생각할 수 있다. 우리는 대립상적, 기본상적 원뿔 혹은 바퀴를 한 번은 남자가, 한 번은 여자가 지배하는 것으로 생각할 수 있다. 15상 혹은 동쪽에서 태어난 아이는 1상에 있는 아버지 혹은 서쪽에서 기본상적 성격을 얻는 것으로, 1상 혹은 서쪽에서 태어난 아이는 15상에 있는 아버지 혹은 동쪽에서 대립상적 성격을 얻는 식으로, 남자와 여자는 교대로 서쪽이나 동쪽이 된다. 이를테면 토성과 목성 혹은 화성과 금성에 의해 봉인된 그런 상징적인 아이들은 자신의 순환 주기가 마지막 사분기에 들어갈 때 모친의 것을 벗어던지고 자신의 진정한 성격을 내보인다. 우리는 바퀴를 교차하는 감정으로 생각할 수 있으며, 여성의 힘은 상징적 동쪽 혹은 양자리에서 시작하고 창조심에 자리를 잡은 것으로 볼 수 있다. 그리고 남자의 힘은 의지에 자리를 잡고 창조심이 천칭자리 혹은 그 운행 중간에 있고 의지가 1상

* [원주] 내가 젊었을 때 사람들이 생각하는 이상으로 철학적이었던 셸리는 필시 파르메니데스가 본질을 움직이지 않는 구로 표현했다는 것을 알았을 것이다. 셸리 여사는 〈사슬에서 풀린 프로메테우스〉의 "신비로운 의미"는 "셸리처럼 섬세한 정신의 소유자"만 알 수 있는 것이라고 말한다.

(블레이크의 〈정신 여행자〉)에 있을 때 서쪽에서 시작하는 것으로 생각할 수 있다. 바퀴를 단일한 운명에 의해 서로 묶여 있는 상징적 아이들의 탄생에 대한 표현으로 생각한다. 그러면 우리는 그리스도와 요한의 생애를 기독교 연보에서 상징하는 것과 같이 재창조할 수 있다. 그리스도는 봄에 잉태되고 한겨울에 탄생했으며 기쁨 속에서 잉태되고 슬픔 속에서 탄생했다. 요한은 가을에 잉태되고 한여름에 탄생했으며 슬픔 속에서 잉태되고 기쁨 속에서 탄생한 것으로 볼 수 있다. 코번트리 팻모어는 그리스도를 초자연적인 사랑으로, 요한을 자연적인 사랑으로 부르는 교회의 권위를 주장하며, 레오나르도가 디오니시오스를 요한처럼, 요한을 디오니시오스처럼 그린 것을 보고 기뻐했다. 그러나 이 얘기를 더 할 필요는 없을 것 같다. 왜냐하면 이 책의 모든 상징체계는 잉태와 탄생에 적용되고, 모든 것은 시간과 공간 속에서 나눠지고 증가되는 단일한 형태이기 때문이다.

플라톤의 《공화국》에는, 바른 부모가 바른 자식을 잉태하는 것을 확실히 하기 위해 주도적 철학자들이 채택한 방법을 제시하고 감추기 위한 어떤 숫자, 어떤 모호한 계산법이 있으며, 이 숫자와 계산법이 잊히면 공화국이 몰락할 거라는 예언이 있다. 최근에 나온 권위서인 테일러의 《플라톤》은 이런 계산의 기초가 되는 '황금숫자'는 필시 3만 6천 년 혹은 하루가 100년인 태음력 360일이라고 생각한다. 이날들 혹은 시현들을, 상징적 인간이 다른 플라톤년의 기간에 그러하듯이, 번갈아 늙어가고 젊어지는 기간으로 생각한다면, 나에게는 다른 길이와 숫자를 가진 12순환 주기의 '거대한 바퀴'가 있다. 플라톤은 모든 기간을 똑같은 길이로 한 이상적인 해를 이야기로 옮기며 자신이 신화를 다룬다는 점을 우리에게 상기해주었을지 모른다. 그러나 내 선생들은, 이를테면 제7순환 주기의 남자가 제6순환 주기의 여자와 결혼하면 어떤 유형의 아이를 낳게 될 것이며, 이 유형은 나아가 상에 의해 그리고 출생 시간과 장소에 따른 아이의 위치—이 위치는 그 자체가 순환 주기와 상의 상호작용을 표현한 것에 불과한데—에 의해 수정된다고 주장한다. 나는 그렇지 못하지만, 언젠가 어떤 수학자가 질문하고 이해해서 이 모든 것을 확정지을 수 있을까, 아니면 나 역시 신화에서 그것을 다룬 것일까?

16

내 선생들이 여자를 어머니로서 보기보다 남자의 목표와 한계로 보면, 그들은 여자를 욕망의 대상과 사고의 대상인 마스크와 운명체를 상징하는 것으로, 후자가 파괴하는 것을 전자가 영원히 재발견하는 것으로 보는 것이다. 이것은 어떤 사람이 친구와 적을 발견하는 별자리의 제7궁이다. 그들은 이 이중 대립을 의지와 창조심에 영원히 대립되게 했다. 3권에서 나는 이 상징체계로 다시 돌아갈 것인데, 아마도 내가 사용한 어떤 상징체계보다 블레이크의 〈정신 여행자〉를 잘 설명해줄 것이다.

17

지금까지 나는 단일 구조 속에서 통합되기 때문에 기계적으로 보이는 많은 상징을 설명해왔다. 그중 대다수가 언제나 똑같은 이야기를 한다는 이유로 불필요해 보일지도 모르겠다. 그러나 모든 상징은, 광범위한 시간 속에 있어서 우리의 경험 너머에 있는 경우를 제외하고는, 내게 인간 운명의 형태를 상기해주었다. 마치 나 자신의 형상이 거울로 가득한 방에 나타나는 것처럼, 그 형태는 일단 상기되기만 하면 단 하나의 운명만이 있듯이 도처에 나타났다. 곧 설명하겠지만, 죽은 뒤 아직 환생하기 전 어떤 순간에, 옛 전설이 '몸을 바꾸는 자들'이라고 불렀던 존재를 발견할 때, 유럽 역사의 한순간, 전제에서 판단으로 넘어가는 모든 정신, 온 과정을 다 거치는 모든 사랑의 순간을 보여주는 것이다. 교황 비오 11세는 한 회칙에서, 남자와 여자의 자연스러운 결합은 일종의 성스러움을 지닌다고 말했다. 분명히 그는 그리스도와 교회의 합일을 생각했겠지만, 나는 그 속에서 대립이 해결되는 영원한 순간의 상징을 본다. 그것 자체는 해결이 아니다. 드라이든이 번역한 루크레티우스에는, 그의 적 콜리어를 아주 수치스럽게 한 결정적인 구절이 있다.

18

내 선생들은 의식을 지식이 아닌 갈등과 동일시하고, 주체와 객체, 그에 따른 논리 대신에 조화를 위한, 존재의 통합을 위한 투쟁을 택한다. 논리적, 정서적 갈등은 똑같이 구체적이고 감각적이고 육체적인 현실을 향한다. 내 상상력은 한동안 '거대한 체계'를 중얼거리며, 햇볕에 마른 새들의 뼈를 내민 형상에 사로잡히게 했다. 이 이미지는 내 생각을 살아 있는 새에게 향하게 하는 것처럼 보였다. 그 새는 먹고, 배설하고, 둥지를 틀고, 새끼를 낳고, 새끼에게 먹이를 줄 때 진리를 상징하는데, 이해할 수 있는 진리란 모두 알에서 죽음에 이르는 과정에 있지 않은가? 일본 승려들이 쓴 열반에 이르는 길에 관한 구절과 인도 사람이 쓴 한 구절이 내 마음속에 떠오른다. "나는 산기슭에 앉아서 작은 밭을 바라보네. 늙은 농부에게 '당신은 몇 번이나 밭을 저당 잡혔다가 빚을 갚았소?'라고 묻네. 골풀이 살랑대는 소리가 즐겁네." "젊은이는 더는 구름처럼 피어오르는 달콤한 향내 속에서 수놓은 휘장을 젖히고 나오지 않네. 그는 친구들과도 노닐고, 피리 연주자들과도 어울리지만, 근사한 일이 생기면 애인에게만 얘기할 수 있을 뿐." "자네가 내 종교를 물으니, 자네의 주둥이를 때릴 수밖에." "아! 아! 번개가 하늘을 가로지르네. 하늘 끝에서 끝까지 지나가네. 아! 아!"*

---

*[원주] 내가 기억하는 이 구절과 훌륭하고 흥미로운 자주키[현대 일본의 불교학자이며 사학자인 스즈키 다이세쓰를 말한다—옮긴이]의 《선불교》 원본을 비교해보니, 내가 기억한 구절이 여기저기 듣기 좋은 단어로 바꾼 것을 제외하고는 정확했다.

3권
영혼의 심판

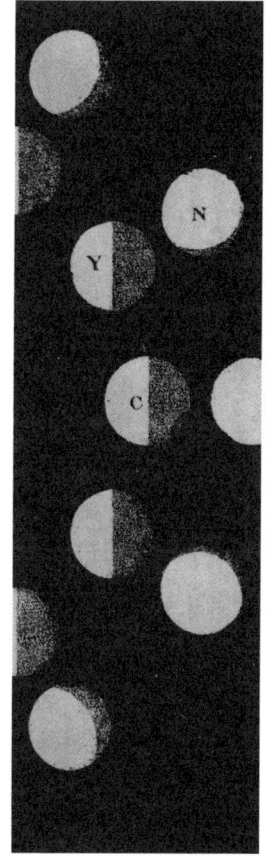

1

《해변의 묘지》에서 폴 발레리는 바닷가의 묘지를 묘사하는데, 어린 시절 알았던 어떤 장소에 대한 회상이라고 한 주석자는 설명한다. 한낮의 빛은 변함없고 완전하며, 바다에 비친 반영은 "영원한 원인이 낳은 순수한 작품들"이다. 바다는 덧없는 삶의 물거품으로 부서지고, 죽은 자들의 비석은 말하자면 빛의 편이 되어, 비문과 새겨진 천사들로 시인 자신이 빛이라고 설득하지만, 시인은 설복되지 않는다. 벌레는 죽은 자뿐만 아니라 자기 사랑으로, 자기 혐오로 혹은 무어라 부르든지, 살아 있는 자들 또한 삼킨다. 그러고 나서 통렬한 몇 개 연을 지나, 내가 깊이 감동을 받은 그때, 그는 나를 싸늘하게 만든다. 그렇게도 많은 개혁가를 만나고, 구제 방법이 없는 것은 무엇이든 거부하는 것을 훌륭한 매너의 일부로 배웠던 이 대도시인은 "잔인한 제논이여! 엘레아의 제논이여!"라고 외치며, 거북이와 아킬레우스의 문제는 만물이 덧없이 흘러감을 암시한다는 이유로 비판하고, 대단히 웅변적인 어떤 구절에서는 인생이 덧없이 흘러갈 수밖에 없음을 기뻐한다.* 나는 발레리의 시를 나의 성스러운 책들 가운데 포함시키려 했지만, 지금은 그럴 수 없다. 그를 믿지 않기 때문이다. 나는 몇 년 전으로 거슬러 올라가, 노르망디 해변에서 자신이 직접 작사 작곡한 노래를 부르던 어여쁜 소녀를 기억한다. 소녀는 자신이 혼자라고 생각했고, 바닷물과 모래가 만나는 곳에 맨발로 서서 고개를 쳐들고, 왔다가 사라지는 문명에 대해 노래했다. 그 노래의 각 연은 "오! 주여, 무엇이라도 남아 있게 하소서"라는 절규로 끝났다.

2

나는 대도시 시인과 노래하는 소녀가 없는 시대를 상상할 수 없다. 비록 우파니샤드 철학이—누군가 이미 그녀에게 피라미드**를 준 상태였는데—그 소녀에게 전수된 것이라고 확신하지만 말이다.

어떤 우파니샤드 책은 영혼의 세 가지 상태인 깨어 있는 상태, 꿈꾸는 상태, 꿈이 없는 잠의 상태를 묘사하며, 인간은 매일 밤, 그리고 죽을 때, 깨어 있는 상태에서 꿈꾸는 상태를 지나 꿈이 없는 잠의 상태를 거친다고 말한다. 꿈이 없는 잠은, 우리가 어떤 것을 좋아하느냐에 따라, 순수한 빛의 상태가 되

---

*〔원주〕브래들리 교수 또한 자신은 아내나 정부의 임종을 지켜볼 수 있지만, 육체와 영혼의 불멸은 바랄 수 없다고 생각했다. 그는 개인의 불멸과 자신의 절대적 이상주의의 형태를 조화시키기가 어려운 것을 알았고, 그 밖에 평범한 마음을 지닌 사람—교만하고 활기 없는 인간—을 증오했다.
**이집트 철학을 말한다.

기도 하고 완전한 어둠의 상태가 되기도 하며, 꿈속에서 "영혼은 스스로 빛의 역할을 한다." "거기에는 마차도, 말도, 도로도 없고, 단지 스스로 그것들을 만든다."

3

영혼은 그런 변하는 이미지가 아니라—《해변의 묘지》에서처럼 고대 사상에서는 바다로 상징되지만*—빛**이며, 그것이 느끼고 경험했던 모든 것을 마지막에 자신에게로, 자신의 변함없는 순수성으로 되돌려놓는다. 나는 이 고대의 일반화는, 하나의 '분리된 영혼' 즉 유령과 밤의 꿈 사이의 유사점을 보는 한, 한때는 하나의 보편적 믿음이었다고 확신한다. 그 이유는 그것이나 혹은 그것에 기초한 어떤 관습을 도처에서 발견하기 때문이다. 분명히 나는 그것을 옛 아일랜드 문학과 현대 아일랜드의 민담, 일본극, 스베덴보리, 살아 있는 자들이 죽은 자들의 상상력을 도울 수 있다는 믿음이 동반되는 영적 현상에서 발견한다. 도너레일 근처에 사는 어떤 농부가 죽은 숙모가 알몸으로 나타나 누군가 자기 치수에 맞는 옷을 만들어 자기 이름으로 가난한 여인에게 주지 않으면 다른 영혼과 돌아다닐 수 없노라고 불평했다는 이야기를 언젠가 내게 한 적이 있다. 숙모의 소원을 들어주자, 옷을 입고 나타나 감사를 표했다고 한다. 언젠

---

* [원주] 나는 마음속 이미지들의 생성은 물에서 나온다고 쓴 사람은 포르피리[3세기 말 활동한 신플라톤주의 철학자, 플로티노스의 제자—옮긴이]였다고 생각한다.
** [원주] 나의 상징체계에서는 햇빛, 지적 빛이지 달빛, 지각을 뜻하지 않는다.

가 내가 쿨 파크에 갔을 때 어떤 노인이 그곳에 와서는, 윌리엄 그레고리 경의 혼령이 소매가 해진 옷을 입고 있으니 그의 이름으로 거지한테 외투 한 벌을 줘야 한다고 말했다. 서인도 제도에서 여러 해를 보내고 귀국한 어떤 사람이 언젠가 다른 사람들도 있는 자리에서 나에게, 자기가 알던 어떤 여인의 혼령이 자기가 생전 보지도 못한 옷을 입고 나타났는데, 나중에 알고 보니 자기가 영국에 없던 사이에 그린 그녀의 초상화 속 옷과 똑같더라는 얘기를 했다. 내가 이런 얘기를 사용해서 고대의 무덤에 묻혀 있는 모든 집 모형과 배, 무기, 노예, 그 모든 초상화와 조각상을 해석하면 안 될까?

몇 년 전 런던의 심령술사들이, 죽은 아이들의 이름을 하나하나 쓴 선물들로 크리스마스트리를 장식하고 크리스마스날 밤에 어둠 속에 앉아 있을 때, 트리에서 선물들을 집어 내리는 어른의 목소리와 선물을 받고 환호하는 아이들의 목소리를 들었다. 그러나 선물들은 여전히 트리에 매달려 있었다. 그래서 다음 날 한 병원으로 그 선물들을 다 보냈다. 이보다 더 이집트적이며 아시리아적인 것이 어디 있으랴. 필히 옷은 죽은 이의 이름으로 줘야 하며, 초상화는 혼령의 초상화여야 하며, 아이들을 위한 선물은 그저 매달려 있기보다는 반드시 기증해야만 한다. 꿈속에서 우리는, 깨어 있을 때 시작했던 것이나 깨어 있는 자가 제안하는 것을 완성한다. 나는 만행하는 스님에게 혼례식을 부탁하는 일본극에 나오는 두 연인 혼령을 생각한다. 이와 비슷한 목적으로 애런에 있는 가톨릭 신부에게 나타난 두 혼령을 기억한다. 또 사후에 어떤 노인과 결혼하리라 약속했지만 자신이 의도하지 않아도 할 수 있을 것이기 때문에 혼령들에 의해 약속을 철회하도록 강요당한 젊은 영매를 생각한다. 햄릿을 연기하다가 죽으면 사후에 햄릿이 되기 때문에 자신은 연기하기가 싫다고 배우 플로런스 파에게 말했던 어떤 인도 사람을 생각한다. 반면, 강령회에서 한 영혼이 다른 영혼을 만나 생전에 저지른 일에 대해 용서를 구할 수도 있는데(항상 허락되는 것은 아니지만), 한번은 어떤 죽은 '자비의 성모 동정회' 소속 수녀의 요청에 따라 크림 반도에서 그녀가 모셨던 수녀원장이 살다가 죽은 곳을 찾아냈다. 그녀는 다시 와서 나에게 고맙다고 했다. 나는 신심이 덜한 사람이라 그녀의 상태를 완전히 공유할 순 없었지만, 그들의 생을 연결해주었기에 그녀는 수녀원장이 있던 곳을 거기에서 찾아냈던 것이다. 나는 몽유병자의 침대 곁에 앉아 있는 것처럼 그 악몽을 얘기했었다.

4

《만두캬 우파니샤드》*는 꿈을 꾸지 않는 수면 상태에서가 아닌 명상과 각성 상태에서 도달할 수 있는 제4의 상태를 묘사한다. 그것에 도달하는 사람에게 순수한 빛인 제4의 상태는, 고대의 상징체계가 입증하듯, 영혼이 복된 사자(死者)들과 결합되는 상태이다.

우리는 더는 우리 자신과 다른 사람의 꿈으로 아직 정화되지 않은 죽은 자들을 발견할 수 없기에, 또 자유로운 상태에 있

---

*우파니샤드 경전 중 가장 짧은 것으로, '옴'과, 인간이 깨어 있고 잠을 자고 꿈을 꾸는 세 가지 심리 상태, 초월적 깨달음의 제4의 상태 등을 설명하고 있다.

는 자들을 명상을 통해 발견하지 않기에, 우리가 잉태되기 전에 어떤 존재였고 막 매장된 뒤에 어떤 존재가 될 것인지 알고 싶을 때 종교는 무신론자에게 대답하지 못하며, 철학은 첫 번째 원인이나 궁극적 목적에 대해 말한다.

5

죽음과 재생 사이의 기간은 양자리와 천칭자리 사이에 있는 여섯 양력 달에 유사한 상태로 나뉜다.* 첫 번째 상태는 '친족에 대한 환상'이라 불리는, 외피와 정념체를 통해 우리와 연결되어 있는 모든 사람에 대한 환상이다. 죽는 순간 나타나는 환영은 이 환상의 일부로, 사라지기 전의 외피를 구성하는 모든 충동과 이미지의 통합체이다. 여기에는 '명상'이 따르며, 거대한 바퀴 위에 있는 '신성의 정서'라 불리는 것에 상응하고, 영혼과 천상체가 나타난다. 영혼은 천상체를 처음 보고 이해하게 되지만, 그러기 위해서는 시현들의 도움이 필요하다. 그것들 없이는 언어도 없고 의지도 없는 것이 되기 때문이다. 명상 중** 외

---

*〔원주〕그것들은 원리들의 바퀴와 직각을 이루는 기능들의 바퀴에서 22상, 23, 24, 25상, 26, 27, 28상에 대충 상응한다.
**〔원주〕어떤 자동기술 문서는 이 명상이 매장 때까지 지속되며, 매장 의식과 친구, 문상객의 생각으로 강해진다고 묘사하고 있다. 나는 이 얘기를 책에서 뺐는데, 그것이 상징에서 필연적으로 추론된 것이라기보다 증명할 수 없는 경험의 진술처럼 보였기 때문이다. 그 의미는 의심할 바 없이 제식을 통해 육신을 떠나보내는 것은 영혼이 외피에서 분리되는 것을 상징한다는 것이다. 또 다른 자동기술 문서는 사람이 죽을 때 영혼은 머리에서, 천상체는 발에서, 정념체는 성기에서 나오지만, 외피는 육신(객관적으로 본 외피 그 자체) 속에 웅크리고, 육신과 같은 모양을 취한다고 쓰고 있다. 영혼은 죽은 육신에서 잠으로부터 깨어나는 것으로 묘사된다.

피와 정념체는 사라지지만, 마스크와 의지는 기본상들에서 그러하듯이 자신들의 그림자와 같은 것들 속에서 계속 지속될 수도 있다. 만일 외피가 그렇게 지속되면, 영혼은 계속 기쁨과 고통을 느끼며, 살아 있는 사람의 사라져가는 왜곡된 상으로 남아, 아마도 어떤 위험한 서큐버스나 인큐버스로서 다른 사람들의 감각과 신경조직을 통해 살아남게 된다. 만일 어떤 엄청난 동물적 자기중심주의가 있어서 비극의 순간에 힘을 얻으면, 그 외피는 몇백 년이고 살아남아, 제사 때나 전생과 연결되어 있는 어떤 비상하게 예민한 사람 하나나 여럿에 의해, 어떤 생명체로 들어갈 수도 있고, 영혼과 합쳐지기도 한다.

육신을 벗어난 세 번째 상태는, 내가 곧 설명할 상태인데, 그것은 인간의 형상을 거부하고 자신의 상태를 상징하는 전생의 사회적 혹은 종교적 전통에서 어떤 모습을 취할 수도 있다. 리프 성은 내란 때 불타서 무너진 채 현재도 폐허로 남아 있지만, 소위 어떤 악령이 짧은 다리와 썩어가는 인간의 머리를 가진 양의 모습을 한 채 아직도 출몰한다. 내 생각으로는 과장된 외피를 가지고 있고 종교적 상징에 익숙하며, 죽는 순간 두 가지 감정, 말하자면 육신이 썩는 것에 대한 공포심과 비참한 종교적 비하 사이에서 찢긴 어떤 사람이 이 형상에 자신을 투사한 것이 아닌가 생각한다. 만일 정념체가 사라지지 않는다면, 영혼은 오랜 시간이 지나고서 과거에 대한 고통스러운 꿈을 꾼 뒤에야 천상체를 발견하게 될 것이다. 그런 꿈 때문에 두 번째 상태는 종종 '전생 꿈꾸기'라고 부른다. 만일 죽음이 격렬했거나 비극적이었다면, 영혼은 몇 세대 동안 정념체에 달라붙을 수도 있다. 말다툼하다가 살해된 도박꾼은 자기 돈을 달라고 할 수도 있고,* 죽으면 모든 게 끝이라고 믿은 사람은 자신이 시체로 썩어가는 것을 볼 수도 있다.** 또한 죽은 애인의 혼령이 거울 따위에 비치는 것을 이승 사람이 보지 말라는 법도 없다. 데이비스의 시에서처럼, 자신을 보는 사람이 없다고 생각하고 얼굴에 분을 바르는 애인의 모습을 말이다.***

그녀가 무덤에 들어간 첫날 밤,
거울을 들여다보았더니
그녀가 침대 위에 똑바로 앉아 있는 게 보였네.
아무 소리도 없이.
그녀는 손으로 침대보를 더듬어
분통을 끄집어냈네.

그녀는 앉아서 내내 나를 지켜보았고
나는 무서워 눈길을 외면했네.
나는 그녀가 빨리도 썩어가는 자기 시신의
뺨과 턱에 분을 바르는 걸 보았네.
그러고 나서 내 여인은 몸을 눕히고 미소를 지었네.
그녀는 자기 아름다움이 생전대로라고 생각하고 있었네, 가엽게도.

*〔원주〕 고 애이브러햄 윌러스 박사는 영매 한 사람을 귀신이 나오는 집에 데려가서 바로 그런 유령과 대화했다고 내게 말했다. 나중에 그는 대략 1770년 무렵의 《연감》에서 그 집에서 있었던 그런 싸움에 관한 기록을 찾아냈다.
**〔원주〕 나는 이런 예를 몇 년 전에 보았는데, 아주 신빙성이 있어 보였다.
***〔원주〕 내가 여기에 인용하지 않은 연에서, 데이비스가 알 수 없는 이유로 '그대'를 '너'로 바꾸지 않았더라도, 이 시는 영어로 된 가장 애절한 시 가운데 하나일 것이다.

6

두 번째 상태인,* 황소자리의 진짜 이름은 '회귀'이며, 그것의 목적은 자연으로 생각되는 정념체와 쾌락과 고통으로 생각되는 외피에서 영혼이 분리되는 것이다. 전생 꿈꾸기 과정에서 영혼은 자신에게 가장 감동적이었던 사건을 거듭해서 되살리게 돼 있다. 거기에는 새로운 것은 있을 수 없지만, 오래된 사건은 동반했던 감정의 강렬한 정도에 따라 희미하거나 밝은 빛 속으로 나온다. 그것은 강렬한 정도나 밝기 순으로 나타나는데, 더 강렬할수록 먼저 나오며, 보통은 고통스러운 것이 더 강렬하고 자꾸 반복된다. 반면에 회귀 과정에서는, 영혼은 전생의 사건을 일어났던 순서대로 되살릴 수밖에 없는데, 그 이유는 모든 열정적 사건의 원인을 추적해서 마침내 모든 것이 연관되고 이해되며 지식이 되고 자신의 일부가 되도록 천상체가 강요하기 때문이다. 영혼을 자유롭지 못하게 하는 모든 것은, 풀리도록 돼 있는 매듭이나, 평정으로 돌아가는 과정에서 끝나게 되는 동요나 격렬함으로 비유할 수 있다. 나는, 손에 활을 잡은 채 밤을 지새우는 헤라클레스와 신들 가운데 행복한 신, 자유롭게 된 영혼 헤라클레스를 대조한 호메로스를 떠올린다. 나는 그것을 윌리엄 모리스의 번역을 보며 생각한다.

> 그리고 이들이 지나갈 때 나는 강력한 헤라클레스를 보았네,
> 진정 그의 모습을. 왜냐하면 불멸의 신들 가운데서 그는

---

*[원주] 기능들의 바퀴에서 대략 23, 24, 25상.

연회석에 앉아 즐거워하며, 아름다운 발목을 가진 헤베 여신을 안고 있기에,

강력한 제우스와 황금 신발을 신은 헤라의 딸을.

전생 꿈꾸기 과정에서 어떤 사건에 갇히고 난 뒤에는, 영혼은 회귀 과정에서 다시 반복하며 그것을 지식으로 바꾼 뒤, 다시 한 번 전생 꿈꾸기 과정으로 들어간다. 영혼은 정념체 속에서 구체적 사건을 발견하지만, 그것은 외피와 정념체가 사라질 때 기능이 사라졌기 때문에, 어떤 시현의 정신에서 그 드라마의 이름과 대사를 획득해야 한다. 그것이 이 일을 할 수 있는 까닭은 모든 정신이 우리의 무의식 속에 살거나, 혹은 스베덴보리가 말했듯이 우리 꿈의 등장인물이기 때문이다.* 사람들은 유령들이 생전에 살았던 장소에 출몰한다고 생각하는데, 이는 모든 나라의 문학에 다 나오는 얘기이며,** 일본 전통 연극 노(能)의 주제이기도 하다. 그 유령들은 영혼과 정념체가 결합될 때만 보이지만, 끊임없이 반복해서 나타나다가, 마침내 영혼에

---

*〔원주〕내 선생들이 언젠가 말하기를, 어떤 환경에서 영혼은 다른 죽은 자들의 외피에서 언어의 형태로 그런 것들에 대한 지식을 끌어낼 수 있지만, 그것은 외피가 자기들의 영혼에서 분리될 때만 가능하다고 한다. 말하자면, 마음은 생각을 풀어놓아야만 일반적 특질이 되는 것 같다. 몇 년 전, 내 생각으로는 심령 연구회 모임에서, 어떤 사람이 우리가 생각을 멈추는 순간 생각을 다른 곳으로 전이시킬 수 있다는 점을 넌지시 얘기했다.

**〔원주〕《모험》(페이버앤드페이버 출판사)을 보라. 이 작가 미상의 책은 두 여성의 저작인데, 그중 한 사람은 옥스퍼드의 세인트 휴스 대학의 학장이며, 다른 사람은 그의 전임자이다. 이 책은 아주 세밀하게 마리 앙투아네트와 궁궐, 프랑스 혁명 이전의 프티 트리아농 정원의 원래 모습에 대한 환상과 그 환상의 정확성을 증명하는 연구를 묘사하고 있다. 프티 트리아농 정원을 거닐었던 이 두 여인은 똑같은 환상을 보았다. 우리 집 안에도, 근거 자료는 빈약하지만, 유사한 환상을 본 기록이 있음을 확인할 수 있다. 슬라이고의 수로 안내인과 골웨이의 농부들은 옛날 의상을 차려입은 것처럼 보이는 환영에 관해 내게 말해준 적이 있다.

의해 잊히고 제13원뿔 속으로 사라진다. 전생 꿈꾸기가 완벽하면 할수록 회귀도 완벽하며, 환생이 더 행복하고 행운에 넘치게 된다.* 전생 꿈꾸기가 일어난 뒤에는, 매번 영혼은 그것의 원인뿐만 아니라 결과에 대해서도 탐구한다.

영혼이 굉장히 강렬하고 그 결과가 아주 많은 사람에게 영향을 미치면, 전생 꿈꾸기와 회귀는 고통과 환희가 줄어들면서 몇 세기 동안 지속될 수 있다. 영혼은** 자신의 죽음에 대해 깊이 생각하지도 않고 죽었다는 사실도 모르기 때문에, 꿈과 관계없는 것은 아무것도 볼 수 없지만, 일단 살아 있는 사람들의 눈에 들어오면, 정념체를 인식할 수 있는 것으로 만들기 위해 살아 있는 사람들의 마음에 찾아올 뿐만 아니라, 편지나 책을 조사한다. 만일 그런 일을 많은 이가 모두 경험하면 그 많은 영혼이 존재하는 것처럼 보일지 모르지만, 여전히 그들은 꿈의 존재에 불과하다. 각자는 그 일을 혼자 꿈꾸게 된다. 종종 천상체와 소위 '가르치는 영혼들'—제13원뿔의 영혼들—의 영향 아래 있는 영혼은 단지 자기 행동의 결과만으로 꿈꾸는 것

---

*〔원주〕 스베덴보리의 《천국과 지옥》에 나오는 전생 꿈꾸기에 관한 설명과 비교해 보라. 스베덴보리는 환생을 부정하고 무시했는데, 이것이 그의 설명과 내 설명이 차이가 나는 주된 이유이다. 그것이 자신이 금기시한 주제 중 하나였다는 사실에 대해 스베덴보리가 짐짓 침묵을 지킨 게 아닌가 하고 어떤 사람이 내게 넌지시 얘기했다. 그것보다는 그의 선생들이 침묵을 지켰다고 보는 게 옳을 것이다. 그들은 기독교 교회의 "접어놓은 리넨 옷"에 대해 설명했는데, 그들이 말하거나 말하려는 것조차, 성경을 문자 그대로 해석하는 신앙을 가진 교인은 아편중독자가 꾼 꿈 정도로 치부했다.

**〔원주〕 로빈슨 크루소 같은 사람이 프라이데이 같은 증인이 없이 그냥 자기 나라에서 죽었다고 해도, 자신의 외피에게서 필요한 정보를 얻을 수는 있지만, 그의 전생 꿈꾸기는 불완전할 것이라는 얘기를 나는 듣는다. 그에게는 육체적인 매장뿐만 아니라, 정신적인 매장도 없을 것이다. 내 추측으로는, 그의 외피의 내용이 너무 자기 자신에 국한되어 있어서, 그는 입김을 내뿜어 흐릿해진 유리창을 통해서 계속 내다볼 것 같다.

이 아니라, 그것을 수정하여 살아 있는 사람들이 여러 가지 것에 관심을 갖게 한다. 나는 아일랜드 시골 사람들 가운데 부모의 죽음이 자식이나 가족에게 종종 행운을 가져온다는 믿음이 있음을 발견했다. 반면, 우리의 행동은 죽은 사람들에게 영향을 미친다. 몇 년 전 우리 집에는 뭐라고 설명할 수 없는 여러 가지 작은 소리와 움직임이 있었는데, 나는 어떤 영혼이 토론회를 열어 그녀 자신의 전생 꿈꾸기에 필요한 사실을 발견하고 싶어 한다는 것, 혹은 가르치는 영혼들이 그 토론회를 열어 그녀를 도와주고 싶어 한다는 얘기를 들었다. 우리가 잠을 자다가 이미지를 보는 것은, 우리의 과거와 연관되는 사람들에게서 오는 것은 아니지만, 죽은 사람들의 전생 꿈꾸기에서 온다. 꿈이 혼란스러운 것은 많은 부분, 이미지는 어떤 모르는 사람에게 속하는 데 반해, 정서와 이름과 언어는 우리에게만 속해 있다는 사실에서 온다. 몇 년 동안 내 꿈을 찬찬히 관찰함으로써 언어로 꿈을 꾸었다. 이를테면, 우리 아버지가 키가 크고 턱수염을 기르시는 모습을 볼 수 있다는 것을 깨달았다. 반면에, 내가 이미지로 꿈을 꾸고 깨어나자마자 즉시 꿈을 관찰해보면, 아버지가 거기에서 의자에 앉아 있거나 망원경 렌즈를 보고 있지만, 절대 자연스러운 모습은 아니라는 것을 알 수 있을지 모른다. 왜냐하면 우리는 잠잘 때 구체적 기억은 벗어버리지만('기록'이 우리에게 영향을 미치면서 그것과 접촉이 끊기지만), 추상적인 기억은 잃어버리지 않기 때문이다.

가르치는 영혼들은 제13원뿔의 영혼들 혹은 어떤 상태에서도 선택될 수 있는 그들의 대표자이다. 또 외피와 정념체 대신 초감각적 정서와 이미지를, 사라진 것 대신에 '무의식적'이거나 겉으로 드러나지 않는 것을 선택하는 존재들이다. 영혼 자체는 지식의 능력만을 갖고 있기 때문이다. 그들은 영혼을 과거 행위 속으로 인도하고, 생전에 영혼이 수용한 규범이 허용한다면, 언제나 행동의 근원을 찾으면서, 전생의 행위들, 특히 그 상의 네 기능*이 순환의 바퀴 위에 자리를 잡은 곳의 행위로 인도할 수 있다. 그러나 우리는 고갈된 플라톤주의와 기독교가 천사 같은 존재에게 있다고 생각하는 순수한 자비심을 그들도 가지고 있다고 생각하지는 말아야 한다. 살아서 행하고 죽어서 기억되는 우리의 행동은 제13원뿔 영혼의 음식이며, 그들에게 개별성과 견실성을 부여하는 것이다.

그러나 과거에 대한 지식은 불충분하다. 두 번째 단계는 전생 꿈꾸기와 회귀 말고도 소위 '연속적 환상'이라고 부르는 것을 포함하는데, 이 환상은 자연도 아니고 고통이나 쾌락도 아닌 정서를 고갈시키기 위해 존재하며, 가르치는 영혼들이 하는 작업이다. 이미 다 완결된 일만 알 수 있고 지워버릴 수 있으므로, 희망하는 목적이 완결되도록 새로운 요소의 추가 없이 육체적, 도덕적 삶이 완결된다. 순식간에 생각으로 집들이 지어지는 것처럼 보이며, 영혼이 먹고 마시며 담배를 피우는 것 같

---

*[원주] 자신의 네 기능에 상응하는 여러 전생의 모습은 살아 있는 사람에게 동반되는 것처럼 보인다. 우리 아이가 집에서 태어났을 때, 의사도, 애 엄마도, 나도 사방에서 장미꽃 향기를 맡았다. 몇 년 뒤 《300년 전의 육아원 생활》이라는 책에서 (저자 이름은 잊어버렸는데) 나는 "붉은 장미로 몸에 좋게 만든" 목욕통에서 갓난 애를 씻기고, 소금과 장미꽃에 굴리고는, 집안이 넉넉하면 장미 오일을 뿌려주는, 17세기까지 계속 이어진 관습에 대해 읽었다. 제13원뿔이, 현재의 순환 주기에서든 이전 순환 주기에서든, 기능이나 원리의 위치에 상응하는 어떤 전생 모습에서 나온 형상을 준다고 가정하면, 나는 내 책 《자서전》에 묘사된 옛 크레타 신화의 환상 가운데 그것이 출현했다고 설명할 수 있을 것이다.

고, 아이가 성인이 되는 것처럼 보인다. 아마도 가르치는 영혼들의 도움으로 크리스마스트리가 만들어지고, 그리스도나 어떤 성인 혹은 천사가 조각상이나 그림 속에서처럼 옷을 입고 강림한다. 만일 그 사람의 인생이 악하다면 연속적 환상도 악하며, 범인은 그 범죄를 완결 짓게 된다. 이것은 그야말로 인간 영혼의 필연적 행위로, 육신을 입고 태어나는 자들과 태어나지 못하는 자들을 서로 분리하여, 육신을 입고 태어나지 못하는 자들을 우리의 '무의식' 속에 집어넣는 것이다. 연속적 환상은 삶뿐만 아니라 상상력도 완결한다. 코르넬리우스 아그리파는 죽은 자들 가운데서 자신이 "불꽃에 둘러싸여 악마들에게 괴롭힘을 당한다"라고 상상하는 존재들에 대해 말했다. 그의 17세기 번역자들은 아그리파가 그 존재들에게 '요귀'라는 이름을 붙였다고 한다. 도덕적, 정서적 고통의 충격 때문에 나타나는 영혼에 관한 여러 가지 얘기는 틀림없이 이 상태에 속한 것이지, 육체적 제약이 있는 전생 꿈꾸기에 속한 것이 아니다. 나는 일본극에 나오는 어떤 소녀를 생각하는데 그 소녀의 혼령은, 정말로 죄라고 해도 아주 사소한 것이지만, 소녀의 과장된 양심 때문에 아주 커 보이는 자신의 죄를 승려에게 고백한다. 소녀는 불꽃에 둘러싸여 있는데, 만일 그녀가 그 불꽃의 존재를 그저 믿지 않기만 하면 불꽃은 사라질 거라고 승려가 설명하는데도 그녀는 불꽃이 틀림없이 있다고 믿기 때문에, 극은 정교한 춤, 고뇌에 찬 춤으로 끝난다. 이미 언급한 적 있지만, 어떤 영혼이 살아 있는 사람들과 관계되는 사건을 완성하려는 대신, 자신의 정서적, 도덕적 평화를 구하는 이야기가 생각난다.

7

두 번째 상태의 끝에서 전생의 사건들은 전체로서 무시해버릴 수 있다. 그러나 정서적, 도덕적 삶은 생전에 받아들인 규범을 따르는 하나의 통일체일 따름이다. 영혼은 세 번째 상태 이후가 될 때까지 여전히 만족하지 못하는데, 이 상태는 '전이'라 불리는 쌍둥이자리에* 해당하며, 거기에서 영혼은 선과 악에서 정화된다. 인간이 악을 모르고 선을 행하거나 선을 모르고 악을 행하는 한, 그의 본성은 그걸 알 때까지 뒤바뀐다. 자동기술 문서를 인용하자면, 영혼은 "가능한 최악의 환경에서 가능한 최선의 삶"을 살거나, 이와 반대로 "가능한 최선의 환경에서 가능한 최악의 삶"산다. 그러나 고통은 없는데 "왜냐하면 평정 상태에서는 정서도 감각도 없기 때문이다." 전생의 선과 악의 범위 내에서…… 영혼은 선과 악에 대해 관조하게 된다. "최고의 선도 최고의 악도 감각이나 정서를 강요할 수는 없다." 나는 《엔네아드》 중 가장 아름다운 부분인 "육체를 이탈한 영혼의 무감각"에 대한 매케너의 번역을 기억한다. 이 상태는 진정한 삶으로서, 앞선 상태들과 구별되는 것으로서 묘사된다. 영혼은 필요한 진리에만 매여 있다는 의미에서 자유롭고, 천상체는 '전령'을 통하는 대신 몸소 나타나는 것으로 묘사된다.

그다음에는 게자리에 해당하는 상태가 따르는데, 무의식 혹은 '합일' 또는 '지복'이라고 부르는 의식의 순간 속에서 지나는 것이라고 한다. 그것은 이동의 갈등 뒤 완전한 평정으로, 선과

---

*〔원주〕 내 선생들은 황소자리, 물고기자리와 주요 십이궁을 제외하고는 이것이나 어떤 표식의 점성술적 특성을 사용하지 않는 것 같다.

3권 영혼의 심판 271

악은 전체 속으로 사라진다. 그다음에는 전생이 역전된 동요가 뒤따른다. 이 상태는 탄생과 죽음이, 지식이 아닌 삶의 역전인 이동과 합일을 다시 한 번 더 가져올 때까지, 혹은 영혼이 선악에서 자유로워질 때까지 지속된다.* 내 선생들은 합일을 다음과 같이 묘사했다. "천상체는 모두에게 빌려준 거룩한 옷이지만, 합일이 완성될 때 벗겨져서 그리스도가 드러나게 된다." 이 말은 바르데산의 〈영혼의 찬가〉를 반복하는 것처럼 보이는데, 이 찬가에서 잠든 이집트 왕자(육체적 삶)에게 역시 그의 육체의 이미지인 옷 한 벌을 보낸다.** 그는 그 옷을 두르고 아버지의 왕국을 향해 길을 떠난다.

8

(사자자리에 해당하는) '정화' 과정에서 새로운 외피와 정념체가 옛것들의 자리를 대신하는데, 말하자면, 옛것에서 순수하게 변한다. 모든 기억은 사라져버리고 영혼은 자기 이름이 무엇이었는지 더는 알지 못한다. 그것은 마침내 자유로워지는데,

---

*〔원주〕 이동과 정화의 역전은 현인과 희생자 사이의 교대에서 나타난다. 태양력의 남쪽(게자리)은 태음력의 동쪽이다. 태음력의 동쪽은 22상에 있다. 현인과 희생자의 상호교차는 성향의 교차에 비견할 만하지만, 원리의 바퀴가 그 거리를 반쯤 가는 동안 기능의 바퀴는 완전히 한 바퀴를 돌기 때문에 반대 지점에서의 역전은 없다(2권, 7부).
**〔원주〕 살아 있는 사람은 마스크를 통해 천상체를 본다. 어느 날 밤 내가 잠에서 깨어났을 때, 어떤 젊은이가 내 몸이 뻣뻣하게 굳은 것을 발견했다. 그리고 내 목소리 같지 않은 목소리가 내 입술에서 흘러나오는 것을 들었다. "우리는 잠자고 있는 그의 이미지를 만드는데, 자는 존재는 그가 아니며, 우리는 그 존재를 임마누엘이라고 부른다"라고.

자신처럼 자유로운 영혼과의 관계에서 자유로워지는 것이다. 비록 새로운 외피와 마스크가 태어났지만 영혼은 나타나지 않으며 천상체에 종속되어 있다. 영혼은 전체적으로 볼 때, 천상체 대신 자신의 특정한 목표를 세운다. 자아가 여러 전생에 의해 형성되었으므로, 영혼은 이 목표로 대체함으로써 자기 생성적이고 자발적이며 자신에게 유연하게 된다. 그것의 본성이 독특하다면, 재생이 가능하기 전에 그에 못지않게 독특한 환경을 발견해야만 한다. 그것은 수 세기 동안 정화 과정에 머물러 있을 수도 있으며, 어떤 원시적인 공동체 가운데서 죽었다면, 우물이나 사원의 수호령이 되거나 제13원뿔에 의해 불려가 막 죽은 자들을 돌보는 일을 맡게 된다. 대단한 권능을 발휘하는 어떤 농부 예언자들이 본, 옛 의상을 입은 유령 생각이 난다. 그 상태의 어떤 존재는 "우리는 우리 자신의 생각을 정화할 힘밖에 없습니다"라고 말했는데, 내가 무슨 생각을 정화하느냐고 물으니 "복잡한 생각"이라고 대답했다. 그러나 그 정화 과정은 전생에서 끝내지 못한 채 남겨둔 어떤 종합의 완성을 요구할지 모른다. 살아 있는 사람들만이 창조할 수 있으므로 영혼은 살아 있는 사람들의 도움을 구할지 모르는데, 영혼이 그들의 '무의식' 혹은 육체를 입은 다이몬 속으로 들어가는 것을, 어떤 유사한 목적 혹은 제13원뿔의 명령이 허용한다. 내게 이 체계를 가르쳐준 존재들도 그렇게 했는데, 나를 위해서가 아니라 그들 자신을 위해서 그렇게 했다.* 그러나 영혼의 목표는 그 앞에 완

---

*〔원주〕 그들은 무아지경 속에서 한 말이나 자동기술 문서로 쓰인 말만 자신들을 돕는다고 말한다. 그들은 '무의식'에 속해 있으며, 그들이 말한 것만 소용이 있다. 내 해석은 그들의 관심사가 아니다. 영매를 통해 대화할 때 꿈에서 깨지만 여전히 꿈인 것처럼 보일 때가 가끔 있다.

성된 형태로 나타나는데, 바로 정화 과정 동안 예술과 학문에서 모방된 그 형태가 천상체로 나타나기 때문이다. 서로 연관성이 없는 진술을 하나로 꿰면서, 나는 언젠가 어떤 영혼이 내게 "우리는 단독으로 행하는 것은 아무것도 없으며, 모든 행위는 많은 존재에 의해 동시에 행해진다오"라고 한 말을 기억한다. 그들의 완성이란 목적이나 이념을 공유하는 것이다. 나는 상상 속에서 내 젊은 시절의 신념과 그들을 연결시키는데, 그 신념이란, 서정 시인의 창조력은 연인, 현자, 영웅, 삶에 대한 조소자 등과 같은 몇 개의 전통적 태도 중에서 어느 것을 택하느냐에 달려 있다는 것이다. 그들은 우리를 정신적인 규범으로 다시 데려간다. 그러나 제13원뿔이 허용하면 그들은 우리 삶의 사건에 작용하여, 그들의 것처럼 보이지만 사실은 우리 자신의 다이몬의 작업이라 할 수 있는 그 완성에 주목하게 한다.

9

(전갈자리에 해당하는) '예지'라 부르는 마지막 여섯 번째 상태는, 운명이 정해주는 대로 다음 생에 태어나는 것으로 완성의 형태를 대신해야만 한다. 영혼은 그 삶에 대한 비전이 완결되고 수용될 때까지 다시 태어날 수 없다. 이제는 외피와 정념체에 거의 결합된 영혼에게 있을 수 있는 가장 격렬한 사랑과 증오를 알 수 있을 것이다. 왜냐하면 그것은 살아 있는 자의 가장 사소한 행동들이 가장 멀리까지 미치는 영향들을 알 수 있기 때문이다. 이 영향들이 미래 생의 일부가 된다면 말이다. 그

것을 막으려 한다면, 그것은 영매들이 두려워하는 훼방꾼 중의 하나가 될지도 모른다. 그러나 그것은 제13원뿔의 도움 없이는 자신의 재생을 지연시키는 것밖에 결코 삶에 영향을 미칠 수 없다. 그 도움을 받으면 그것은 독특한 성격을 지닌 재생이 가능하도록 환경을 조성할 수 있다. 사람들은 그런 영혼들이 모여 무리를 이루는 것을 상상할 텐데(아직은 그들이 개별성을 갖지 못한 상태이기 때문이다), 현대 심리학에서 '잠재의식의 검열자'와 비슷한 역할을 수행하는 제13원뿔의 동의 아래 그렇다. 자궁에서 잠자는 동안 영혼은 내생을 받아들이고 그것이 옳다고 선언한다.

10

합일 이전 영혼들은 죽은 자라고 불린다. 보통 쓰는 말로 하자면, 그 뒤에 그들은 영혼이 된다. 전생 꿈꾸기 동안 영혼은 오로지 꿈과 함께 있게 된다. 회귀 과정 동안에는 전생 꿈꾸기 동안에 체험한 사건에서 특정 역할을 맡은 사람들 앞에 나타나고, 연속적 환상과 전이 동안에는 각각 제13원뿔과 천상체로 소환된 사람들 앞에, 정화 동안에는 스스로 선택한 사람들 앞에 나타난다.

 명상 동안에 그것은 죽기 직전에 취했던 형상을 지니며, 전생 꿈꾸기와 연속적 환상 동안에는, 그것이 산 사람들에게 나타난다면, 꿈의 형태를, 회귀 과정 동안에는 체험한 사건 중에 취했던 형상을, 전이 동안에는 어떤 것이든 생전에 다른 사람들에게 가장 친숙했던 형상을, 정화 동안에는, 이제 그것은 전설 속의 모습을 마음대로 바꾸는 존재이므로, 그것이 무엇을 상상하든 그 형상을 취하게 된다.

> 그녀는 온갖 모습을 다 취할 수 있어서
> 종종 그 남자 앞에 나타났다고 한다.
> 빽빽한 숲의 나무들 사이에서,
> 아름다운 여인의 형상을 하고.
> 그에게 기호를 가르치고, 여러 광경을 보여주었지.
> 크레이븐의 동굴에서, 컴브리아의 언덕에서.*

전생 꿈꾸기는 원뿔이나 바퀴 위 움직임의 주기적인 정지로 표현된다.

인도의 불교도들은 삼대가 지나면 죽은 조상에게 제사를 드리지 않는데, 그 이유는 시간이 지나면 죽은 사람은 반드시 새로운 육신을 입는다고 믿기 때문이다. 내 선생들이 묘사한 전형적인 윤회 과정은, 보통의 경우 기간 제한이 있으나, 어떤 경우에는 환생이 아주 빨리 이루어진다고 한다. 영혼이 전생 꿈꾸기 과정에서 벗어나 전생을 풀어내버리는 행위를 완성하지 못하면 새로운 생애가 일찍 시작될 수 있다. 말하자면, 새로운 생애는 전생 꿈꾸기 과정의 일부가 되어 전생의 사건들을 되풀이하게 된다. 아시아와 유럽에는, 어렸을 때 죽어 금세 다시 환생한 사람들에 관한 이야기가 있다.

---

*워즈워스의 시 〈릴스톤의 흰 사슴〉 274~279행.

전생을 풀어내버리는 행위가 완전할수록 혹은 그럴 필요성이 적을수록 이어지는 생애는 더 운 좋은 것이 된다. 삶을 완전히 살수록, 전생을 풀어내버려야 할 필요성도 적어지고 풀어내버리는 행위도 더 완전하게 된다. 연속적 환상도 정화도, 그 밖에 죽고 나서 다시 태어나기 전에 있는 어떤 상태도 보상이나 천국으로 여겨져서는 안 된다. 죽음과 탄생, 혹은 탄생과 죽음 사이에서 영혼은 순간적인 행복을 느낄 뿐이다. 영혼의 목적은 빨리 그 순환 주기를 지나서 그 순환 주기에서 자유로워지는 것이다.

'무의식적인 정신'에 깃들어 있는 존재들은 그 정신의 의식 세계를 보충하는 것이거나 그 정신과 반대되는 것이다. 제13원뿔의 전령으로서가 아니라면 전생 동안 만들어진 정신적인 친연성이나 유대감 때문에 거기에 있게 된다.

11

삶의 모든 무의식적 행위와 사실은 가이어들이 회전하고 서로 맞물리면서 나타나는 결과이다. 그러나 가이어들은 더 큰 가이어들의 방해를 받고 뒤틀리며, 두 개의 더 작은 가이어로 나뉘거나 네 개로 불어나는 식이 된다. 자연의 통일성은 가이어들이 똑같은 지점으로 끊임없이 되돌아가는 데 의존한다. 종종 개별적 가이어는, 서로 기본상적, 대립상적이며 강력한 결속력으로 결합되기 때문에, 공통의 한 가이어나 일련의 가이어를 형성한다. 이 하나의 가이어나 여러 개의 가이어가 고갈될 지경까지 더 큰 가이어가 파괴할 수는 없다. 우리는 모두 어느 정도 같은 사람을 생을 거듭하며 만나고 또 만나서, 분명히 어떤 경우에는 두 사람 혹은 세 사람 혹은 그 이상의 사람이 일종의 가족을 이루는데, 이들은 모든 감정적 관계가 다 고갈될 때까지 한 생애에서 자식이었던 사람이 다음 생에서는 남편이나 아내, 형제 또는 자매로 태어나는 식이 된다. 그러나 가끔 윤회의 바퀴를 반복해서 돌림으로써 똑같은 관계가 반복된다. 내 선생들의 말로는, 특히 이성에 대한 강한 열정이 있을 경우에 그러하게 된다. 내 선생들이 말하기를, 그런 모든 열정은 "잔인성과 기만"을—로런스의 소설 《무지개》와 《사랑하는 여인들》에 나오는 유사한 표현이 생각나는데—포함하고 있고 이 대립상의 잔인성과 기만은 기본상의 고통과 양보 속에서 풀어내버려야 한다. 그렇지 않으면 해묵은 비극이 반복된다.

그것은 행위이므로 탄생과 죽음 사이에서 풀어내게 되지만, 희생자는 그것을 초래한 무지를 죽음과 탄생 사이에서 풀어내야 한다. 그 희생자는 전이 과정 동안 희생자로서가 아니라 폭군으로서 잔인한 행위의 삶을 살 수밖에 없다. 반면 그 폭군은 자기 본성의 필요에 따라 희생자가 될 수밖에 없다. 그러나 한 사람이 죽어 있고 다른 사람이 살아 있는 상태라면, 생각과 상징 속에서 서로 찾을 수 있다. 과거에 수동적이었지만 이제는 능동적인 사람은, 상대를 내면적으로 통제할 수 있게 되어, 한때 폭군이었던 쪽은 이제는 당하는 쪽이 될 것이다. 만일 그 행위가 회귀 혹은 정화와 연관이 되면, 내면적으로 통제하는 쪽은, 한때 폭군의 삶을 지식의 한 형태로 다시 체험하면서, 고통이 아닌 황홀감을 준다. 전생을 풀어내는 행위를 하는 사람은,

그 행위를 위해 상대방에 대한 어떤 대리자나* 상징을 원하며 다른 남자나 여자에게 양보하거나 봉사하지만, 무의식적 정신은 이 행위가 운명적이라는 것을 알기 때문에 새로운 가이어가 시작되지는 않는다. 죽은 자들을 위해 산 사람에게 행하는 그 풀어내는 행위는 '죽은 자들을 위한 풀어냄'이라 불리지만, 실제로는 다이몬을 위해 풀어내는 것이다. 왜냐하면 열정적인 사랑은 다른 다이몬과의 결합에 의해 대립을 뛰어넘어 자신의 진정한 본질을 재구성하려는 다이몬으로부터 나오는 것이기 때문이다. 희생자와 폭군의 영혼은 서로 결합되어 있고, 살아 있는 자와 죽어 있는 자 사이의 상호 소통을 통한 속죄가 없으면 그 결합은 생애를 거듭하며 계속되는데, 이것은 당연한 일이다. 왜냐하면 그들이 상대에게서 다른 무엇이 아닌 바로 상대방을 보았다면, 전생을 풀어낼 필요가 없기 때문이다. 풀어내는 일이 완결되면, 동시에 각자에게 동요가 끝난다. 주인과 종, 은혜를 베푸는 자와 은혜를 입는 자 등과 같은 다른 결합들도 있는데, 그것은 지성이 이룰 수 있는 어떤 결합보다 깊은 관계를 맺는다. 내 선생들은 우리가 봉사한 사람들에게서 행복을, 학대한 사람들에게서 황홀감을 얻는다고 말한다.

---

*[원주] 뭄바이에 사는 내 친구는 언젠가 자기 옆에서 많은 꽃을 들고 길가에 서 있는 인도 농부를 보았다. 그녀는 지나가는 행인 하나하나에게 "저는 이 꽃을 내 주께 바칩니다"라고 말하면서 꽃을 건넸다. 그녀가 말하는 주는 크리슈나였지만, 열정적인 사람들은 자기네의 죽은 이들에게도 이와 유사한 숭배 행위를 한다.

12

가끔 그 결합은 육신을 갖게 된 다이몬과 제13원뿔의 영혼 사이에서 일어난다. 다이몬의 확고한 관심으로 맺어지는 이 결합은, 마치 그것이 인간과 어떤 육신을 벗어난 보통 영혼 사이에서 생긴 결합인 듯, 똑같은 단계를 거친다. '죽은 자를 위한 희생'은 육신을 갖게 된 두 다이몬의 결합을 방해하는 행위를 통해 일어난다. 그래서 어떤 특정한 경험의 방지 혹은 거부이지만, 제13원뿔의 영혼을 위한 희생은 경험 그 자체의 방지 혹은 거부에서 유래한다. 이런 거부는, 자만심에서, 상대방이나 자신에게 상처를 주지 않을까 하는 두려움에서, 금욕주의에서 생겨날 수 있다. 어떤 이유가 있을 테지만, 제13원뿔의 영혼은 결핍 상태에 이르게 된다. 그런 영혼은 그 사람으로 하여금 경험을 거부하게 부추기는 사건을 스스로 만들 수 있고, 그래서 시몬 베드로가 기둥으로 내몰리는 일이 일어날지도 모른다.* 가이어들이 회전하는 가운데 육신을 갖게 된 다이몬은 자기 차례대로 결핍 상태에 이르지만, 그것은 자연적 경험이 아닌 초자연적 경험의 결핍이다. 그것은 어쩔 수 없이 영혼을 대신하게 되어 자신의 자연적 갈망을 변형하기 때문이며—"엘리, 엘리, 어찌하여 저를 버리셨나이까?"—따라서 이 상태는 혼령의 자아를 위한 희생이라 불리고, 초자연적인 안내자를 얻는 유일한 수단으로 묘사된다. 그 모든 결합은 서로 아주 닮았기에, 인도의 대부분 금욕주의 종파에서 욕정에 괴로워하는 초심자는 신

* 예수의 열두 제자 가운데 하나인 시몬 베드로는 기둥에 거꾸로 매달린 채 몸이 잘려 순교했다고 전해진다.

이 자기에게 여자의 모습으로 와서 자기와 성관계를 해달라고 기도한다. 그 상징은 주관적인 것이 아닌데, 그도 그럴 것이 아침이 되면 그의 베개에는 사원의 향이 흠뻑 배고, 그의 가슴은 사원에 바쳐진 사프란 꽃의 꽃가루로 노랗게 될 것이기 때문이다. 그러나 그런 경험은 빠르게 옅어지고, 초자연적인 결합에 자리를 내준다고 한다. 가끔은 신이 자신의 살아 있는 상징을 선택할 수도 있다. 만일 고행자가 여자라면 신은 방랑하는 수도승 같은 사람으로, 고행자가 남자라면 신은 방랑하는 여수도승으로 나타나지만, 그런 사랑은 한순간일 뿐이다. 그러나 가끔 혼령의 자아를 위한 희생과 죽은 자들을 위한 희생이 일치하여, 영성과 열정으로 내내 고통 당하는 삶을 만들어낸다. 1권의 현인과 희생물을 떠올리게 하는 잔인과 무지는, 내 선생들이 보는 것처럼, 악을 구성하며, 남자와 여자 다이몬의 의식적인 결합 혹은 탄생과 죽음으로부터의 해방인, 살아 있는 존재의 다이몬과 제13원뿔의 영혼의 결합을 가능하게 한다. 제13원뿔은 그 자체로 충분하기 때문에 구이지만, 인간이 볼 때는 원뿔 모양이다. 심지어 그것은 현대 문화에서 완벽한 꽃인 위대한 댄서가 원시적인 춤을 추기 때문에 그런 모양으로 자신을 의식하고, 자신의 삶과 춤을 의식하게 되는 것과 같다. 애인에게 질투를 느끼는 자신의 수호천사에게 괴롭힘을 당하는 남자에 관한 중세 이야기가 있는데, 그런 이야기는 우리의 추상적 신학보다 현실에 더 가깝다. 모든 상상할 수 있는 관계가 한 인간과 그의 신 사이에서 일어날 수 있다. 나는 단지 구인 제13원뿔을 얘기하고 싶을 뿐이다. 탄생과 죽음에 매여 있는 인간에게는 그렇게 안 보일지라도, 원리의 가이어나 원뿔은 실제로는 구이다. 그것이 원뿔로 보이는 이유는 모순 때문이라는 점을 말하고 싶다. 비추는 거울이 서로 다른 많은 것을 나타나게 할지라도, 오로지 하나의 상징만이 존재한다.

4권
고대 문명의
대주기

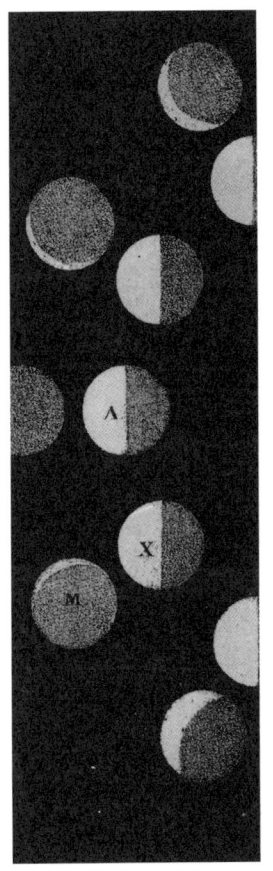

1

기원전 1세기의 신앙심 깊은 로마인이 새로운 대주기의 첫 번째 달을 생각했을 때, 그는 베르길리우스가 예언한 어떤 이상적인 왕을 생각했을까, 아니면 자신들의 옛 음력 해의 시작에 죽었다가 다시 살아나는 아티스를 생각했을까? '성공' 혹은 '희생', '현인' 혹은 '희생양'이라는 양립할 수 없는 관념 가운데 어떤 것을 선호했을까? 언제 이것 혹은 저것을 기대했을까?

 사람들은 마리우스가 집에서 로마의 내란을 발발케 한 선동을 계획하고 있던 바로 그 시간에, 많은 놀라운 일이 일어났다고 상상했다. 독수리의 나무 받침대가 불에 타고, 까마귀 세 마리가 어린 새끼들을 허허벌판으로 물고 갔다가 뼈를 쫀 뒤 그 뼈를 둥지로 다시 물고 왔으며, 생쥐가 사원에 있는 공양미를 쏠아 먹다가 들키자 새끼 다섯 마리를 낳고는 삼켰는데, 그 모든 것 가운데 가장 놀라운 일은 고요하고 청명한 하늘에서 트럼펫 소리가 들려왔다는 것이다. 에트루리아 사람들은 이 트럼펫이 '시대의 변화와 세계의 전반적 대변혁'을 의미한다고 단언했다. 한 세대 뒤에 베르길리우스는 이렇게 노래했다. "쿠마에* 노래의 최후 시대가 도래했도다. 궤도 순환이 방대한 정렬로 새롭게 시작되었네. 처녀 아스트라이아가 오며, 사투르누스의 지배가 시작되고, 하늘 높은 곳에서 인류의 새로운 세대가 내려오도다……. 이제 아폴로가 왕이며, 그대, 폴리오의 집정 시대, 그대의 시대에 영광의 시대가 시작될 것이고, 거대한 달들이 궤도 운행을 시작하리로다."

2

우리의 상상력 속에서는, 카이사르와 그리스도가 언제나 정면으로 맞서 있다. 단테가 유다와 브루투스를 사탄의 입속에 집어넣지 않았던가? 카이사르가 암살되기 약 아홉 달 전에 그의 조각상이 루디 치르첸세스**의 한 행렬에서 신들의 조각상들과 함께 옮겨졌고, 나중에 사실이 아닌 것으로 드러났지만, 어떤 소문이 키케로의 귀에 전달되었다. 그 소문이란 신탁의 공식 해설자인 코타가 "우리가 안전하기를 바란다면, 우리가 진정 왕으로 모시는 그분에게 왕의 칭호가 주어져야 한다"라고 상원에 제안 연설을 했다는 것이다. 만일 정말로 이것이 시빌라의 책들에 있었다면, 그것은 어떤 사람과 어느 시대를 언급

---

*이탈리아 남부에 있는 고대 그리스의 유적지로, '쿠마에 무녀 동굴'로 유명하다. 특히 무녀 시빌라가 전했다는 《시빌라 서(書)》는 로마 시대의 비밀 제식에 큰 영향을 미쳤다.
**고대 로마인이 원형경기장에서 즐기던 경기.

한 것이었나?* 키케로는 그런 책은 어느 시대에나 어떤 사람에게나 맞도록 쓰였다고 생각해서 이렇게 덧붙인다. "사제들에게 그런 책에서 왕 말고 무엇이든 다른 것을 도출해내도록 요청해봅시다." 그가 그 글을 쓴 것은 카이사르 암살 이후였다. 다음 세대에 베르길리우스가 노래 부르도록 돼 있었던 예언을, 키케로가 어디에선가 '종교적인 시빌라의 무리'라고 부른 존재들이 발견했던가? 그들은 어떤 신비스러운 왕이, 정의인 '처녀 아스트라이아'를 되찾기를 기대했던가? 광적인 소 수의사, 말 수의사, 혹은 안과 의사의 영향을 받는—왜냐하면 학자들은 그의 직업에 관해 의견이 다르니까—반쯤 동양적인 대중이—내 어린 시절에 클레어와 골웨이에도 그런 사람이 있었는데—카피톨리누스에서 카이사르의 시신을 불태웠다. 전통적 신격화 의식으로 카이사르의 조각상을 세우고 그를 숭배했을 때, 로마의 빈민들은 무엇을 희망했던가? 그들은 폭군 살해자들을 로마에서 추방했는데, 키케로의 사위인 돌라벨라가 그들을 분산시키고 처벌하자, 키케로는 카이사르의 암살만큼 용기 있고 중요한 일을 했다고 그에게 감사했다. 율리우스 카이사르의 집안은 그 신격화와 그 기도에서 쿠마에 노래를 물려받았던가? 카이사르는 희생자와 구원자의 달인 3월 15일에 살해되었다. 그보다 2년 전에 카이사르는 우리의 태양력인 율리우스 해를 제창했는데, 몇 세대가 지난 뒤 갈대밭에서 아티스 시신 발견을 기념하는 날은 바로 그날이 되었다. 비록 이데스가 그 원래의 의미를 잃어버리기 전에, 그 제식은 음력 3월의 보름, 즉 15일이

---

*[원주] 아티쿠스에게 보낸 키케로의 편지, XIII. 44와 키케로의 《점에 관하여》 참조.

필요하긴 했지만 말이다. 심지어 나머지 기독교 국가에서 춘분 이후의 첫 보름에 기념하는 부활절조차도, 태양력으로 3월 15일 전날에, 율리우스 해의 영향을 받으며 사는 기독교도들이 가끔 기념한다.* 말하자면 달이 단순히 법적, 공식적으로만 존재하는 곳에서, 보름의 주술적 성격이 어떤 낮과 밤에 옮겨간 것처럼 보인다. 카이사르는 두 개의 악덕 가운데 덜한 것을 선택했지만, 로마제국은 그의 시대에서 망하는 날까지 죽은 것, 단순한 기계장치 같은 것에 지나지 않는다는 테오도어 몸젠의 확신을 생각하게 된다.

3

키케로는 쓰기를 "사람들은 모두 하나같이 태양이 원점으로 다시 돌아오는 것으로, 다른 말로 하자면, 한 별의 회전 주기로 일 년을 측정한다. 그러나 모든 별자리가 이전에 출발했던 위치로 되돌아올 때면, 그래서 오랜 시간 후에 천체의 원래 지도를 다시 회복하면, 그것은 정말로 그동안 인간 세대가 얼마나 흘렀는지를 거의 내가 감히 말하기 힘든 '대주기'라 부를 수 있을지 모른다"라고 했다. 그러나 종종 그 '대주기'나 '최대주기'는 태양과 달이 원래 위치로 돌아오는 것에 따라, 한 행성이나 모든 행성이 원래 위치로 돌아오는 것에 따라, 혹은 그 위치와 관련하여 어떤 점성술적인 모양을 띠는가에 따라, 기간이 세분

---

*〔원주〕 유월절 희생 제사는 보름으로 생각되었던 음력 14일 낮과 밤에 바쳤다.

된다. 그리고 종종 그것은 별들의 실제 위치와 무관하게, 각 달이 밝아지는 14일과 어두워지는 14일로 구성되는 열두 달로 나뉜다. 동시에 일 년은 사계절로 나뉜다. 나는 고전 작가 중에 밝아지는 14일과 어두워지는 14일을 언급한 사람을 기억하지 못하지만, 우파니샤드와 마누법전에는 그것이 있다. 대주기와 그 달들이 고대 세계에 널리 퍼져 있던 생각이기 때문이다. 아마도 애초에는 자연의 해를 단순히 확장했을 텐데, 그리스 천문학이 보급됨에 따라 더 복잡해졌다. 그러나 언제나 내가 가장 관심을 갖는 것은, 빛과 어둠, 뜨거운 것과 차가운 것의 대립과 아울러, 더 단순하고 더 상징적인 형태이다.

4*

소크라테스 이전 철학자인 아낙시만드로스는 세상에는 두 무한이 있다고 생각했다. 하나는 아무것도 나이를 먹지 않는 공존의 무한이요, 다른 하나는 연속과 필멸의 무한으로, 한 세상이 지나면 또 다른 세상이 계속 이어지며 언제나 똑같은 햇수만큼 지속된다는 것이다. 엠페도클레스와 헤라클레이토스는 우주가 처음에 한 형태를, 그다음에는 그 반대 형태를 영원히 교대로 가진다고 생각했다. 이것은, 모든 행성이 게자리에서 그 모든 행성의 중심과 지구 중심을 통과하여 하나의 선이 이어지는 위치에 있을 때 만물은 불로 타버리고, 모든 행성이 산

---

*〔원주〕 이 절에 있는 인용과 요약 대부분은 피에르 뒤앙의 《천체 역학》 1권 5장 6~7절에서 나온 것이다.

양자리에 있을 때는 물로 멸망하게 된다는 의미로 보인다. 여기서 불은 우리가 불이라고 부르는 것이 아니라 '하늘의 불', '모든 우주가 근원으로 돌아가는 불'이요, 물은 우리가 물이라고 부르는 것이 아니라 '달의 물', 즉 자연이다. 사랑과 불화, 불과 물이 교대로 지배한다. 사랑은 모든 것을 하나로 만들고, 불화는 모든 것을 분리하지만, 불화가 그렇듯 사랑도 변함없는 영원이 아니다. 여기에서, 우리의 사고에서는 상이 되지만, 이 책에서 설명한 상 없는 구에 관한 상징이 파생했다. 쿠사의 니콜라스 추기경이 말하는, 인간 경험이 대립적인 것으로 나누거나 나누어지지 않는 본질이 파생했다. 또한 여기에서, 피에르 뒤앙이 지적하듯, 우리는 처음으로—서로 상반된 상태는 영원성을 모방한 것이라는—플라톤 모방의 법칙을 발견한다.

그러나 불의 시대 혹은 물의 시대가 돌아올 때, 같은 사람이 돌아오는가, 혹은 그를 닮은 새로운 사람이 돌아오는가? 그리고 만일 같은 사람이라면, 전생에 코 위에 있던 사마귀점을 그대로 갖고 태어나지 않을까? 어떤 사람은 이렇게, 또 어떤 사람은 저렇게 생각한다. 세계가 동지 하지에 완전히 파괴되었던가, 혹은 단지 새로운 형태를 가지게 되었던가? 필라우스*는 물과 불은 단지 낡은 형태를 파괴하고 새로운 형태를 자라게 한다고 생각했다. 하나의 세계가 단절 없이 다른 세계로 이어졌던가? 엠페도클레스는 틀림없이 중간 휴지 상태가 있다고 생각했다.

지금까지는 '이데아'가 전부이며, 개체는 아무것도 아니었

*고대 그리스 피타고라스학파 철학자 필롤라오스를 예이츠가 잘못 표기한 것.

다. 미와 진리만이 플라톤과 소크라테스에게 중요했다. 그러나 플로티노스는 모든 개체가 자신의 영원한 상대인, 자신의 이데아를 가지고 있으며, '최대주기'와 그것의 달에 해당하는 '대주기'는 영혼의 흐름이 된다고 생각했다. 그다음 세대에게는 '영원한 회귀'가 비록 전체적으로 그 흐름에는 존재하지만, 현인은 그 궤도에서 이탈할 수 있기 때문에 현인에게는 존재하지는 않는다는 사실이 분명해 보였다. 프로클로스는 《공화국》의 '황금수'*에서 하나의 '최대주기', 즉 '가시적, 비가시적인 모든 회전수의 최대공약수'를, 《티마이오스》에서는 훨씬 작은 주기, 즉 '8개 구 회전수의 최소공배수'를 발견했는데, 그는 이 작은 주기만 인간의 머리로 셀 수 있다고 생각했다.

그러나 플라톤의 발언은 학자들이 '황금수'를 찾을 수 있게 하는 것이었으며, 학자들은 열네 개 상이한 해답을 찾아냈다. 테일러에게 그것은 3만 6천 년, 플라톤의 우르인의 360번 환생을 암시했다. 프로클로스는 세상의 존속 기간을 "유일하게 저절로 펼쳐지는 힘이며, 자신의 작업을 완성하는 유일한 창조물이며, 만물을 우주적인 생명력으로 채우는 존재인, 숫자 단위를 잘 성찰하면" 알 수 있다고 생각했다. "사람들은 만물이 제 갈 길을 다 가고 나면 처음으로 다시 돌아오며, 모든 것이 그 자체로 돌아감으로써 스스로 그 숫자에 할당된 순환 과정을 완성한다는 것을 틀림없이 알게 된다. 혹은 무한한 숫자를 마감하는 단위는, 자체 내에 한 쌍의 불안정성을 포함하고 있으면서도 전체의 움직임, 끝과 시작을 결정하며, 그런 이유 때문에

---

*서기 연수에 1을 보태어 19로 나눠서 남는 수로, 19년 메톤 주기에서 그해가 어느 위치에 있는가를 표시하며, 윤달 계산에 쓰인다.

'수'나 '완전수'로 불린다." 그것은 마치 빅벤이 19세기 마지막 밤에 종을 열두 번 쳤을 때, 셀 수 없이 많은 시계 눈금판이, 분만 기록하는 어떤 시곗바늘들이, 초만, 시간만, 달만, 년만 기록하는 어떤 시곗바늘들이, 동시에 그 순환 과정을 완성하도록 돼 있었던 것같이 보인다. 내 선생들은 결합되어 예술 작품이 되고 나머지를 남기지 않는 작은 단위들을 하나의 상징으로 제안한다. 그러나 우리가 원한다면, 헤겔의 《논리학》에서 하지와 하지가 아니라 절대적인 것과 절대적인 것을 하나로 만드는 순환 과정으로 결합되는 더 작은 움직임으로 대체할 수 있을 것이다. "'달들'과 '해들' 역시 숫자가 매겨져 있지만, 그것들은 완전한 숫자가 아니라 다른 숫자의 일부분이다. 우주 발달의 시간은 완전한데, 그것은 무의 일부이며, 완전한 것이고, 그런 이유로 영원성을 닮아 있기 때문이다. 그것은 무엇보다도 하나의 통합체이지만, 오로지 영원성만이 그 자체에 머물러 있는 완전한 통합성을 존재에 부여한다. 시간의 통합성은 발전해가며, 발전은 실로 자체 속에 머물러 있는 것의 시간적 이미지이다."

5

아테네인의 한 해는 한여름에 시작되기 때문에, 대주기의 한여름에 만물이 불의 씨앗으로 돌아가는 것을 보여준 학설은 그리스인에게 더 자연스럽게 여겨졌을 것이다. 그러나 소아시아 어디에선가부터, 아마 페르시아일 텐데, 게자리와 산양자리에서 양자리로, 즉 세상이 파멸하는 극단적 상황에서 세상이 회복되고, 사랑이 불화를, 낮이 밤을 지배하기 시작하는 중도 지점으로 관심을 돌리는 학설이 퍼졌다. 파괴의 물결이 산양자리에서 일어나지만, 이어지는 두 개 궁에서 지속되다가 '세상을 회복하는 자'가 나타나면 사라질 뿐이며, 창조 자체는 회복일 뿐이었다. 그 학설은 이내 정통성을 잃었지만, 많은 기독교인과 유대인에게는 메시아뿐만 아니라, 물 위를 걸었던 성령과 아라랏 산 위의 노아도 그런 세상을 회복하는 자들처럼 보였다. 에메사 주교 네메시우스는 이렇게 썼다. "어떤 기독교인은 우리에게 최후의 부활을 세계의 회복에 연결해서 보게 하지만, 그들은 이상하게도 스스로를 기만하고 있다. 왜냐하면 그 부활은 한 번밖에 일어나지 않으며, 그것이 주기적인 순환으로부터가 아니라 '하느님의 의지'에서 온다는 그리스도의 말이 입증하고 있기 때문이다."* 그러나 그 학설은 13세기에 이르기까지 용인된 이단으로서 여러 가지 형태로 다시 나타난다. 비록 다음과 같은 글에서 나타나듯, 박식한 학자이며 위대한 시인이요, 신앙심 깊은 프랜시스 톰슨이 그것을 인정하지 않았지만 말이다.

> 여기서 그대는 구도를 알아내는구나,
> 순환적 인간뿐만 아니라,
> 순환적 인간뿐만 아니라, 순환적인 나의 구도를.
> 그림자가 막 나타나는구나.
> 필멸하는 인간의 거대한 세월뿐만 아니라,

---

*〔원주〕 피에르 뒤앙의 《천체 역학》 2권 2부 1장 8절에서 인용. 대주기에 대한 교회 창시자들의 태도를 보여주는 이 절은 매우 흥미롭다. 그들은 자유의지를 옹호하며, 영원한 회귀를 가장 기계적인 형태로 이해하는 것 같다. 그들의 주장은 프로클로스의 지위에 영향을 주지 않는다.

그대 자신의 가슴속 세월의 그림자가. 언제나
점점 더 크게 나선형을 그리며 회전하여
마침내 궁극의 완성에 이른다. 그것을 왕관으로 삼아
불타지 못한 사랑이 자신의 화장 장작더미 속에서 찬가를 부르리.*

6

그리스도는 새해 첫 달 보름에 죽은 자들 가운데서 부활했는데, 이 달은 십이궁의 첫 번째 궁 지배자인 마르스에서 이름을 딴 것이다.

  내 선생들은 새로운 태음력의 궤도를 원형적 달에서 나온 태양력의 궤도와 똑같이 중요하게 만든 첫 존재였는지 모르겠다. 명료성을 위해 내가 이제까지 피해왔던 상징적 표현을 쓰자면, 그들은 보름이 산양자리에 오는 별개의 황도대를 이 달에 부여했다. 두 개의 추상적 황도대는 하나가 다른 것 위에 포개져 있어서, 한 황도대에서 게자리와 산양자리 사이에 그은 직선은, 다른 황도대에서 동일한 선과 직각을 이룬다. 산양자리는 가장 남쪽에 있는 별자리이므로—"태음력의 남쪽은 태양력의 동쪽이다"—한 황도대에서 동쪽과 서쪽 사이에 그어진 직선은, 다른 황도대에서 동쪽과 서쪽 사이에 그어진 선과 직각을 이룬다. 모든 시간 주기는 동시에 한 달이며 일 년이므로, 음력 주기에서는 별자리들이 우에서 좌로 움직이며 양력 주기

---

*톰슨의 시 〈전생의 밤〉 중 일부로. 시에 나오는 '그대'는 이 세상을 가리킨다.

에서는 좌에서 우로 움직이면서, 주기들이 서로 겹칠 수 있다. 그것들은 아주 흡사한 특성을 지녀, 《티마이오스》에서의 생성자와 존재자의 주기처럼, 각각 하나는 특별하고 다른 하나는 보편적이다. 첫 번째 것에서 의지와 그 반대의 것이 움직이면, 두 번째 것에서는 창조심과 그 반대의 것이 움직인다. 혹은 첫 번째 것을 기능의 바퀴로, 두 번째 것을 원리의 바퀴로 생각할 수도 있을 것이다.

7

대주기의 길이에 관해서는 합의가 거의 이루어지지 않았고, 모든 철학자들은 저마다 계산법이 있었지만, 대부분 한 해의 날수에 관한 지배적인 견해에 따라 360일 혹은 365일로 나뉜다. 키케로 시대 스토아학파는 1만 5천 년이 각각 365일로 나뉜다고 생각했다. 키케로는 그것이 로물루스 시대의 일식과 함께 시작되었다고 생각했다. 혹은 사람들이 그렇게 생각하여, 자기 적들 편으로 넘어간 자기 땅의 시프턴*을 당황스럽게 하고 싶었을 것이다. 그리고 왜 베르길리우스는 그리스도를 예언하는 것처럼, 그 예언이 온 중세 시대에 받아들여지게 했던가? 다른 곳에도 비슷한 예언들이 있었는데, 세상 사람들은 자신들이 커다란 변화의 출발점에 있다고 느꼈기 때문이다. 그러나 나는 그 예언들을 연구하고 근원을 추적한 책을 알지 못한다.

---

*1488년 영국 요크셔에서 출생한 예언자이자 마녀로서, 실존 여부는 확실치 않은데, 런던 대화재와 증기기관의 출현을 예고했다.

8

기원전 2세기에 히파르코스는 황도대의 별자리들이 이동하고 있다는 사실과 일정한 햇수가 지나면 태양은 더는 춘분에 양자리에서 뜨지 않는다는 사실을 발견했다.* 그의 발견은 프톨레마이오스가, 우르인의 360번 환생이 이루어지는 3만 6천 년마다 양자리가 원래의 위치로 돌아오기 때문에 그 이동 비율을 1도에 100년으로 확정했던** 기원후 3세기가 될 때까지 거의 주목을 받지 못했다. 그는 이 3만 6천 년을 '플라톤년'이라 이름 지었고, 그 뒤 그 이름으로 알려졌다. 그러나 항성의 천체인 제8천체가 움직이면, 그 일주운동을 제9천체 혹은 열두 개의 균일한 부분으로 나뉜 추상적 십이궁으로 이동하게 할 필요가 있었다. 또한 별자리들이 어디로 이동하든 한 해의 첫 달은 수양자리의 호전적 에너지를 틀림없이 간직하며, 한겨울은 염소자리가 길을 잃고 헤맨다고 해도 그 염소다운 냉기와 습기를 반드시 간직한다. 마찬가지로 모든 개별 생명체도 탄생할 때 받았던 표징을 죽을 때까지 틀림없이 지니게 된다.

프톨레마이오스는, 별들이 그 자체로 인간의 운명에 영향을 미치지는 않지만, 어떤 특정 순간에 우주의 상태를 계산해주는 지침이 되며, 이런 의미에서 개인의 삶에 영향을 준다는 플로티노스의 확신에 무게를 실어주었다.*** 내가 이미 몇 마디를 인용한 적 있는 구절에서, 헤르메스는 이렇게 말했다. "어떤 단

---

*〔원주〕 문서 증거만으로 판단한다면, 우리는 히파르코스가 세차운동을 발견했다고 말해야겠지만, 아주 오래전에 아시아에서 발견된 사실을 그가 그리스 로마 세계에 소개한 것에 불과하다고 생각하는 학자들이 있다.
**〔원주〕 이 비율은 약 3분의 1 이하이며, 전체 세차운동은 약 2만 6천 년이 걸린다.

일한 형태도 정확하게 똑같은 형태로 다시 태어나는 것은 불가능하다. 만일 그것이 다른 시점과 가끔 다른 상황에서 생겨났다면 말이다. 천체 궤도가 회전하는 매시간 매 순간에 형태는 변화하며…… 그래서 유형은 변하지 않고 지속되지만, 이어지는 순간순간 천체의 회전만큼 수없이 서로 다른 자신의 복제품을 만들어낸다. 왜냐하면 천체는 회전하면서 변화하지만, 유형은 변하거나 회전하는 것이 아니기 때문이다." 그러나 민족 역시, 탄생할 때 전체에서 받은 특성을 표징으로 갖지만, 개체들처럼 증가하고 감소하는 시기가 있다. 플루타르코스가 한 말로는, 술라 시대에 하늘에서 트럼펫이 울렸을 때, 에트루리아의 현인들은 1만 1천 년 에트루리아 주기가 끝나고, "다른 종류의 인간이 세상에 오고 있다"라고 선언했다.

9

신켈루스는 양자리가 원래 위치로 돌아오면 새로운 시대가 시작하며, 이것이 "헤르메스의 《제네티카》와 키라니크 서에 언급된 대로, 그리스인과 이집트인"****의 믿음이었다고 말했다. 프

***〔원주〕 이 학설은 중세 시대 동안 널리 퍼졌음이 틀림없다. 그레고리 역사는, 세상에는 '천상의 여인'이 있어서 어떤 특정한 순간에 그녀가 무슨 일을 했든 그 순간에 태어난 아이는 평생 그 일을 하게 된다는 얘기를 클레어 카운티에서 들었다. 로빈 플라워는 블래스킷 제도에서 이와 유사한 얘기를 찾아냈다. 그리고 윈덤 루이스는 버트런드 러셀이 시간-공간에 대한 해석에 따라 '스미스씨'를 '오후네시 삼십분씨'로 바꾸어놓았다고 비난하지 않았던가?
****〔원주〕 플렁킷의 《고대의 달력과 별자리》에 인용되었다.〔신켈루스는 8세기 말 비잔티움의 역사가이며, '키라니크 서'는 고대 이집트의 시간 계산법이 나오는 기록들을 말한다—옮긴이〕

톨레마이오스가 그 회귀에 날짜를 부여한 최초의 사람이었던가? 제9천체의 창안자는, 프톨레마이오스이건 누구이건, 그런 계산을 하게 돼 있었다. 그 날짜는 언제인가? 나는 그의 《알마게스트》를 읽은 적도 없고 또 읽을 것 같지도 않으며, 어떤 역사가나, 내가 아는 그의 발견에 대한 어떤 논평자도 그 날짜를 제시한 적이 없다. 그것은 그가 춘분으로 정한 날(로마에서는 3월 25일)과 별이 양자리의 끝과 물고기자리의 시작을 표시하는 것처럼 보이는 시간에 달려 있을 것이다. 그 날짜는 분명히 로마제국을 경이로운 것으로 보이게 하기 위해 카이사르의 암살에 최대한 가까운 날로, 그리스의 숙명론과 싸우는 책임이 맡겨지지는 않았다고 해도, 초대 교회에 주기 위해 기적 중에 가장 큰 기적인 예수의 십자가 처형에 최대한 가까운 날로 정해졌을 것이다.

    그리고 모든 시신은 노래한다,
    봄날에 대주기를.*

10

1권 2부 1절에 언급된 28시현의 도표에는 18상과 19상 사이에 양자리가 있다. 몇 년이 지나서야, 나는 이 별자리와 원래 자동기술 문서 도표에 있는 주요 별자리들의 의미를 이해했다. 그

---

*예이츠의 시 〈극 중의 두 노래〉의 일부.

것은 다음 종교적 시대의 중심 시기에, 혹은 이어지는 대립상적 문명의 시초에, 춘분이 차지하게 될 위치이다. 왜냐하면 춘분의 위치는 2만 6천 년의 바퀴에서 의지의 상을 표시하기 때문이다. 그것은 양자리, 혹은 대주기의 궤도 안에 자리를 잡은 어떤 특정한 시기 이중 원뿔의 태양력 동쪽이다. 현재 그것은 다음 유입이 반드시 일어나게 되는 17상의 중심점에 접근하고 있다. 그것은 우리 문명이 시작되었던 11세기 말에 16상으로 들어갔다. 18상과 19상 사이의 그 지점은 최고로 강한 지적 힘을 규정짓는다고 한다. 왜냐하면 그것은 논리적 지성의 상징인 '바퀴'의 사분영역의 중심에 있기 때문이다. 또한 그것은 기능이 서로 똑같은 거리에 있는 네 순간 중 하나이기 때문이다. 즉 갈등과, 따라서 의식의 강렬성이, 전체 존재에 모두 나누어져 있다는 것이다.

고딕 문명의 더 작은 바퀴에서 이에 상응하는 순간은, 올리버가 유럽 지성이 힘과 권위에 있어서 정점에 도달했다고 생각한 18세기의 첫 10년이 시작되기 바로 직전, 17세기가 끝날 무렵에 나타났다. 그것은 극도로 추상화된 순간이었다. 나는 스피노자, 라이프니츠, 뉴턴만을 생각하는 게 아니다. 나는 포르루아얄 수도원의 수도승들을 생각하고 있다. 그들은 피의 순환을 연구하기 위해 개를 산 채로 해부했는데, 그 하등동물들이란, 울부짖는 소리와 휘파람 소리로 고통스러운 비명을 흉내 내도록 만들어진 자동기계장치 같은 것에 불과하다고 생각했다. 그런 순간은 앞으로 다가올 더 큰 시대를 예고한다는 점 때문에, 그것에 중요성과 특별한 형성력을 부여했다. 그러나 그것은, 대립상적 문명과 15상의 구체적, 감각적 통합으로 틀림없이 나아갈 종교적 시대에, 추상화가 어떤 형태를 택하게 될지 판단하도록 도와주지 않는다. 상상력으로 포착하거나 경험으로 설명하기에는 너무 광범위한 시간에 걸쳐 있는 역사적 상징은, 너무 이론적이고 너무 자의적이어서, 실제적인 목적에는 부합하지 못한다. 그러나 비코가 그랬듯이, 문명은 영원히 같은 지점으로 되돌아간다는 점을 말하려 하지 않는다고 해도, 역사적 상징은 신화에는 필요한 것이다.

11

5권의 첫머리에는 내 선생들이 각 날짜를 모두 고정해둔 도형이 나온다. 내 선생들은 이 해설서의 다른 곳에서는 쓰이지 않은 두 원뿔 체계를 채택했다. 검은색 숫자를 무시해버리면 단순하기 그지없다. 그것은 세속적 삶의 가이어가 축소될 때 종교의 가이어가 확장되는 것을 보여주는데, 11세기에 이르러서는 그 운동이 역전되었다. 마스크와 운명체는 종교이며, 의지와 창조심은 세속적 삶이다. 내 선생들은 검은색 숫자를 삽입했는데, 그것은 플린더스 페트리의 말뜻으로 하자면 '동시대적'이라 할 수 있는 네 기능에 상응하는 네 시기를 일직선상에 놓을 수 있기 때문이다. 만일 우리가 이 기능들의 선을, 왼쪽 회색 선 위에 의지를, 왼쪽 검은 선 위에 운명체를, 그다음에 마스크를 두는 등의 식으로 하고, 그리스도 탄생 때의 출발점 (회색 글자로 쓴 서기 1년, 1상)부터 아래로 11세기까지 밀고 내려가고, 그러고 나서 위로 밀어 올려 도형 위에 있는 것에 따라 기능들의 순서를 바꾸면, 시대의 매 순간은 상호작용을 하는 네 시기로 구성되었음이 드러난다. 삼각형들의 바닥으로서 네 기능을 통과하는 똑같은 길이의 직선을 그으면 우리는 왼쪽에 1상이 오는 28상을 표시할 수 있다. 그 선은 2천 년의 시기 동안 그 운동을 완성하는 두 개의 보통 원뿔 위에 기능들이 어떤 위치를 차지하는지 보여줄 것이다. 내 선생들은 다른 것을 쓰면서, 동시에 자동기술 문서의 가장자리에 한두 번 그런 표시를 한 선이 있는 그림을 마구 그리고는, 나로 하여금 그것의 연관성을 추측하도록 내버려두었다. 그렇게 나뉜 선을 살펴보면, 현재 우리는 문명의 원뿔 위 23상으로 진입하고 있지만, 시대의 원뿔 위 25상과 26상 사이에 있음을 발견하게 된다. 종교적 사고와 세속적 사고 사이의 갈등은, 그것이 내 안에 있는 아주 내면적이고 영적인 모든 것을 지배하기 때문에, 시대를 투영하는 것임이 틀림없고, 나는 그것을 천천히 움직이는 이 원뿔 위에서 발견한다. 그렇게 발견된 네 기능은 영원히 공존하는 네 시기, 네 개의 공존하는 행위이다. 우리는, 시간 속에서 나타나기 때문에 우리에게 지나간 것처럼 보이는 세 시기의 영혼들은 비록 눈에 보이지는 않지만 우리들 가운데 존재한다고 말함으로써, 그것들의 영향력을 설명한다.

우리의 역사적 시기가 1상에, 혹은 새로운 시대의 시작에 다가가고 있을 때, '대립적 동방'은 '기본적 서방'을 어머니로 하여 자식을 낳을 것이다. 그렇게 태어난 아이 혹은 시대는 '대립상적'인 것이 될 것이다. 그 '기본상적' 아이나 시대는 현저하게 서방의 성격을 띠지만, 동방에서 태어났기 때문에 몸은 동방적이며 내 선생들이 상징적인 것만이 아닌 지리적인 동방을 의미했다고 보는 내 생각이 옳다면, '아시아적'인 것이다. 단지 육체가 쇠퇴하기 시작할 때만 '서방의 교회'가 눈에 띄게 지배한다.

12

매우 철학적인 고고학자 요제프 슈트르치고프스키가 나의 상상력을 사로잡는다. 그에게 동방은, 분명히 내 선생들에게도 그러겠지만, 인도나 중국이 아닌, 유럽 문명에 영향을 미친 소아시아, 메소포타미아, 이집트 같은 동방이다. 그는 셈족의 동방에서 그리스도에 대한 충성과 연관되는 모든 종류의 예술을 끄집어낸다. 그것은 수염 달린 온화한 헬레니즘적 그리스도를, 만물의 주관자 그리스도로 대신하여 교회를 계급화하고 강력하게 한다. 내 상징체계에서 동방은, 원리들의 범주에 있든 기능들의 범주에 있든 항상 인간의 힘이며, 의지이든 정신이든 최대로 뻗친 인간의 힘이다. 〈마이클 로바츠와 친구들 이야기〉에 실린 그림과 1권 서두에 있는 그림 속에서 동방은 왕홀(王笏)로 표시된다. 인도든 이집트든, 슈트르치고프스키는 남방에서 인간 모습의 모든 자연주의적 표현을 끄집어낸다. 그런데 단테는, 신이 아닌 인간, 그래서 대립상적 성향의 통합인 존재의 통합을 완전하게 균형 잡힌 인체에 비유하지 않았던가? 그러나 나는 슈트르치고프스키의 지리적 북방과 나의 상징적 북방이 같은 것인지에 대해서는 반쯤 확신하나 전적으로 확신하지는 못한다. 그는 북유럽과 아시아의 유목민 아리안족 가운데서, 모든 기하학적 장식, 모든 비구상적 예술의 근원을 발견한다. 그것은 오직, 그가 그런 예술을 어떤 특정한 표면 장식에 모든 세부적인 것을 종속시키는 것으로 설명하고, 아무것도 건물 전체의 효과를 방해하지 않는 돔과 아치를 가진 건물에 그것을 연관시키고, 신을 너무도 예찬하여 모든 인간적 특성이 사라지고, 우리 시대의 비구상적 예술이 단지 우리가 기본상적 성향으로 회귀하는 첫 징후이지 않을까 내가 의아해할 정도로 신학과 연관시킬 때이다. 그는 모든 움직임이 반영되는 거울로서 묘사하는 것 외에 서방의 특성을 규정하지 않는다. 그것은 거대한 바퀴 도형에서 하나의 잔으로 상징되는데, 그 이유는 그것이 정서적 혹은 자연적 도취이기 때문이다. 내가 그의 지리학적 상징체계를 어떤 체계의 언어로 바꾸면, 남방과 동방은 인간의 형상과 지적 권위인 데 반해, 북방과 서방은 초인의 형상과 정서적 자유라고 말할 수 있을 것이다.

13

독일 여행가 프로베니우스는 아프리카 원주민들 가운데서 두 개의 상징적 형태를 발견했는데, 하나는 '동굴'의 상징에, 또 하나는 중앙 '제단'과 방사형으로 퍼져나가는 열여섯 개 길의 상징에 기초를 두고 있다. 동굴의 종족은 동쪽에서 기원한 것처럼 보이는 반면, 길의 종족은 대서양 해안 지방에서 동쪽으로 이주해왔다. 이 종족들과 그들의 양식은 사방으로 퍼져나갔다. 그는 가장 먼 동방에서 길의 상징체계에, 그리고 서방에서 동굴의 상징체계에 기초한 점술법을 발견했다. 북방의 금발

머리와 남방의 검은 머리가 그러하듯이, 사람들은 그것이 나란히 공존한다고 생각한다. 나는 프로베니우스가 다른 인류학자의 지지를 얼마나 받고 있었는지 모르지만, 분명히 슈펭글러의 광범위한 고찰은 부분적으로 자신의 발견에 기초했고, 나는 슈펭글러를 잘 아는 것처럼 보였던 내 선생들이* 프로베니우스를 어느 정도는 알고 있었다고 생각한다. 슈펭글러는 끊임없이 동굴의 상징을 언급하며 프로베니우스를 자신의 근거로 제시하지만, 내 생각으로는 그의 뜻을 뒤집기도 한다. 그는 제단과 방사형 길은 절대 언급하지 않았지만, 그의 모든 파우스트적, 현대적 정신의 해석 속에서 그것을 생각하고 있었다는 것을 보여준다. 동굴은 신비주의의 단편적 문서 속에서 하늘과 동일시되며, 슈펭글러도 동일시했지만, 이 신비주의 작가에게 하늘은, 모든 달력의 원천이며 영혼의 탄생과 재생의 상징인, 별들과 혹성의 궤도였다. 동굴은 시간인데, 슈펭글러가 그렇듯이 그것을 공간이라고 부르는 것은, 언제나 그 자체로 되돌아가는 유한한 공간의 현대적 개념이 자신의 사고를 사로잡도록 허용하는 것이다. 그리고 다름 아닌, 누군가가 우리 시대의 '시간 철학'이라고 불렀던 것에 대한 이와 유사한 집착은, 슈펭글러로 하여금 파우스트적인 영혼을 확인하게 할 수 있었다. 이 영혼은 그가 지적하듯이 시간과 함께 성당의 커다란 창문을 만들었고, 늘 외부를 향해 움직이며 언제나 무한한 것을 추구한다. 방

---

*[원주] 그것에 커다란 의미를 두지는 않지만, 프로베니우스가 한 말로는, 중앙 제단의 신화를 가진 에트루리아 사람들은 기도할 때, 창조심처럼 동쪽에서 서쪽으로 향하고, 반면 동굴의 종족들은 의지처럼 서쪽에서 동쪽으로 향했다는 점을 주목하면 흥미롭다.

사형 길과 나 역시 본질적으로 서구적이라고 생각하는 그 정신은, 고대인에게는 단지 공간만을 암시할 수 있었다. 슈펭글러가 자기 상징들의 의미를 뒤집었지만, 그러지 않은 것처럼 하도 끊임없이 설명했기 때문에, 그의 대단한 학식과 나의 학식 부족과는 별개로, 나는 우리 둘의 생각이 같이 간다고 생각한다. 필시 그는 너무 단순화된 비유가 자기 연구의 진실성에 의구심을 품게 할지 모른다는 학자적 두려움 때문에, 제단과 방사형 길에 대해 입을 다문 것 같다.

14

어떤 학자들에 따르면, 단지 후기 우파니샤드만이 영혼 환생의 관념이 있었다고 한다. 그것들은 카르마의 법칙으로, 희생 제사와 정화 제식을 대신했다. 처음에는 희생 제사가 상징의 거의 유일한 원천이었고, 그 연기는 특정 의미를, 솟아오르는 불꽃 역시 특정한 다른 의미를 지녔으며, 바라문과 승려는 그것에 매달렸다. 그 뒤에 "어떤 바라문도 알지 못하는" 새로운 교리가 나타났다.* 만물 평등의 범신론 대신, 어느 두 영혼도 같은 것이 없는 무수한 영혼이라는 관념, 그 밖의 것은 없고 그렇

---

*[원주] 이 문장을 쓰고 있을 때까지 나는, 슈리 푸로히트 스와미[20세기 인도의 힌두교 지도자로, 결혼 후에 출가를 하고서 여러 해 동안 수행을 했고, 여러 힌두교 서적을 영어로 번역하여 잘 알려졌다. 1930년 대에는 예이츠와 공동으로 《열 개의 우파니샤드 문서》를 번역하기도 했다―옮긴이]를 만난 적이 없는데, 그는 그 산스크리트어는 그 교리가 알려지지 않았다는 뜻이 아니라, 바라문에게조차 내재하는 것이 아니라는 뜻이라고 생각한다(《우파니샤드 요목》, 157쪽).

지 않으면 아무것도 없다는 믿음, 승려가 아니라 왕이 먼저 가르치는 교리, 언제나 귀족적이며, 고독하고 대립적인 교리가 나타났다. 나는 독일어를 모르니, 프로베니우스가 독일어로 무엇을 썼는지 모른다. 그러나 내가 기본상적 문명과 대립상적 문명의 차이를 처음 발견했던 고대 인도에서, 그 역시 자신의 제단과 동굴을 발견한 것처럼 보인다.

15

자동기술이 시작되었을 때, 어떤 사람이 역사를 철학적으로 설명하려 했었다는 사실을 나도 내 아내도 몰랐다. 아니, 알고 있다는 사실을 몰랐다. 어쨌든 나는 그 주제로 쓴 모든 것이 내 책 《상냥하고 조용한 달빛 속에서》의 한 구절로 압축할 수 있다고 말할 수 있을 텐데, 그렇게 무지한 인간이 바로 시인이요, 예술가이다. 그 자동기술 문서의 내용을 문서나 말로 요약하게 되었을 때, 다른 주제가 나를 소침하게 만든 게 아니다. 내 내 자신의 역사철학을 정립해온 제럴드 허드는 내게 헨리 애덤스의 에세이 두 편에 대해 말해주었는데, 거기에서 나는 내 선생들이 알려주었던 것과 같은 몇몇 날짜와 많은 동일한 해석을 발견했다. 또 그는 페트리의 《문명의 혁명》에 대해 말해주었는데, 거기에서 나는 더 많은 유사성을 발견했다. 그리고 《비전》 초판이 출판되고서 몇 달 뒤, 슈펭글러의 《서구의 몰락》 번역본이 출판되었는데, 그 책에서 나는 그의 중요한 대부분의 날짜와, 그의 첫 독일어판이 출판되기 전에 내가 선생들로부터 받았던 날짜들 사이에 우연의 일치라기에는 너무 많은 공통점이 있음을 발견했다. 그 뒤에 나 스스로 비코에게서 슈펭글러의 주요한 원천이며 유럽의 혁명적 사상의 반이 비코 철학의 왜곡임을 발견했다. 크로체가 쓰기를, 마르크스와 소렐은 비코의 순환 체계 속에서 그의 "계급투쟁, 원시적 정신 상태와 새로운 야만성으로의 회귀에 의한 사회의 재생이라는 관념"을 취했다고 한다.* 분명히 내 선생들은, 신문이 침묵할지라도, 인간의 정신을 깊이 자극할 수 있는 주제를 선택했던 것이다. 신문은 이와 반대되는 행복한 진보의 신화를 추구한다. 아마도 헨리 애덤스가 보스턴 역사협회에서 연설하면서, 그것이 과학화되면 관련된 유력 인사들이 그 출판을 막을 것이라고 생각했던 만큼 그것은 중요한 주제이다.

16

내 선생들은 분명히 보통 이해할 수 있는 원시주의와 미개 상태와 같은, 그런 '원시 상태'로도 미개 상태로도 돌아가기를 기대하지 않았다. 대립상적 계시는, 인간을 초월하여 오거나 어떤 처녀에게서 태어난 것이 아니라 우리의 정신과 역사에서 태어난 지적 유입이다.

---

*[원주] 나는 스콰이어[영국의 시인, 작가, 역사가—옮긴이]의 에세이에서, 레닌이 대영박물관에서 《역사철학》을 연구했다는 것을 읽은 적이 있다.

17

성향의 상호 교체에 필적한 변화가 예수의 탄생 때도 일어났고, 또 앞으로 올 대립상적 유입에서도 일어날 것이다. 다이아몬드 에이스처럼 생긴 원뿔은—역사의 도형에서 원뿔은 접히게 되는데—태양적, 종교적, 활력적이다. 모래시계처럼 생긴 것은 태음적, 정치적, 세속적이다. 그러나 운명체와 마스크는 기본상적 체제 동안에는 태양적 원뿔에 있고, 대립상적 체제 동안에는 태음적 원뿔에 있다. 반면 의지와 창조심은 반대 원뿔을 차지한다. 마스크와 운명체는 상징적 여자이며, 의지와 창조심은 상징적 남자로서, 이들은 블레이크의 〈정신 여행자〉에 나오는 남자와 여자이다. 그리스도가 태어나기 전에 종교와 생명력은 다신론적, 대립적이었고, 이것에 철학자들은 자신의 기본상적, 세속적 사고를 대비시켰다. 플라톤은 만물을 '통합체'로 생각하기 때문에 '최초의 그리스도인'이라 할 수 있다. 그리스도의 탄생 때 종교적 삶은 기본상적인 것이 되고, 세속적 삶은 대립상적인 것이 되었으니, 카이사르의 것은 카이사르에게 주는 것이다. 자신을 넘어 초월적인 힘을 바라보는 기본상적 체제는 독단적, 균일적, 통합적, 여성적, 인간적이고, 평화가 그 수단이며 목적이다. 대립상적 체제는 닥쳐오는 힘에 복종하며, 표현적, 계급적, 복합적, 남성적, 가혹적, 외과적이다. 다가오는 대립상적 유입과 그 특정한 대립상적 체제에 대해 지적인 준비가 이미 시작되었는데, 이것은, 내가 이미 보여주었듯이, 대주기가 지적 절정에 이르는 순간에 완전한 체계화에 이르게 된다. 그것은 틀림없이 내가 이미 말했던 것이라는 점을 그 신화는 분명히 밝혀준다. 왜냐하면 그것은 우리 시대를 거슬러 올라가 과거 시대를 자체 내에서 다시 시작하기 때문이다. 아무도 달리 말할 수 없는데, 결정적 순간에는 언제나, 그 독특한 천체, 제13원뿔이 개입하기 때문이다.

> 사막 모래 속 어디에선가
> 사자의 몸과 사람의 머리를 한 형상이,
> 멍하고 태양처럼 무자비한 눈초리를 한 채,
> 가랑이를 천천히 움직이고 있다. 주위에는 온통
> 격분한 사막 새들의 그림자가 맴돈다.*

18

네 원리의 바퀴는 4천 년 동안에 그 운동을 완성한다. 그리스도의 생애는 탄생과 죽음 사이의 중간 시기에 해당하며, 서기 1050년은 죽음에, 다가오는 유입은 죽음과 탄생 사이의 중간점에 해당한다.

---

*예이츠의 시 〈재림〉에서 인용한 구절.

5권
비둘기냐
백조냐

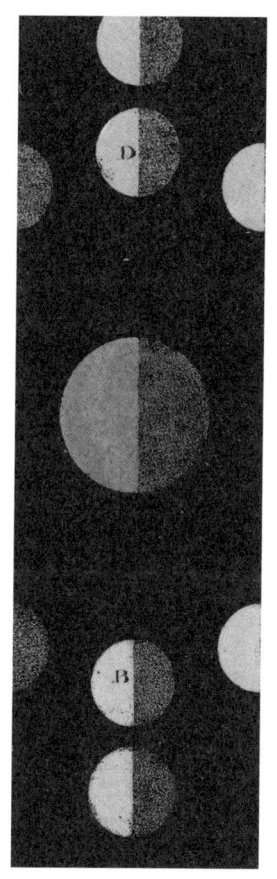

역사의 원뿔

괄호 속에 있는 숫자는 상들을, 다른 숫자는 서기 연도를 가리킨다. 250년, 900년, 1180년, 1927년 약간 아래에서 원뿔을 자르는 선은 현재 시간, 1925년 5월에 관련된 역사상의 네 가지 기능을 보여준다.

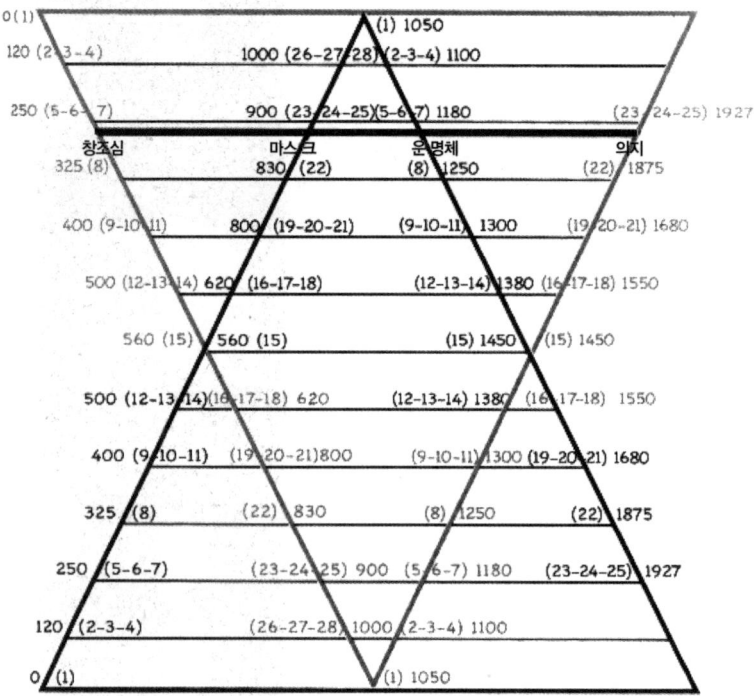

1
레다

급습. 커다란 두 날개는 비틀거리는 여인 위에서
아직도 퍼덕거리고, 그녀의 허벅지는 검은 물갈퀴에
애무당하며, 그녀의 목덜미는 그의 부리에 물린 채,
그는 어쩔 줄 모르는 그녀의 가슴을 제 가슴으로 보듬고 있네.

어떻게 겁에 질린 희미한 손가락으로 밀어낼 수 있겠는가?
그녀의 맥 풀린 허벅지로부터 깃털에 싸인 영광을.
어떻게 흰 새의 급습을 당한 몸이,
제 품에서 이상한 심장이 뛰는 것을 느끼지 않을 수 있겠는가?

아랫도리의 전율이 낳는다,
부서진 성벽, 불타는 지붕과 탑,
아가멤논의 죽음을.
     하늘의 짐승 피에
그처럼 붙들리고 정복된 그녀는,

그의 힘과 더불어 그의 지혜도 받았던가?
무심해진 부리가 자기를 놓아주기 전에.*

2
잡상(雜想)

기독교 문명 시대는, 예를 들면 그에 앞선 2천 년처럼 하나의 완전한 바퀴이며, 각 반도 하나의 완전한 바퀴라는 점, 그리고 그것이 28상에 이르면 각각의 반은 전체 시대의 15상 혹은 1상에 이른다는 점을 염두에 두어야만 한다. 그러므로 시간을 상징적으로 계속 측량한다면, 각 천 년의 15상은 전체 시대의 8상 혹은 22상이다. 아프로디테는 폭풍이 이는 바다에서 솟아나고, 헬레나는 포위당한 트로이 없이는 헬레나일 수 없다는 논리가 뒤따르게 된다. 그 시대 자체는 단지 더 큰 시대의 반이며, 그것의 15상은 역시 전쟁이나 격동의 시기에 온다. 큰 수는 작은 수보다 언제나 더 기본상적인데, 정확히 말하면, 큰 수가 작은 수를 포함하기 때문이다. 천 년은 유연한 성숙에 도달하고, 그 다음에는 경직된 나이로 가라앉는 존재의 상징적 수치이다.

문명은 자기 제어를 유지하려는 투쟁이며, 이 투쟁 속에서 그것은 어떤 위대한 비극적 인간, 틀림없이 거의 초인적 의지를 보여주는 니오베와 같다. 그렇지 않으면 그 울부짖음은 우리의 동정심을 유발하지 못할 것이다. 사고에 대한 통제력 상

*예이츠의 시 〈레다와 백조〉 전문.

실은 끝 무렵에 나타난다. 처음에는 도덕적 존재에게로 가라앉음이 나타나고, 그다음에는 최후의 굴복, 비이성적인 울부짖음, 계시, 즉 주노의 공작새의 날카로운 울음이 나타난다.

3
기원전 2000년부터 기원후 1년까지

나는 그리스 문명의 기초가 된 수태고지가 레다에게 일어난 것으로 본다. 성스러운 유물로서, 덩굴무늬가 지붕까지 새겨진 스파르타 신전에 부화되지 않은 레다의 알을 만들어두었다는 점, 그리고 한 알에서는 사랑이 나오고, 다른 알에서는 전쟁이 나왔다는 점을 상기하며 말이다. 그러나 모든 것은 대립에서 나온다. 그리고 내 무지로 수태고지가 거부하는 이전 문명이 어떤 것인지 상상하려 할 때, 나는 단지 바빌로니아의 수학적 별빛의 한구석을 가리는 새와 여인*을 볼 수 있을 뿐이다.**
유대 문명 같은 더 오래된 문명은 장수를 하늘 은총의 증거라고 생각했기에, 그리스 종족은 희극이 잡다하게 번창하던 시대에 비극적 감각을 던져서, 신들이 사랑하는 사람은 일찍 죽을 수밖에 없다고 생각했던가? 각각 자신의 다이몬에 지배를 받고 신탁에 휩쓸렸던 그 여러 종족은 분명히, 초기 여러 종류

---

*백조로 변신한 제우스와 레다를 말한다.
**〔원주〕토인비는 그리스를 크레타의 계승자이며, 그리스의 종교는 미노아의 유일신적인 어머니 여신으로부터 더 신화적인 관념들을 물려받았다고 생각한다(《역사의 연구》1권 92쪽). 그러나 바빌로니아의 점성술인 '수학적 별빛'은 올림피아 신들의 우정과 적대적 행위들 속에 나타난다.

의 계시 이후에, 커다란 '제국'을 부수고 그 대신 지적 무질서 상태에 도달했다. 기원전 1000년경에 그들의 종교 체계는 완성되었다. 나는 그들이 더 야만적이고 아시아적이 되었다고 생각한다. 그러고 나서 호메로스와 시민 생활, 틀림없이 어떤 신탁에 의존하는 공공질서, 그리고 (새 천 년 10상의) 독립적 시민 생활과 사고에 대한 열망이 나타났다. 이를테면 기원전 6세기(12상)에 개성이 시작되지만, 아직까지는 어떤 지적 고독이 없다. 어떤 사람이 자기 종족이나 마을을 다스릴 수 있지만, 자신을 일반 대중에게서 분리할 수는 없다. 내가 생각하기로는, 최초의 고독 발견(13상과 14상)과 함께 오늘날 가장 우리의 관심을 끄는 시각예술이 나타났다. 왜냐하면 피아디스*식 예술은 라파엘의 예술처럼 한동안 우리의 관심을 고갈시켜버렸기 때문이다. 나는 라파엘 이전의 것처럼 자연스럽고 정형화되지 않은 아름다움을 지닌 애슈몰린 박물관의 니케아 조각상과, 무엇보다도 밝은 배경에 어둡게 놓인 이상하고 반쯤 초자연적인 말들이 새겨진 항아리를 상기한다. 자아 인식을 달성하면 권력— 도구의 체계화—에 대한 욕망이 생기지만, 아직 명료성, 의미, 우아함 등 빛나는 공간에서 서로 분리된 모든 것은 다른 모든 미덕을 능가하는 것처럼 보인다. 사람들은 이 예술을 아낙사고라스 이전 그리스 철학자들의 사상과 비교하며 거기에서 똑같은 양상을 발견하는데, 그것은 도덕적 혹은 정치적 효과보다 언제나 진리에 더 많은 관심을 쏟는다. 사람들은 잃어버린 극작가들과, 아이스킬로스와 소포클레스가—둘 다 피디아스 시

*기원전 5세기의 미술을 대표하는 그리스 조각가, 화가, 건축가.

대 인물인데―나타나기 전에 상연되었던 극들을 그리워한다.

그러나 상승하는 원뿔의 시작부터 끝까지의 운동뿐만 아니라, 양쪽 측면을 건드리는 가이어들, 즉 수평적 춤도 고려해야 한다.

> 손에 손을 잡고, 발가락을 한데 모은 채
> 그들은 바람에 머리칼이 흩날리게 했네.
> 귀부인과 황금 왕은
> 한 쌍의 찌르레기처럼 노래 부를 수 있었네.*

페르시아 전쟁 뒤에 이오니아풍의 우아함과 나란히 도리아풍의 활력이 나타나며, 도공들이 만든 몸이 가뿐한 멋쟁이 신사, 조각가들이 만든 파리 토박이 같은 젊은 여성, 정교하게 곱슬거리는 그녀의 머리칼은, 운동선수에게 자리를 내준다. 모든 동방적인 것들로부터의 의도적 회피, 혹은 시인을 플라톤의 공화국에서 추방하는 것 같은 도덕적 선전을 볼 수 있을 것이다. 그러나 최종 체계화를 위한 준비의 가시적 이유는, 말하자면 페르시아 침략자들이 이오니아 작업장을 파괴했기 때문이며, 영혼의 커져가는 고독에 대한 운명체의 저항에서 온 것일 수 있다. 그리고 나서 피디아스에게서 이오니아풍과 도리아풍의 영향이 결합되었으며―사람들은 티치아노를 떠올린다―모든 것은 보름달에 의해 변형되고 풍부하게 넘쳐난다. 푸르트벵글러가 입증했듯이 칼리마코스와 함께 순수한 이오니아풍이 다시 부활한다. 우리에게 알려진 그의 유일한 작품에 대리석

---

*예이츠의 시 〈둥근 탑 아래서〉의 일부.

의자 위에 앉은 페르시아인이 표현되어 있다. 파우사니아스*의 묘사로 우리에게 알려진 종려나무 형상의 청동 램프에서 사람들은 페르시아의 상징을 발견하지 않겠는가? 그러나 그는 고대 그리스풍의 장인이었으며, 그에게 일을 맡긴 사람들은 대중의 생활을 이전 형태로 되돌려놓았다. 사람들은 대가들과 인간 속에서 썰물처럼 쇠퇴하는 아시아에 잠깐 몸을 담갔던 것을 볼 수 있을지 모른다.

각 시대는 다른 시대가 감았던 실타래를 푸는데, 피디아스와 그의 서방 지향 예술이 있기 전에 페르시아는 멸망했고, 동방 지향 사상 속에서 보름이 다시 돌아와 비잔티움에 영광이 비칠 때 로마는 멸망했다. 서방 지향 르네상스가 시작될 때 비잔티움이 멸망했다는, 만물은 서로 한쪽이 살면 한쪽은 죽고, 한쪽이 죽으면 한쪽은 산다는 점을 상기한다면 흥미로울 것이다.

피디아스 이후에, 대립상적이기 때문에 천천히 풍요롭게 대립적 상들을 죽 거쳐왔던 그리스의 생명력은 급속도로 끝에 이른다. 내가 이름을 잊어버린 어떤 그리스 혹은 로마 작가는 곧 그리스인의 쇠퇴하는 미모에 대해 얘기할 것이다. 예술에서는 모든 것이 점점 더 체계화되고, 라이벌은 물러나게 된다. 열정 때문에 흐릿해진 아리스토파네스의 눈은, 사람들이 로마의 무대그림에서 더 한가롭다고 생각한 시선 앞에서 떨어진다(19, 20, 21상). 아리스토텔레스와 플라톤이 창조적 체계를 끝내고서—진리 속으로 사라지는 것도 역시 죽는 것이다—상투적 형식이 시작된다. 그렇지만 플라톤이 목숨을 바친 그 진리조차

---

*2세기 그리스의 여행가이며 지리학자로, 주요 도시의 역사와 생활, 산물 등을 정확히 기술했다.

죽음의 형식인데, 그 까닭은 '영원한 이데아'를 자연에서 분리하고 이데아가 자족적이라는 사실을 보여줄 때, 그는 기독교적 사막과 금욕주의적 자살을 준비하는 것이기 때문이다.

나는 알렉산드로스의 정복과 그 왕국의 붕괴로, 형식화되고 성문화된 그리스 문명이 아시아에서 소멸되던 때를 22상의 시작 및 끝과 동일시한다. 어떤 역사가의 기록은, 자기 군대를 서쪽으로 돌리려는 알렉산드로스의 의도는, 그가 그리스화한 로마와 아시아를 창조하는 충동의 일부라는 것을 보여준다. 모든 근육을 측정하고 모든 위치를 두고 토론했던 조각상들이 도처에 있다. 이 조각상들은 더는 바랄 바 없는 인간, 완성되고 자기만족적인 육체적 인간, 약간 까무잡잡한 여인들, 그러나 야외에서 적갈색 피부를 띤 채 벌거벗고 운동하는 것 같은 남성들을 표현하고 있다. 기술자로 힘을 대신하는 승리와 패배의 시기(22상) 후의 모든 발견은, 기술에 대한 즐거움 때문에(23상), 과거에 대한 의식 때문에(24상), 어떤 지배적인 신념 때문에(25상), 지성을 제거한다. 플라톤과 아리스토텔레스 이후에, 인간의 정신은 알렉산드로스가 죽었을 때 군대가 그랬던 것처럼 소진돼버린다. 그러나 스토아학파 철학자들은 도덕을 발견하고 철학을 삶의 규칙으로 바꿀 수 있었다. 의심할 바 없이 그들 중에서—모방을 싫어하는 플라톤을 최초로 받아들인 자들 중에서—우리는 현대의 개인주의, 마스크가 벗겨진 하찮은 얼굴의 진정성을 최초로 일깨워준 자들을 발견할 수 있을지 모른다. 그러고 나서, 로마가 정복한 그리스와 그리스에 의해 정복된 로마는, 바퀴의 마지막 세 개 상에서 욕망이 죽은 채, 육체적 혹은 정신적 힘을 숭배하게 된다.

기원전 2세기에 시작된 이 숭배는, 알려진 당시 세계가 그렇듯이, 범세계적 종교 운동을 창조하는데, 그것은 다음에 오는 것이 흡수하여 적절한 기록을 남기지 못했다. 자신을 낮추는 데 익숙한 아시아가, 이내 그리스인과 로마인에게 미트라교*의 동굴에 벌거벗은 채 서서, 마치 샤워할 때처럼 황소의 피를 마지막 한 방울까지 받을 수 있도록 몸을 움직이게 했던 종교를 얼마나 지나치게 추구했는지, 우리는 알 수 없다. 그 숭배하는 이미지는 도처에서, 대립상적 시대가 죽어가며 마지막 폭력을 행사할 때 가능한 유일한 형태, 인간 혹은 동물의 형태를 취했다. 심지어 플라톤 이전에도 스토아학파와 에피쿠로스학파에 모두 똑같이 중요한 인간의 집합적 이미지, 청동 혹은 대리석으로 된 운동선수의 도덕적 이미지는, 아낙사고라스가 서로 다투는 대립적 힘이 아닌 사고가 세상을 창조했다고 선언했을 때 상기된 것이었다. 그 문장에서 영웅적 삶, 열정적이고 단편적인 인간, 위대한 시인과 조각가가 상상했던 모든 것이 사라지기 시작했다. 그리고 고귀한 반대자를 찾는 대신, 상상력은 성스러운 인간과 어리석은 악마 쪽으로 움직였다. 여인들의 품에 있으면 남자는 단순해지기에 이제 현인은 여인의 품에서 남자들을 꾀어내어 데려간다. 그리고 모든 것은 계시에 대비한다.

계시가 오면 운동선수와 현인은 합쳐진다. 가장 초기의 그리스도 조각상 이미지는 신격화된 알렉산드로스 대왕의 이미지를 모방한 것이다. 심지어 오늘날까지, 오로지 그리스도만이

---

*그리스도교가 들어오기 전 로마제국에서 널리 퍼졌던 밀교. 페르시아에서 기원한 광명의 신 미트라를 신봉하는 종교로, 로마제국에서 1세기부터 4세기까지 유행했지만, 그리스도교의 전파와 함께 쇠퇴했다. 제식 행위는 샘물이 솟아나는 바위 굴 안에서 이루어졌는데, 그 암벽에는 황소를 도살하는 신의 부조가 있다.

키가 정확히 6피트인 완벽한 육체를 소유한 인간이라는 점을 주장하는 전통이 확립되었다. 그러나 육체를 입은 완벽한 인간이기에 '그분'은 죽을 수밖에 없었다. 왜냐하면 오직 그렇게 함으로써 기본상적 힘이 감각의 범위 속에 갇힌 대립상적 인간에 도달하며, 아주 개인적이고 육체적으로 보이는 것 속에서 외부의 사물만 접촉할 수 있기 때문이다. 계시 직전의 순간을 생각할 때 나는, 피부는 미묘하게 까무잡잡하고 얼굴빛은 적갈색의 검은빛을 띠었을 살로메를 생각한다. 헤롯 앞에서 춤추며 그 예언자의 머리를 아무렇지도 않게 받는 그녀를 그리고 우리에게 퇴폐적인 것처럼 보이는 것이, 사실은 근육질의 육체와 완벽하게 달성된 문명을 치켜세우는 일이 아닐까 생각한다. 이미지를 찾으면서 나는, 살로메가 햇볕이 부족해 당시의 의학적 처방에 따라 사자 지방으로 자신의 맨 팔다리에 기름을 치며 왕의 총애를 얻으려 했던 것을 상상했다. 똑같은 충동이 갈릴리의 계시를 창조하고, 조각된 머리가 태양 원반으로 둘러싸인 로마 황제를 신격화했을 것이라고 생각한다. 옥좌 위에서나 십자가 위에서나 똑같이 신화가 생애의 기록이 된다.

4
기원후 1년부터 1050년까지

신은 이제 인간과 인간이 만든 물건 너머에 있는 어떤 것으로서 생각된다. 따라서 피디아스와 스코파스가 만든 것을 숭배하는 것은 우상숭배임이 틀림없고, '그분'은 하늘에 계신 아버지라는 점을 생각하면, 세상이 특징 없는 먼지로 변하여 손가락 사이로 빠져나가는 테베 지방에서 천국이 곧 발견될 것이라는 결론에 이른다. 그리고 이런 것들은 불가사의한 일이기 때문에, 인간 정신을 넘어선 책들을 통해서, 그리고 불가사의한 교회를 통해 입증되었다. 가이어가 더 넓게 회전함에 따라, 이 교회는 인간 역시 흙덩어리나 먼지처럼 특징 없는 것으로 만들 것이다. 인간은 자신이 아무것도 아니라는 가르침을 받아왔기 때문에, 인간의 지혜에 밤이 닥칠 것이다. 세계는 둥글고, 그런 많은 것 중 하나라는 사실을 인간은 발견했거나 어렴풋이 발견했지만, 이제는 하늘이 평평한 바다 위에 쳐놓은 천막에 불과하고, 미칠 듯한 불안감 같은 것에 빠지도록 자극받고 도덕적으로 변화되어, 자신이 여러 생애를 살았다는 확신이나 어렴풋한 지식을 지워버리고, 모든 영생이 순간의 결정에 달려 있다는 것을 믿지 않을 수 없다. 변화가 완성되면 천국 자체는 아주 모호하고 움직임이 없는 것처럼 보일 수밖에 없기 때문에, 인간의 약점을 용인하는 것 같다. 하느님의 심부름꾼, 꿈에서 그분의 의지를 보여주거나 환상의 언어로 그것을 알려주는 존재는 결코 인간이 아니라는 점을 분명히 하는 것이 이 신앙에 필수적인 것이다. 그리스인은 그런 존재들은 과거의 위대한 인간이라고 생각했지만, 이제는 인간에게 그것을 용인하는 것은 금지된다. 모든 것은 불타는 거울로 만들어진 태양의 이미지로 축소되고, 인간은 그 이미지를 제외하고는 아무것도 모르는 존재일 수밖에 없게 된다.

그리스도를 단지 인간으로 여긴다면 그 변화를 가져온 정신은, 그리스인과 로마인의 생각으로는, 시대에 가장 역행하는 것의 절정이다. 그러나 인간 이상으로 여긴다면, 그분은 신피타고라스학파와 스토아학파가 통제할 수 없는 것, 즉 비이성적 힘을 통제한 것이다. 그분은 새로운 시대, 이전에 생각지도 만지지도 보지도 못했던 모든 것을 선언할 수 있었는데, 그 까닭은 그분이 기적으로 이성을 대신할 수 있었기 때문이다.

그분의 희생은 자발적인 것이었기 때문에 우리는 그분을 사랑 그 자체라고 말하지만, 그분의 기독교 세계를 만든 부분은 사랑이 아닌 연민이며, 지적 절망에 대한 연민이 아니었다. 비록 그분 안에 있는 인간은, 그분의 시대처럼 대립상적이기 때문에, 에덴동산에서 지적 절망을 알았지만 말이다. 그분이 나사로의 병을 고쳐 일으켰다는 점에서, 그분이 많은 사람의 죄악을 치유했다는 점에서, 그분이 죽었다는 점에서, 그것은 기본상적 연민, 즉 인간의 죽음이라는 공통 운명에 대한 연민이다.

사랑은 지적 분석으로 창조되고 보존된다. 왜냐하면 우리는 독특한 것만을 사랑하기 때문이다. 그것은 행위가 아닌 명상에 속하는데, 그 까닭은 우리는 자신이 사랑하는 것을 바꾸려 하지 않기 때문이다. 사랑하는 사람은 자기 애인보다 더 아름다운 여인을 인정하지만, 같은 종류는 아니다. 그녀의 모든 방식과 표정에 대한 고되지만 즐거운 탐구에 나날을 보내고, 뭔가가 과거에도 없었고 앞으로도 다시는 없을 것을 위협할 때만 연민을 느낀다. 단편적 존재는 단편적 존재에 즐거움을 느끼고, 봉사가 아닌 소유를 원한다. 반면, 선한 사마리아인은 도둑에게 상처를 입은 채 길가에 버려진 다른 사람과 자신이 비슷하다는 것을 발견하며, 그 다른 사람 속에 있는 자신에게 봉사한다. 대립은 사라지고, 그는 자신의 나사로를 필요로 하지 않는다. 그들은 서로 다른 사람이 살면 죽거나, 다른 사람이 죽으면 사는 게 아니다.

로마 쇠퇴 시작의 일반적 날짜(2상에서 7상까지, 기원후 1년에서 250년까지)를 정하는 것은 자의적일 수밖에 없다. 로마의 조각—조각가의 혈통과 상관없이 로마의 영향을 받고 만든 조각—은 그리스와는 다른 로마 조각을 생각한다면, 기독교 시대 이전까지는, 말하자면 완전히 활력을 발휘하지 못했다. 로마의 조각은 심지어 미래의 모든 조각에 영향을 미칠 발견을 했다. 그리스인은 대리석 조각상의 눈에 색칠을 하고 에나멜이나 유리 혹은 다른 보석으로 청동 조각상의 눈을 만들었지만, 로마인은 눈동자를 표현하기 위해 최초로 둥근 구멍을 뚫었다. 내 생각에 그것은 마지막 상에 있는 문명의 특징으로, 그들이 사람의 눈길에 몰두했기 때문이다. 위대한 시대의 대리석이 보여준 색채는 이미 퇴색했는데, 그림자와 빛을 받는 부분은 특히 햇빛이 많은 곳에서는 페인트, 에나멜, 스테인드글라스나 보석보다 더 선명한 법이다. 그들은 이제 돌에 완벽한 평정을 표현할 수 있었다. 관리자 같은 정신, 빈틈없는 주의력은, 리듬, 육체의 기쁨, 얽매이지 않는 에너지를 몰아내버렸다. 그리스가 아니라 로마가 마지막 기본적 상을 표현할 수 있게 한 것은, 정확히 말해, 이 빈틈없는 주의력을 기울일 수 있는 재능 때문이 아니었을까? 우리는, 세상의 모든 힘이 자신들의 눈앞에서 움직이며, 세상이 스스로 부딪쳐 부서지지 않기 위해서는 서두르지 않고 불안감 없고 끊임없는 보살핌이 필요하다는 것을 아는 사람에 걸맞게 침착하고 주의 깊은 공인인 원로원 의원의 무리가, 대리석 박공에 새겨진 것을 볼 수 있다. 파르테논 신전에 새겨진 말 타는 기수들은 자신의 움직이는 몸에, 춤동작처럼 보이는 움직임에—그 위에 새겨진 인간과 짐승의 마음이 그러했는데—세상 모든 힘을 가지고 있었다. 그러나 곧 모든 것은 변하여, 측량법은 즐거움을 대신하고, 춤 선생은 춤보다 오래 살아남게 될 것이었다. 그 소년들이 주의 깊은 눈을 가져야 할 필요성이 있었겠는가? 그러나 춤 선생 자체가 죽어버린 1, 2세기 로마에서는, 최근 우리에게서와 마찬가지로, 얼굴과 머리에 나타난 성격의 묘사가 전부였다. 그래서 조각가들은 권세 있는 관리들의 주문을 받기 위해 작업장에 토가를 걸친 대리석 몸통을 쌓아두고는, 그 위에다 고객을 가장 사실적으로 본뜬 머리통을 지체 없이 끼워 넣을 수 있게 해놓았다. 로마를 생각할 때면 나는, 언제나 세상을 깊이 생각하는 눈이 있는 머리통과, 주요 기사의 메타포처럼 관습적인 몸통을 본다. 아무것도 응시하지 않는 멍한 그리스인의 눈과, 상아에 구멍을 뚫어서 만든, 환상을 응시하는 비잔티움 사람의 눈, 중국인과 인도인의 눈꺼풀, 즉 세상과 환상에 대해 똑같이 지루해하는, 가려져 있거나 반쯤 가려진 그 눈을 상상하며 비교한다.

반면 "아기 예수, 아기 예수가 태어났네"라는 외침과 함께—여인들은 알 수 없는 말을 지껄이고, 이발사와 직조공은 노예 같은 상태에서 나오는 상스러움으로 신의 계시를 설명하고, 탁자는 탁탁 소리를 내며 흔들리며 울리듯—혼란과 소동을 일으킬 비이성적 힘은 무시해도 좋을 만한 종파를 만들 뿐이다.

완성된 형태의 대립상적 귀족 문명이 온통 그 주위에 있어서, 삶의 세세한 모든 부분이 계급적이다. 대인의 문 앞에는 새벽부터 탄원자가 몰리고, 소수의 사람이 엄청난 부를 모두 차지한다. 더 큰 신에게 의존하는 하나의 신인 황제에 이르기까지 모든 사람이 몇몇 사람에게만 의존한다. 법정이나 집안이나 도처에서 불평등이 법이 되고, 로마화한 그리스 신들이 육체적 우월함으로 모든 사람 위에 날아다닌다. 모든 것은 엄격하고 정지된 상태이며, 사람들은 몇 세기 동안 똑같은 칼과 창으로 싸운다. 해전에서는 더욱 뛰어난 선박 조종술이 필요한 배와 배끼리의 단독 전투를 피하기 위한 전술의 변화가 있었지만, 배의 항해 속도는 페리클레스 시대부터 콘스탄티누스 대제 시대에 이르기까지 변화 없이 그대로였다. 조각은 점점 더 사실적이 되고 그렇게 활력을 되찾았지만, 이 사실주의는 아무런 호기심이 없었다. 운동선수는 권투선수로 바뀌어 얻어맞아 일그러진 입술과 코를 보여준다. 청동 켄타우로스의 배꼽 털 하나하나까지 볼 수 있지만, 주제는 바뀌지 않았다. 오로지 철학만이, 비이성적인 힘과 접촉하는 곳에서—이집트 마술과 유대 기적에 매달리지만, 어느 정도의 거리를 두고—놀라움을 주고 창조할 수 있었다. 그러나 플로티노스는 베드로처럼 로마 문명을 창조한 모든 것과는 반대인 만큼 기본상적이며, 그의 사상은 기본상적 대중 가운데 깊이 뿌리 내릴 정도이다. 그의 학파 창시자는 알렉산드리아의 짐꾼이었던 암모니우스 사카*였다. 그의 사상과 오리게네스의 사상은 내가 젊었을 적에 훑어보았는데, 종족의 통합과 같은 어떤 특질의 추상적 통합을 표현하며, 그래서 항상 8상 앞에 오는 성격을 보여주는 것처럼 보였다. 유대교의 기적은 알렉산드리아의 마술보다 대중을 더 강하

---

*3세기 알렉산드리아 출신의 그리스 철학자로, 신플라톤학파의 창시자 중 하나이며 플로티노스의 스승이다.

게 사로잡고 있었다. 그래서 콘스탄티누스 대제(8상)가 자기 군사들의 방패에 '십자가'를 새기고 '예수의 십자가' 못으로 자기 군마의 재갈을 만들 때, 즉 태음력의 첫 사분구간이 끝날 때 동물적 혼란 가운데서 힘을 얻고자 인간의 외침과 같은 행위를 할 때, 오리게네스는 의기양양했다. 콘스탄티누스 대제가 임종할 때까지도 개종하지 않았던 것으로 보아, 나는 그가 반은 정치가이며 반은 마술사라고 생각한다. 그는 꿈을 맹목적으로 좇아서, 나뭇가지 두 개를 못질해서 만든 새로이 유행하는 십자가 부적을 받아들였다. 기독교인은 7천만 명 정도에 이르는 로마제국 시민 가운데 단지 6백만 명에 불과했지만, 18세기 비국교도처럼 쾌락을 위해서는 아무것도 쓰지 않아서 엄청나게 돈이 많았다. 여전히 문명은 대립상적이었기 때문에, 4세기 철학자에게는 여론의 전반적인 변화, 혹은 아래에서부터 온 압박이 아닌 힘의 행위로 '모든 아름다운 것'이 지워진 세상으로 보였을 것이다. 그렇게 이 시기는 기독교적, '가공할 무형의 어둠'이 돼버렸다.

    나는 9, 10, 11상을 거치는 비잔티움 제국의 성립을 추적할 수 있는 지식이 없다(누구에게도 그런 지식이 없을지 모른다). 나의 도형은 160년이 지나 이 제국이 15상에 도달했다는 것을 말해주지만, 예술만 알고 이것은 거의 모르는 나는, '대충 정확하지만' 내가 단지 알게 되는 일련의 날짜를 수정할 수는 없다. 얘기를 간단히 하고 싶어서 나는 5세기 말엽이 아닌 중엽에서 12상을 찾는 것을 선호한다. 왜냐하면 그 시기는, 우리가 아는 증거를 보면, 비잔티움이 비잔티움다워지고, 육체적 힘을 찬미하는 공식적인 로마의 웅대함이, 요한의 계시록에 나타난 '성스러운 도시'를 암시하는 건축물로 대체되었던 때이기 때문이다. 만일 고대로 돌아가 내가 택한 곳에서 한 달을 지낼 수 있다면, 나는 유스티니아누스 황제가 성 소피아 성당을 열고 플라톤의 아카데미를 닫기 직전의 비잔티움으로 가고 싶다. 나는 어떤 조그만 와인 가게에서 내 모든 질문에 대답할 수 있는, 초자연적 강림에 심지어 플로티노스보다 더 익숙한, 철학적 모자이크 공예가를 만날 수 있을 것이라고 생각한다. 왜냐하면 그의 정교한 기술에 대한 자긍심이, 왕과 성직자들에게 권력의 도구가 되었던 것, 즉 군중의 살인적 광기를, 완벽한 인체처럼 사랑스럽고 유연한 존재처럼 보이게 할 것이기 때문이다.

나는 초기 비잔티움에서는, 기록된 역사에서 전무후무하게 종교와 예술, 실생활이 하나였고, 건축가와 장인—비록 시인은 아닐지 모르는데, 왜냐하면 언어란 논쟁의 도구이며 추상적이 되기 때문이다—대중이나 소수 사람에게 마찬가지로 말을 걸 수 있었다고 생각한다. 화가와 모자이크 공예가, 금은세공업자, 성경 삽화가 등은 거의 비개인적이며, 아마도 거의 개인적 디자인에 대한 의식이 없이, 자신의 주제와 전체 시민의 비전에 몰두했다. 그들은 옛 복음서에서 텍스트만큼 성스럽게 보이는 그림을 모방했지만, 모든 것을 하나의 방대한 구도 속에 엮어 넣어서 많은 사람의 작품이면서도 마치 한 사람의 작품처럼 보이고, 건물과 그림, 도안, 금속으로 만든 보호망이 있는 등잔 등이 마치 단일한 이미지처럼 보였다. 이 비전, 눈에 보이지 않는 그들의 이 대가다운 표현은 그리스적인 고상함을 지녀서, 사탄은 교훈적인 중세의 뿔 달린 허수아비가 아니라 아직도 반쯤은 신성한 뱀으로 표현되었다.

알렉산드리아에서 '신의 운동선수'라 불리는 고행자는 그리스 운동선수를 대신했다. 그리스의 운동선수 조각상은 녹여지거나 부서져서 곡식밭 가운데 버려진 채 서 있었다. 그 고행자 주위에는 온통 비몽사몽간에 우리의 감긴 눈꺼풀 밑을 지나가는 것, 살아 있는 세계의 표상이 아니라 몽유병자의 꿈과 같은 놀라운 광채가 있었다. 심지어 어떤 비잔티움 상아 공예가의 손으로 구멍을 뚫어 만든 눈동자는 몽유병자와 같은 변화를 겪게 된다. 왜냐하면 평판의 희미한 선들 가운데 있는 깊은 음영과, 다른 모든 것이 리드미컬하고 유려한 것과는 달리 기계적인 원은, 기적을 응시하는 어떤 커다란 새의 모습을 성인이나 천사에게 주기 때문이다. 그렇게 비신학적으로 우아한 '성스러운 지혜'라는 이름을 가진 교회를 지나고 있는 당시의 어떤 환상가, 심지어 라벤나 시칠리아의 모자이크 작품들 가운데서 서성거리고 있는 오늘날의 환상가는, 자신의 감은 눈 아래에 보이는 어떤 이미지를 인식할 수가 없을까? 내가 보기에는, 최초의 기독교도 사회에서 단지 미미한 영적 엑소시스트였던 '그분'은, 완전한 '신성'을 받아들임으로써, 초자연적인 광채 위에, 즉 청색과 녹색과 금색의 은은히 빛나는 작은 벽돌로 만들어진 이 벽들 위에, 이렇게 내려앉는 것이 가능했던 것 같다.

　나는 비잔티움 예술의 두 가지 주된 특성인, 도리아 예술과 이오니아 예술 사이에 있는 것 같은 수평적 가이어의 진동, 회전을 발견할 것이라고 생각한다. 최근 비평은, 팔미라에 있는 그리스 벽화를 상기하는 근엄한 얼굴을 한 그리스-로마풍의 인물과 인물 묘사가 많은 우리 시대 작품에서처럼 과장되어 있는, 미라의 관 뚜껑에 그려진 그리스-이집트풍의 인물을 구별하고 있다. 후자의 장식은, 우리의 자제력을 손상시키며 페르시아에서 기원하는 것으로 보인다. 또 사방을 기어오르는 덩굴손이 있는 포도나무가 그에 맞는 상징이며, 잎들 가운데 이상한 새와 짐승의 이미지, 사람들이 여태껏 눈으로 본 적이 없지만 마치 그것 자체가 살아 있는 생명체라도 되는 듯이 연이어 태어나는 존재를 나타내는 형상을 보여준다. 전자의 지배를 대립상적, 후자의 지배를 기본상적이라고 생각하고, 그것들이 교대하는 가운데서 수평적 가이어의 활동을 내가 볼 수 있을까? 슈트르치고프스키는 성인의 시각적 재현이 있는 교회 장식은 그리스도의 이중성을 믿는 사람들에게 특히 소중하다고 생각한다. 또한 그는 그리스도가 빈 십자가로 표현되고 나머지 모든 것은 새와 짐승과 나무로 표현되는 곳에서는 어디나, 그리스도의 인성을 부정하는 사람들에게 소중한 아시아적 예술을 우리가 발견하게 될지 모른다고 생각한다.

나는 자신으로 돌아오게 되면, 15상을, 사람들이 비잔티움 예술이 완성되었다고 결론 내리는 위대한 건축의 시대인 유스티니아누스 황제의 제위 기간과 같다고 생각하고 싶다. 그러나 그 도형의 의미는, 현대의 설명으로 판단하자면, 모든 것이 황홀경을 그리는 성 소피아 성당 같은 건물은 웅변적인 성 베드로 성당과는 달리 절정의 시기에 앞서 오는 것임이 틀림없다. 나는 절정의 시기 자체에 대해서는 아무것도 말할 수 없고, 17상부터 21상까지에서 나오는 것에 대해서는 거의 아무것도 말할 수 없는데, 그 이유는 내가 시간에 관한 지식이 없기 때문이다. 그리고 피디아스 이후나 우리 자신의 르네상스 이후 시대의 어떤 유사성도 도움이 되지 못한다. 우리와 그리스인은 지성을 향해 움직였으나, 비잔티움과 당시의 서유럽은 지성과는 반대 방향으로 움직였다. 만일 슈트르치고프스키가 옳다면, 우리는 이미지들의 파괴 속에서, 단지 신학을 더 금욕적이고 영적이고 추상적으로 만들려는 어떤 시도에서 벌어진 사건인, 아마 고대 페르시아의 천국으로부터 내려온 모든 것에 나타난 새로워진 광채가 동반되는 장식에서의 그리스적인 것의 파괴를 볼 수 있을지 모른다. 그 파괴는, 제국에서 페르시아의 영향력이 가장 강했던 지역에 자기 교구가 있었던 그리스도 단성론(單性論)을 믿는 주교 제나이아스의 추종자들에 의해, 최초의 성상파괴주의 황제에게 제안되었던 것 같다. 일이 돌아가는 것을 보건대, 이미지가 다시 돌아온 것은 종합의 실패(22상)이며, 기독교가 잡다한 토양에 처음으로 내려앉아 스며드는 일이었다. 유럽은 동물적이고 교조적이 되었던가? 이미지를 갈아서 가루로 만들고 그것을 어떤 액체와 섞고 약으로 삼키도록 허용된다면, 승리를 거둔 측의 힘은 적들만큼 기꺼이 이미지를 파괴하려는 열성분자에게서 나온 것인가? 인류는 얼마 동안 자신들이 할 것이나 해야 할 것이 아닌, 할 수 있는 것을 하고, 생각을 가로막기 때문에 과거와 현재의 믿음을 수용했던가? 서유럽에서 나는 철학이 죽기 전 마지막 지적 통합을 요하네스 스코투스 에리게나*에게서 볼 수 있을지 모른다고 생각한다. 그러나 비록 그 천사의 위계가 이미지를 만드는 사람에게 주제가 되기는 하지만, 그가 마지막 성상파괴주의 황제가 보급한 6세기 그리스 서적에

---

*9세기 아일랜드의 신학자이며 신플라톤주의 철학자, 시인.

기반을 두고 있다는 점을 제외하고는, 그에 관해 아는 것이 거의 없다. 나는 또한 내 도형은 22상을 샤를마뉴 대제의 제국 붕괴와 일치시킨다. 그래서 명백히 그를 알렉산드로스 대왕과 같게 한다는 점에 주목하지만, 꼭 그래야 할 경우를 제외하고는 정치적 사건에 관심을 쏟고 싶지 않다.

그다음에는, 마지막 사분영역에서 틀림없이 언제나 그러는 것처럼, 이질적인 예술이 뒤따른다. 건축 형식의 머뭇거림이라고 어떤 책은 말해준다. 그리스 로마 문학에 대한 관심, 많은 모방과 결합, 그러나 몇몇 궁정과 수도원 밖은 아시아적이고 무정부주의적인 유럽이었다고 다른 책은 말해준다. 지적 원뿔이 아주 좁아져서 세속적 지성이 사라져버리고, 강자는 지역적 관습의 도움으로 다스리며, 모든 곳에서 초자연적인 존재는 급격하고 폭력적이며, 뇌졸중이나 무도병처럼 지성인에게는 암흑과 같다. 내 자동기술 문서가 일러주는 바로는, 황제 치하의 로마인들은 육체적으로는 하나였지만 지적으로는 여럿이었다. 그러나 그것이 이제는 역전되었는데, 왜냐하면 하나의 공통된 사고와 원칙이 있고, 읍과 읍, 마을과 마을, 씨족과 씨족이 서로 단절되어 있기 때문이다. 그 원뿔이 팽창하여 정신적인 생활은 넘쳐나지만, 이 삶—꺼져버린 세속적 지성—은 인간의 행동에 거의 영향을 미치지 못하는, 아마도 의식적 정신의 범위를 넘는 어떤 희귀한 기적이나 환상에 대한 꿈일 것이다. 나는 그것을, 관능적인 꿈—아마도 새와 짐승 이미지의 로마네스크 같은 흐름—이 동반되지만 꿈에 영향을 미치지도 않고 꿈에서 영향을 받지도 않는, 몽유병자의 깊은 몽상 같은 것으로 생각한다.

대립적 상들이 기껏해야 단지 번개가 번뜩하는 것과 같은 순간적 광채의 상들인 이유는 정말로 정확히 이 이중적 정신이 보름에 창조되기 때문이다. 그러나 지금 우리와 상관있는 보름은 더 큰 시기의 15상일 뿐만 아니라, 천 년의 마지막 상인 28상이며, 물질적 형태로서는 다시 한 번 더 자동화된 인간의 삶이다. 나는 한때 '절대적' 존재의 이미지를 찾다가 민달팽이에서 하나의 영원한 이미지를 본 어떤 사람을 알게 된 적이 있다. 마치 인간의 이해력을 넘어선 '존재'가 가장 덜 체계화된 형태의 생명체에 반영되어 있다는 사실을 암시한 듯이 말이다. 지적 창조는 끝났지만, 인간은 초자연적 존재와 관계를 맺게 되고, 만일 통상적인 제물을 바친다면, 그 '존재'는 스스로 살아있으면서 동시에 인간을 살게 해주는 일을 잊지 않을 거라는 점에 동의한다. 성인이나 천사조차도 인간 자신과 아주 다르지는 않은 것처럼 보여서, 어떤 사람은 자신의 수호천사가 자기 애인을 질투한다고 생각한다. 어떤 왕은, 성인의 시신을 새 교회로 끌고 가다가 길에서 난관에 봉착하자, 기적을 가장하여 그 성인을 상것이라고 비난한다. 차례로 자신들의 기둥서방으로 교황을 선택한 매춘부 세 명이, 고백의 초자연적 효험을 전적으로 믿고서, 자기네 사랑 행위의 교성을 들었던 사람들의 귀에 자신들의 죄를 고백하거나, 자기네 육체를 갖고 놀았던 손에서 성체를 받았던 사실은 생각만 해도 웃음이 절로 난다. 관심이 가깝고 개인적인 것으로 좁혀졌고, 모든 추상적인 세속적 생각이 사라진 것을 알자, 이런 관심은 가장 물질적인 형태를 띠게 되었다. 마침내 지성에서 자유로워진 인간은, 수도원이나 은둔자의 동굴에서, 짐승이나 어린아이처럼 네 발로 자신들의 신을 찾을 수 있었다. 교회법은, 그 법이 정부나 교회, 국가가 아닌 개인의 영혼과 관계하는 한 완전하다. 구원에 필요한 모든 것은 알려졌지만, 도처에 무지함이 팽배해 있다. 인간은 아무런 세속적 능력을 갖지 못한 채 죽음과 심판을 기다리며, 세상의 무질서 앞에서 어찌할 바를 모르고 잠재의식으로부터 세상이 곧 끝날 거라는 믿음을 끌어낸다. 드문 흥분이나 계시의 순간을 제외하고는, 숨겨진 채, 심지어 그런 때조차 상징으로만 나타나는, 갈릴리인의 상징으로 움직이는 그 흐름은, 대야를 다 채우고 가장자리를 흘러넘치기 전에 잠시 정지한 것처럼 보인다. 움직임이 없는 명상 속에서 보면, 그 대야 한가운데 피가 멈추어 있는데, 그것은 '그분의 손과 발'에 흘렀던 '성혈'이 아니라, 오로지 인간의 공통 운명을 느끼며 시간의 장구함과 인간에게 닥치는 가당치 않는 운명에 대해 슬퍼하는 '그분'의 피다. 2천 년 전 그의 전임자는 영웅적 인간에게만 관심을 갖고, 그렇게 서서 시간의 짧음과 운명에 제대로 맞서지 못하는 인간의 무능을 슬퍼했다.

보름이 끝나면, 마지막 시현은—우리가 체팔루와 몬레알레*를 믿는다면—피디아스의 제우스에게 빌린 것처럼 보이는 근엄한 위엄을 벗어버리고, 우리 자신과 더욱 유사하게 자라날 것이다. '그분'의 어머니는 가혹한 비잔티움의 이미지를 벗어버리고 그의 곁에 설 것이다.

---

*시칠리아에 있는 체팔루 대성당의 모자이크 그림과 몬레알레 대성당의 황금 모자이크 벽화를 말한다.

5
기원후 1050년부터 오늘날까지

조류가 바뀌고 신앙이 더 이상 충분치 않을 때, 아무런 역사적 기록은 없지만 궁정과 성에 뭔가가 일어났음이 틀림없다. 왜냐하면 궁극적 대립상적 계시의 희미한 첫 새벽이 도래하며, 인간은 성모 마리아의 눈 아래서 혹은 자신의 애인 가슴에서 단지 하나의 파편이 되었기 때문이다. 과거의 야만적인 것과 금욕적인 것의 교대 대신, 천 년 동안 완전한 설명을 찾을 수 없는 모호하고 불확실한 것이 나타났다. 어떤 비잔티움 주교가 안티오크의 가수를 보고서 이렇게 말했다. "나는 그녀의 아름다움을 심판의 날에 보리라는 것을 알기 때문에 그 아름다움을 오랫동안 보아왔고, 그녀가 자신의 육체를 돌보는 것만큼 내가 나 자신의 영혼에 관심을 기울이지 않았다는 것을 상기하고 울었다." 그러나 《아라비안나이트》에서 하룬 알 라시드는 '마음의 기적'이라는 이름의 가수를 보고 순간 사랑에 빠졌을 때, 그녀의 머리를 조그만 비단 베일로 가리고 그녀의 아름다움이 '이미 신앙의 신비 속으로 물러났다'는 것을 보여주었다. 주교는 신성화될 아름다움을 보았지만, 칼리프는 그 자체가 신성인 아름다움을 보았는데, 로맨스를 창조한 것은 바로 1차 십자군 전쟁에서 돌아왔거나 아라비아풍 스페인이나 반쯤 아시아적인 프로방스와 시칠리아에 나타난 칼리프의 신성성이었다. 어떤 잊힌 꿈, 어쩌면 어떤 의식이 수도원으로부터 지혜를 분리하고 멀린을 창조하며 그것을 열정과 결합시켰던가? 크레티앵 드 트르와의 작품에서 멀린이 니니앙을 사랑했을 때, 그는 한 왕자가 자기 애인을 위해 만들었던, 황금 모자이크로 장식된 동굴을 보여주며, 그 연인은 한날에 죽어 "자신들이 기쁨을 누린 방에" 눕혀졌다고 그녀에게 말했다. 그리고 그는 자기 기술로만 들어 올릴 수 있는 붉은 대리석 석판을 들어 올리고 흰 비단 수의로 돌돌 말려 있는 시신들을 보여주었다. 니니앙은 자신과 멀린이 동굴로 돌아가서 그 죽은 연인들 곁에서 밤을 보내기를 간청했으므로 무덤이 열린 채 그대로 두었지만, 밤이 오기 전에 멀린은 슬픔에 잠긴 채 잠이 들어버렸다. 그래서 그녀와 시종들은 그의 "머리와 발을" 잡고 그를 "무덤에 넣고 다시 대리석 판을 덮어버렸다." 그렇게 할 수 있었던 것은 멀린이 그녀에게 주문을 가르쳐주었기 때문이다. "그 시간 후로는 아무도 멀린이 살았는지 죽었는지 본 사람이 없었다." 오페라 〈파르지팔〉에는 처음부터 끝까지 교회의 의식도 없고 결혼식이나 미사, 세례도 없다. 그 대신 로망스나 삶의 가장 이상한 창조, '사랑의 황홀경'을 발견한다. 그런 황홀경 속에서 파르지팔은 멀리 떨어져 있는 애인의 이미지만을 자기 눈앞에서 보면서 기사들을 차례로 물리치고, 마침내 깨어나 자신의 패인 검과 방패를 놀란 얼굴로 바라본다. 파르지팔이 싸움을 벌인 그날 기도드린 대상은 자기 연인이었지 하느님이나 성모 마리아가 아니었고, 파르지팔 곁에 나란히 나아가면서 그에게 승리를 안겨준 것은 연인의 황홀경에 빠진 혹은 잠든 육체에서 분리된 그녀의 영혼이었다.

1005년부터 1180년까지의 시기는 도형에서 우리 시대 천년의 첫 두 가이어에 속하는 것이며, 약 2천 년 전의 호메로스 시대에 상응하는 이 시기에서 나의 흥미를 끄는 것은 아서 왕 이야기와 로마네스크 건축의 창조이다. 나는 로마네스크 양식에서 세속적 유럽으로 가는 첫 움직임을 보지만, 그것은 너무 본능적이어서 여태까지 그 옛 상태에 대한 아무런 반작용이 없었다. 모든 건축가, 끌을 든 모든 조각가는 일종의 성직자일 수 있지만, 인간의 형태는 거의 사라지고 새나 짐승은 자연에서 모방한 것이 아니며 모든 것이 비잔티움 같기보다는 아시아적 같은데, 여기서 사람들은 멀린과 그의 마술을 창조했던 것과 똑같은 동일한 충동을 발견한다.

나는, 자기 시대 이미지를 늘 추구한 19세기의 역사가들과는 달리, 다음 가이어의 특징, 즉 5, 6, 7상의 특징인 고딕 건축에서, 새로운 공적 자유의 창조가 아닌 권위의 창조, 비록 동의한 것이지만, 자유의 억압을 발견한다. 그리고 분명히 성 베르나르*는 로마네스크 양식의 무절제함을 비난했을 때, 그런 관점에서 그것을 보았을 것이다. 나는 수학적 형식을 고집하는 빌라르 드 온느쿠르**의 신기한 스케치북을 생각하며, 몽생미셸***에서 그 형태—비잔티움을 햇빛이 비치는 구름처럼 보이게 만드는 그 모든 어두운 기하학적 형태인, 교회, 수도원, 요새, 마을—를 본다. 그리고 내게는 새로 태어난 세속적 세계와 싸우기 위해 교회가 세속적으로 되는 것처럼 보인다. 그것은 공공연히 종교에만 호소한다. 귀족과 귀부인은 성당 돌을 끄는 군중에 끼는데, 미를 사랑해서 그런 것이 아니라 돌들이 굴러 내려갈 때 절름발이와 눈먼 자들을 치료하기 때문이다. 그러나 일단 돌들이 세워지면 적들로 붐빈다. 투명해진 모자이크

---

*12세기 프랑스 대수도원장으로, 초기 시토 수도회의 기초를 다진 인물.
**13세기 프랑스 건축가, 화가.
***프랑스 노르망디 해안의 바위산으로, 섬 전체가 수도원이다.

그림은 창을 채우고 예쁜 여자들처럼 서로 다투며 모든 사람의 눈길을 끌고, 조각상 얼굴 위에는 고대 그리스와 함께 사라진 미소가 어른거린다. 그 미소는 육체적, 기본상적 즐거움, 초자연적 공포에서의 도피, 대립상적 슬픔이 시작되기 전의 무책임한 일상의 한순간이다. 그것은 마치, 도미니크회 사제가 새롭고 믿기 어려운 엄숙함으로 설교하는 동안, 아름다운 신도들이 자신들의 상상력을 멋대로 펼치도록 내버려두는 것 같다. 마치 주의력 깊은 조각가 혹은 상아 공예가가 성스러운 여인들을 새기면서 그 미소 짓는 입술을 기억했던 것처럼 말이다.

성당과 토마스 아퀴나스의 철학은 22상 이전에서처럼 8상 이전에 나타나는 추상화의 산물이며, 1사분기 끝에서 전반적인 무질서 상태를 통제하려는 도덕적 종합의 산물이 아닌가? 그 무질서는 엄청나게 큰 것임이 틀림없고, 아니면 여태껏 알려지지 않았던 감수성을 인간이 찾았음이 틀림없다. 현대 문명을 창조한 것은 그 충격이었기 때문이다. 이 도형은 1250년부터 1300년까지 기간을 8상에 해당되는 것으로 나타내는데, 그 이유는 분명히 이 시기나 이와 비슷한 시기에 기사도와 기독교가 불충분한 것으로 드러났고, 이제 십자가를 보호해주는 것은 주교와 왕이었으므로, 왕은 전자를 다스리고 교회는 후자를 다스리면서 콘스탄티누스의 업적을 뒤옆었기 때문이다. 그러나 나는 내가 더 잘 아는 분야에서 개성의 첫 승리의 예를 찾아보고 싶다. 단테는 《향연》에서 가난 때문에 잃어버린 고독을 슬퍼하면서 근대적 자서전의 첫 문장을 쓰며, 《신곡》에서는 여태껏 비개인적이었던 제도와 주마등 같은 환상에 자신의 개성을 부여한다. '왕'은 도처에 자기 왕국이 있음을 알게 된다.

1300년부터 1380년까지의 시기는 네 번째 가이어, 즉 9, 10, 11상의 가이어에 속하는데, 지오토로부터 프라 안젤리코까지의 회화와 프루아사르의 연대기, 스테인드글라스 위의 정교한 차양에서 그 특징이 나타난다. 기독교는 아직도 건재하다. 모든 옛 이야기가 살아 있고, 화가와 시인은 똑같이 이야기를 위한 새로운 장식을 찾고, 그들은 모든 것의 매력을—그 매력이 고풍을 띠기 때문에—더욱 사무치게 느끼며, 꽃병의 말린 장미 향기를 맡는다. 실제적인 사람들은 반역과 이단에 맞서, 몇 세대 동안 그래왔던 것과는 달리 난폭해지지만, 비잔티움 전통 때문에 삶에서 분리된 예술가들은 심지어 자신들의 온순함을 과장할 수 있다. 온순함과 폭력은 똑같이 가이어의 망설임을 표현한다. 단테와 토마스에게 충분했던 공적인 확실성은 사라졌고, 아직 사적인 확실성은 없다. 모든 전통적 화려함에서 도피하기 위해서, 인간의 마음은 이제 고독을 갈구하는 것일까? 그리고 무엇이 마음을 병들게 하는지 모르는 것일까? 새로운 기술적 방법, 즉 불변하는 유리 큐브 대신 유연한 붓질에 격려를 받고, 혼잡하고 흐릿한 춤에서의 역할을 지루해하는 그 이미지 자체가 고독한 인간의 몸을 찾는 것인가? 그 몸은 1380년부터 1450년 사이에 나타나며, 마사초*에 의해, 또 부분적으로 옛 가이어에 속하는 초서에 의해, 그리고 전적으로 새로운 가이어에 속하는 비용**에 의해 발견된다.

조숙하고 풍부한 감성을 지닌 마사초는 스물여섯의 나이에 오브리 비어즐리처럼 죽어가며 자신의 직속 후배 화가들에게

---

*5세기 이탈리아 피렌체에서 활동했던 르네상스 시기의 화가.
**15세기 프랑스의 시인.

감동을 주었지만, 우리에게 감동을 주진 못했다. 그 이유는 그가 우리를 조금 지치게 한 자연주의를 발견했기 때문이다. 세례를 기다리며 옷을 벗고 있는 젊은이를 추위로 떨게 하고, 베드로가 기적의 물고기 주둥이에서 돈을 끄집어내려고 애쓰느라 얼굴이 벌겋게 되게 했다. 반면 아담과 이브는 천사의 칼날 앞에 도망을 가면서 고통으로 일그러진 얼굴을 보여준다. 나는 화가가 아니라 시인이기 때문에, 비용의 고통을 훨씬 더 예리하게 느낄 수 있다. 비용은—인간으로서 13상이며, 시대적으로 13상이나 그에 가까웠다—퇴조하는 교회에서 아무런 도움을 받지 못하고, 상상 속에 늘 나타나는 죽음 앞에 영혼이 최초로 홀로 섰던 사람이다. 아니면 비록 다른 시대이기는 하지만 같은 상의 인간인 오브리 비어즐리를 기억하여 비용의 고통에서 우리가 시대의 종말에 다가가며 점점 더 격렬해지는 현대의 양심을 읽어내는 것인가? 내게는 무자비한 자기비판처럼 보였던 격렬성이 단지 영웅적 쾌활함이었는지 모른다. 고독이 그와 반대되는 것, 즉 관능성, 탐욕, 야망, 온갖 종류의 육체적 호기심과의 갈등이 커지며 접근함에 따라, 철학은 도그마를 몰아내며 되돌아왔다. 가장 신앙심이 깊은 사람조차 자신에게 집착한다. 그리고 많은 것을 보여주는 조각품의 천공한 눈동자를 볼 때면 나는, 그 가장자리가 더는 기계적으로 완벽하지도 않으며, 빅토리아 앨버트 박물관에 있는 주물들로 판단하건대, 그다지 깊은 구멍도 아니라는 점에 주목한다. 천사와 피렌체의 귀족은, 사람들에게 보여줘야 할 모범으로, 하늘에 대한 의무를 인식하는 것처럼 흐릿하고 당혹스러운 듯이 보이는 눈길로 올려다보는 게 틀림없는데, 둘 모두 어려운 것을 알고 약간 어지러워하는 것으로 보인다. 인간은 한때 아주 힘들여 올라갔던 언덕을 내려오기 때문에 바라봐야 할 기적은 없으며, 그래서 모든 것은 다시 자연스러워진다.

15상에 다가감에 따라, 즉 전체적인 움직임이 성격상 점점 더 서방적이 됨에 따라, 우리는 아직은 가능한 존재의 통합이 완전히 융합시킬 수 없는 어떤 것이 의기양양하게 자신을 드러내듯이, 수평적 가이어들이 진동하는 것을 목격한다.

도나텔로는 후기의 미켈란젤로처럼 미론의 견고함과 신랄함을 반영하며 르네상스 이후에 올 것을 미리 보여준다.* 반면에 야코포 델라 퀘르치아와 대부분의 화가는 이와는 대조적으로, 나중에 라파엘이 그러했듯이, 이오니아풍이며 아시아적이었다. 1450년부터 1550년까지는 15상의 가이어에 해당하고, 이 날짜는 어떤 나라에서는 일찍 또 다른 나라에서는 늦게 시작하는 시기를 대충 표시하게 한 것이다. 나 자신은, 전반기 중간 지점, 즉 15상 이탈리아 르네상스기를—전체 시기의 원뿔에서는 22상을—기독교적 통합의 붕괴와 일치시킬 수 있을 뿐인데, 이것은 그리스도 이전의 시기, 즉 피디아스 시대에 그리스의 전통적 신앙이 붕괴되었던 것에 상응하는 시기이다. 전반기는 이교와 기독교의 조화를 이루어냈던 피렌체 학파의 주요한 활동이 있었던 시기이다. 교황 율리우스에게 그리스와 로마의 고대는 유대의 고대처럼 신성했고, 마찬가지로 '기독교의 현관'을 의미했던 이 조화는—그 가이어가 움직이는 동안 베네치아를 방문했던—뒤러의 마음에는, 고대 조각상의 치수에

---

*도나텔로는 15세기 이탈리아의 조각가, 미론은 기원전 5세기 그리스의 조각가.

서 발견되는 인간의 전형적 모습이 신의 첫 수공품, 즉 단테에게 상징화된 존재의 통합인 것처럼 보였던 그 '완전하게 균형이 잡힌 인체'라는 점을 의미했다. 천 년 전 비잔티움 황금 모자이크 바닥에서 자신의 변화를 달성했던 수도자는 이제, 운동선수가 아닌, 운동선수가 꿈꾸는, 힘 안 드는 형상으로 바뀌었다. 즉 두 번째 아담이 첫 번째 아담이 된 것이다.

15상은 초자연적인 시현이어서 직접적인 인간적 표현이 없기 때문에, 작업과 사고에 긴장과 기술의 한 요소, 즉 공존할 수 없는, 혹은 결합을 통해 어떤 초자연적인 것을 암시하는 요소를 한데 결합시키려는 욕망을 부여했다. 어떤 피렌체의 플라톤주의 학자가 보티첼리에게 포르피리의 《님프의 동굴》을 읽어주었던가? 왜냐하면 나는 국립미술관에 있는 보티첼리의 〈그리스도의 탄생〉*에 그려진, 더 가까운 동굴 입구를 짚으로 된 지붕으로 덮어 전통적 마구간과 닮게 해놓은, 그 신기한 동굴에서 그걸 확인할 수 있을 것 같기 때문이다. 분명히 동굴의 먼 입구를 통해 석양빛에 희미하게 보이는 숲 속 나무들의 광경과 도처에 있는 의도된 기묘함은, 회화에는 아직 새로운 신비의 정서를 사람들에게 준다.

*〔원주〕 그림 맨 위에, 보티첼리의 세계는 계시록의 '두 번째 재앙'에 나타나고, 어떤 다른 계시록의 사건 다음에 그림의 그리스도가 나타날 것이라는 그리스어 문구가 있다. 그는 아마도 사보나롤라의 어떤 발언에서 하늘과 땅, 성과 속의 궁극적 결합의 약속을 발견하고, 그것을 서로 안고 있는 천사와 목동으로, 그리고 내가 언급한 대로 동굴과 마구간으로 그려냈는지도 모른다. 카프리에 있는 미트라 동굴을 보았을 때, 나는 그게 포르피리의 동굴이 아닐까 하고 생각했다. 거기에는 두 개 입구가 있다. 하나는 바다에서 100피트 정도 되는 층계로 갈 수 있는데, 언젠가 독실한 뱃사람들이 밟았던 길이다. 또 하나는 산 위에서 약 150걸음 정도 걸어서 갈 수 있는데, 안내서에는 사제들이 사용했던 길이라고 나온다. 만일 그가 사람들이 인식하는 상징이 있는 그 동굴을 알았더라면, 오디세우스가 이타카 해안에 상륙했던 동굴에서 기꺼이 상징을 발견하려 했을 것이다.

그 시기에 속하는 보티첼리와 크리벨리, 만테냐, 다빈치 등은 마사초와 그의 화파를, 우리가 지적 아름다움이라고 부를 수 있는 것으로 무겁고 평범한 것으로 보이게 하거나, 혹은 카스틸리오네가 "영혼이 거둔 승리의 전리품 혹은 기념비"라고 불렀던 종류의 육체적 아름다움에 비교할 것이다. 지성과 감성, 기본상적 호기심과 대립상적 꿈은 잠시 하나이다. 11세기의 세속적 지성의 재탄생 이후, 기능은 기능에서, 시는 음악에서, 숭배자는 숭배받는 대상에서 분리돼왔지만, 모든 것은 퇴조하는 공통 집단—기독교 세계—속에, 따라서 인간 영혼 속에 머물러 있었다. 이미지는 이미지에서 분리되었지만 언제나 영혼 자체에 대한 탐구를 위한 것이었으며, 형태들은 언제나 명료한 빛 속에서 드러났고 서로간의 구별로써 완성되어 마침내 서로간의, 그리고 공통적 연상과의 연결고리가 부서졌다. 그러나 15상이 지나면 이 형태들은 서로 부딪치고 혼란에 빠져서, 말하자면 갑작스러운 돌풍이 일게 된다. 예술가의 정신 속에서는 권력욕이 지식욕을 잇따르며, 이 욕망은 형태들과 관람객에게 전해진다.

16, 17, 18상에 상응하고, 이를테면 1550년과 1650년 사이에 완성되는 제8가이어는, 라파엘과 미켈란젤로, 티치아노와 함께 시작된다. 이 형태들은 티치아노에서처럼 성적 욕구를 일깨우거나—우리는 보티첼리나 심지어 다빈치의 것까지도 접하고 싶어 하지 않았다—혹은 미켈란젤로의 형태들처럼 우리를 위협하고, 화가 자신은 용이함이나 환희를 의식하며 화필을 다룬다. 주제가 선전 목적으로 나올 수도 있는데, 그것은 카메라 델라 세냐투라*의 라파엘, 그리고 시스티나 성당의 미켈란젤로가 교황의 지시에 따라 그리스의 현인과 교회의 박사, 로

마의 예언자와 유대의 예언자를 분명히 대등한 상태로 맞서게 그렸던 경우가 그렇다. 이로부터 모든 것이 변하는데, 영혼의 통일성을 찾았다가 잃어버렸기 때문에, 성모가 앉았던 권좌에 자연이 자리를 잡고, 화가는 육체에서 자신이 원하는 부분만을 그릴 수 있으며, 이내 자신에 대한 요구가 점점 줄어들어 자신이 전혀 원치 않은 것을 그리는 것을 자랑으로 여기게 된다. 나는 라파엘이 거의 초기 가이어에 속한다고—아마도 전환기 인물이라고—생각하지만, 미켈란젤로와 라블레, 아레티노, 셰익스피어, 티치아노는—티치아노는 너무도 뚜렷이 14상에 속하는 인간이기에 이 특징이 덜 나타나는데—제8가이어의 신화적이며 통제하기 힘든 시작과 연관시킨다. 나는 셰익스피어에게서, 기독교에 대한 의존 때문에 혹은 자기통제를 위한 필요성에 의해, 이제까지 억제돼왔던 인간의 개성이 껍질처럼 터져버리는 하나의 인간을 본다. 아마도 세속적 지성은 500년간의 투쟁 끝에 자기 자신을 자유로워지게 해 셰익스피어를 가장 위대한 드라마 작가가 되게 했을 테지만, 대립상적 시대만이 그의 것과 같은 예술에 그림이나 신전 박공과 같은 통일성을 부여할 수 있었을 것이기 때문에, 만일 소포클레스의 작품이 지금까지 모두 남아 있었다면—그것들 역시 적은 다르지만 유사한 투쟁에서 나온 것인데—우리는 셰익스피어를 가장 위대한 작가라고 생각하지 않았을 것이다. 부적절하고 이질적인 많은 것 가운데서, 그렇게 많은 기본상적 호기심 가운데서, 우리 자신보다도 더 활력이 있는 인물을 지켜볼 때, 우리가 로마에서 베네

---

* '서명의 방'이라는 뜻으로, 교황의 접견실 네 개 중 하나인데, 교황 율리우스 2세의 명에 따라 라파엘이 그렸던 벽과 천장의 프레스코로 유명하다.

치아로, 이집트에서 색슨족의 영국으로, 혹은 한 연극에서 로마 신화로부터 기독교 신화로 옮겨갈 때, 우리는 여행 자체가 주는 것 같은 그런 불안감을 느끼지 않겠는가?

셰익스피어 자신이 후기 상에 속하지 않았다면, 그가 자기 시대처럼 16상에 속해서 자기 술로 취했다면 그는 연극을 쓰지 않았을 것이다. 사실이 그렇듯이, 그는 심리학적 전염으로, 이 사람 저 사람을 옮겨 다니는 생각 때문에 늘 흔들리는 많은 남녀 가운데서 자신의 기회를 발견한다. 나는 가이어 맨 처음의 격렬함이 가라앉기 시작했던 시기의 특징적 인물인 밀턴에게서 카메라 델라 세냐투라와 시스티나 성당의 종합으로 돌아가려는 시도를 본다. 너무 늦게 이루어진 이러한 시도는, 아직 격렬한 가이어의 모든 음악과 장대함 가운데서 그에게 비현실성과 차가운 수사학을 부여한다. 이 두 요소는 〈그리스도 탄생의 아침에〉*라는 찬미가에서 서로 분리되는데, 하나는 신성하고 다른 하나는 불경하며, 그의 고전 신화는 인위적 장식이다. 반면에, 1450년부터 로마 약탈에 이르는 시기의 위대한 이탈리아 예술가들은 아무도 그것의 차이를 보지 못했고, 차이가 생겨났을 때는, 티치아노의 경우가 그랬듯이, 인위적으로 보이는 것은 하느님과 천사들이었다.

가이어는 질서와 이성 속에서 퇴조하며, 신앙이 사라지면서 제임스 1세 시대 시인들은 엘리자베스 1세 시대를 잇고, 쿨리와 드라이든은 제임스 1세 시대를 잇는다. 다른 곳에서는 기독교가 잠시 동안, 어떤 때는 지배적 통합체의 요소와 또 어떤 때

---

*밀턴이 1629년에 쓴 송시로, 예수가 인간의 몸으로 태어난 일과 세속적, 이교적 세력의 타도를 다루고 있다.

는 또 다른 요소와 일종의 영적 통일성을 유지하며, 연설 투의 신성함이 낡은 교회의 체면을 구기고, 무수한 트리톤과 넵튠이 입에서 물을 뿜는다. 불타는 태양 같았던 아름다움이 반다이크의 고상하고 무심한 얼굴에서 사라지며, 나머지 유럽보다 오래전에 새로운 가이어에 도달했던 북해 연안의 저지대 국가들은 세상을 여전히 제한된 호기심으로, 끊임없이 반복되는 그림 같은 인식된 형태들로 바꾸어, 이를테면 여인숙 문에 있는 뜨내기 여행자라든지, 난로 주변에 모인 사람들, 얼음을 지치는 사람들 등, 주제는 다르지만 똑같은 자세나 무리가 그림마다 나타나게 했다. 세상은 욕망을 치유할 수 있도록, 자의적이고 우연한 것, 기괴한 것, 혐오스럽고 무시무시한 것을 갈망하기 시작한다. 제9가이어(19, 20, 21상), 유럽 대부분 지역에서는 1650년에 시작하여 1875년쯤에 끝나는 시대를 위한 순간이 다가온 것이다.

이 가이어의 시작은 앞선 가이어의 시작처럼 격렬하여, 영혼과 세계가 조각조각 부서진다. 주된 특징은, 아마도 근대 귀납법적 추론의 기초인 베이컨으로부터 나온 모든 것인 17세기 말의 물질주의적 움직임인데, 그것들은 마치 악마가 그런 것처럼 종교로 왜곡되고 몸부림치는 인물과 함께 성 베드로 성당의 베르니니가 만든 제단에 있는 바로 그 이미지와 우상을 만든 모든 것, 즉 형식의 감각을, 처음에는 영국에서, 그다음에는 프랑스에서 파괴한 수사적 종파와 논쟁이다. 인간들은 급격하게 추론을 바꾸고 의견을 바꾸지만, 얼마나 자주 의견을 바꾸든 상관없이, 한 번에 한 가지 생각만으로, 늘 그것을 말하고 똑같이 강조한다. 그리고 가이어는 외부 세계에서 새로운 일관성을 발전하게 하며, 각각 일반적 특성을 대표하는 격렬한 인간이 차례로 나타난다. 역사적으로 21상에 나타난 20상의 인간인 나폴레옹은 어떤 특성의 확고하고 최종적 인물로 모두의 전형이다. 전반적인 움직임의 특징이 가장 잘 드러나는 예술가의 삶은 성향들이 끝나가는 느낌을 보여준다. 그것은 외적이고 감상적, 논리적이며—포프와 그레이의 시, 존슨과 루소의 철학이 그러한데—정서든 사고든 똑같이 단순하여 새로운 형식 속에 담긴 낡은 동요이다. 개성은 모든 곳에서 헛되이 손가락을 펼치거나, 언제나 더 발작적인 손아귀로 세계를 포착한다. 이 세계에서는 온갖 형태의 물리학, 재정과 경제학, 민주주의 정치학, 방대한 인구, 양식들이 서로 경쟁하는 건축, 모든 것이 이질적인 신문 등의 지배력이, 기계적 힘이 곧 최고가 될 것이라는 점을 보여준다.

방대한 대립상적 구조 속에 대립상적 자료들을 집어넣는, 단테에 의해 발견된 기술은, 밀턴을 통해 라틴화되고 인위적으로 되었으며—토머스 브라운 경*이 말했듯, 혼령들은 "육체를 훔치거나 만들어낸다"—이제는 여전히 대립상적 구조 속에 기본상적 자료들을 집어넣도록 변화되고, 근대 소설이 창조된다. 그러나 심지어 가이어가 끝나기도 전에, 행복한 결말과 감탄을 자아내는 주인공, 바람직한 것에 대한 집착 등 두드러지지 않은 대립적인 모든 것이 사라진다.

외부 세계에서 파생되지 않은 가이어의 모든 예술은 언제나 점점 더 관습적이거나 더 그림자처럼 되는 르네상스의 울림이지만, 르네상스—시대 원뿔의 22상—이래로, 영적인 기본상과 처음으로 관계를 맺는 '성스러운 감정'은 아주 친밀하고 개

---

*17세기 영국 의사이며, 종교, 과학 및 신비주의에 관한 저술가.

인적인 것들 속에서 가능하게 되었다. 비록 천 년 원뿔의 22상이 되기 전에는 일반적 사고들이 표현될 준비가 되지 않았지만 말이다. 신비로운 접촉이, 처음에는 회화에서, 그다음에는 시에서, 마지막으로는 산문에서 감지되었다. 회화에서는 저지대 국가들의 영향과 이탈리아의 영향이 섞인 곳에서 나타나지만, 언제나 드물고 희미했다. 나는 그것을 와토*에게서 발견하지는 못하지만, 그것에 대한 준비, 옛날의 관심이 소진돼버린 느낌이 있고—"그들은 자신들의 행복조차 믿지 않는다"라고 베를렌은 말했다—그러고 나서 이집트 조각가가 나무로 조각한 공주 이미지를 무덤 속에 묻은 이래로 어떤 얼굴에도 나타난 적이 없는 그 신비로운 접촉이 게인즈버러**의 여인들 얼굴에 갑자기 나타난다. 로마에서 막 들어온 과시적이고 유행에 민감한 사람이었던 레이놀즈에게는 그런 성향이 전혀 없었고, 르네상스 같은 정서와 현대적 호기심에 만족하는 데 그쳤다. 연약한 여인의 얼굴에서 영혼이 깨어나—그 모든 선입견과 수 세기에 걸쳐 축적된 지식은 사라져버리고—새벽처럼 현명하면서도 어리석게 우리를 내다본다. 그러고 나서 영혼은 온 누리에 퍼져, 18세기 마을의 '신'을 발견하고 그것을 괴테로 바꾸는데, 괴테는 그 모든 것에도 아무런 결론에도 이르지 못하며, 그의 파우스트는 찰스 그랜디슨 경***이나 노년의 볼테르처럼 100년이 지나 자신의 땅을 개간하게 된다. 그것은 제인 오스틴의 여주인공들이 할아버지나 할머니가 했을 법한 신학적 혹은 정치

---

*18세기 초 로코코 시대의 프랑스 화가, 판화가.
**18세기 영국의 초상화가, 풍경화가로, 레이놀즈와 대립적 경향을 보였다.
***1753년에 나온 새뮤얼 리처드슨의 소설 《찰스 그랜디슨 경》의 주인공.

적 진리가 아닌 예의범절을 높이는 것이 실질적인 성취 이상인 양, 단지 예의범절을 추구하게 했다. 그것은 정서적 본질의 한 특성(마스크를 통해 작용하는 천상체)이기 때문에 오직 시에서만 충분히 표현되며, 블레이크부터 아널드에 이르기까지 근대 영시에서 가장 아름다운, 사라져가는 메아리가 아닌 것을 창조한다. 사람들은 그것을, 에밀 베르하렌처럼 15, 16세기의 육체적 아름다움이나 열정적 정서를 전적으로 개인의 지혜로 대신한 상징주의 작가에게서 발견한다. 회화에서는 그것이 마치 대중적 작가들이 데카당스라고 부르는 것의 부속물인 것처럼, 낡은 정서가 먼저 다 소진되어야 하는 것처럼, 목적이 고풍스러운 곳에서 가장 자주 나타난다. 나는 프랑스 초상화가 리카르를 생각하는데, 그것은 그에게 하나의 탐구라기보다 정신적 비전이었다. 그 까닭은, 그가 자기 초상화 의뢰자에게 "당신은 초상화와 닮았으니 참 행운아입니다"라고 말하곤 했기 때문이다. 그리고 또 내가 많은 점을 배우는 화가 찰스 리케츠를 생각한다. 얼마나 자주 그의 상상력은 마치 가장복을 입은 것처럼 뻣뻣하게 움직이는지. 그리고 스핑크스나 다나이데스*와 같은 어떤 것은 나에게 칼리마쿠스가 이오니아풍 정교함으로 돌아간 것을 기억하게 하고, 마치 내가 독수리로 가득한 심연을 응시하는 것처럼 떨리게 한다. 도처의 이런 환상, 아니 그보다는 이런 접촉은 희미하거나 간헐적이며 언제나 오래가지 못한다. 디킨스는 《피크위크》 단 한 권으로, 제인 오스틴의 특권적이며 위험한 탐구를, 모든 사람이 갖고 싶어 하는 특질인 여관

---

*아르고스 왕 다나오스의 50명의 딸들로, 지옥에서 밑이 뚫린 통에 물을 채우는 형벌을 받았다.

응접실의 우정으로 대신할 수 있었으며, 그것은 헨리 제임스가 글을 쓰기 시작할 때까지는 돌아오지 않았다.

비록 적절한 표현 수단이 아직 존재하지 않았지만, 어떤 사람은 창조심을 통하여 새로운 정서를 표현하고자 했으며, 그렇게 해서 우리의 늘 풍성한 기본상적 정보 가운데서 대립상적 지혜를 확립하려 했다. 그러나 그런 사람들, 즉 블레이크와 이따금 코번트리 팻모어, 니체 등은 병적 흥분으로 가득 차 있고 수적으로 적은데, 이들은 리처드슨부터 톨스토이까지, 홉스부터 아래로 스펜서에 이르기까지 수적으로 많아지고 더 침착해진 사람들과는 다르다. 그들은 시스티나 성당에서 태어났고, 아직도 모든 사람이 강렬하기만 해도 변형될 수 있다고 생각했다. 그러나 니체는, 영원한 회귀의 원리가 자신의 눈앞에서 표류할 때, 아무것도 그렇게 변형될 수 없다는 사실을 순간 깨달았는데, 그는 거의 다음 가이어에 속하는 사람이라 할 수 있다.

1875년부터 1927년까지(22상. 어떤 나라와 어떤 형태의 사상에서는 이 상이 1815년부터 1927년까지 걸쳐 있다)는 1250년부터 1300년까지 기간(8상)처럼 추상화 기간이며, 추상화가 선행하고 뒤따른다는 점에서 역시 그것과 같다. 8상은 스콜라 학자들이 앞서고 율법주의자와 종교 재판관이 뒤따르며, 22상은 물리학과 경제학의 위대한 대중화 학자들이 앞서고 사회운동과 응용과학이 뒤따를 것이다. 19상에서 시작된 추상화는 25상에서 끝날 것인데, 그 까닭은 이들 운동과 이 학문은 지성의 제거를 목적이나 결과로 삼고 있을 것이기 때문이다. 우리 세대는 최초의 피로감을 목격했고, 내가 《떨리는 베일》에서 〈카멜레온의 길〉이라고 부른 부분에서 절정에 도달했으며, 절정이 지나가면 보통의 세속적 사고가 부서져 흩어지기 시작했다는 것을 인식할 것이다. 《전쟁과 평화》에서 톨스토이는 여전히 선호하는 것이 있고, 이것저것에 대해 논쟁을 벌이며, 섭리를 믿고 나폴레옹을 불신했지만, 《성 앙투안의 유혹》에서 플로베르는 믿는 것도 선호하는 것도 없다. 그래서 의지를 전반적으로 포기하기 전에도, 자체적 종합, 지도자가 없는 조직, 저자가 사라져 버린 책들, 능숙한 붓질로 인간의 형상이나 헌 병, 구질구질한 날씨와 깨끗한 햇살을 똑같은 즐거움으로 혹은 지루해하는 공평무사함으로 그려내는 회화가 나타난다. 나 또한 통합이 가능한 극도의 한계에 이르고, 일관성이 없는 요소나 여태까지 무시되었던 추함의 발견이 있는 유명한 작품을 생각한다. 그 한계에 가까워지거나 한계를 지났을 때, 포기한 순간에 이르렀을 때, 새로운 가이어가 요동할 때, 나 자신이 흥분으로 가득 찬다는 사실에 주목한다. 나는 최근의 수학적 연구를 생각한다. 무지한 사람조차 그것을 뉴턴의 연구—뉴턴은 명백히 19상인데—즉 지성이 이해할 수 있는 객관적 세계와 비교한다. 나는 한계 자체가 새로운 차원이 되었다는 점, 우리의 손을 접게 하는 이 영원히 감춰진 것이 대중을 내리누르기 시작했다는 점을 인식할 수 있다. 그 한계에서 손에 상처를 입고, 인간들은 17세기 이후 처음으로 세계를 개조되어야 할 어떤 것이 아니라 관조의 대상으로 본다. 몇몇 소수 인간은 자신들의 특별한 연구 영역에서 한계에 도달하여, 심지어 세상에 어떤 공통 경험이 존재하는지를, 과학의 가능성을 의심한다.

1925년 2월, 카프리에서 씀

순환주기의 끝

1

날마다 나는 의자에 앉아 마음속에서 상징을 돌려보고, 세부적인 것을 탐구하며, 그 요소들을 거듭해서 정의하고, 통일성으로 나의 신념과 다른 사람의 신념을 시험하며, 수학에서처럼 추상적인 것을 구체적인 것으로 대체해왔다. 비록 정신이 경직되어 있는 시대이기는 하지만 나는, 평생의 신념이 녹아버리고, 다른 것이 그 자리를 차지하며, 그것은 또 다른 것에게 자리를 내준다는 사실을 알았다. 얼마만큼 나는 사회주의나 공산주의의 예언을 받아들일 수 있을 것인가? 나는 발자크가 카스트리 공작부인에게 예언한 데카당스를 기억한다. 나는 해머스미스의 작은 마차 보관소에서 있었던, 그리고 나중에 모리스의 저녁 식사 식탁에서 있었던 논쟁을 기억한다. 나는 또한 일본의 성인이며 노동 지도자인 가가와의 묵시적 꿈을 기억하는데, 그의 책을 골웨이의 한 성직자가 내게 빌려주었다. 나는 화이트 선장이 자신의 회고록에서 묘사한 코츠월드 구릉지에서 밭을 가는 한 공산주의자를 기억한다. 그는 털이 보송보송한 거대한 몸에 샌들과 바지만 걸친 채 아무것도 입지 않고, 머릿속에는 헤겔의 《논리학》밖에 없었다. 그리고 나는, 그 상징으로 빠져들어 만일 내가 그런 기억을 몰아내버리고 그 상징에서 모든 것을 찾을 수만 있다면, 만사를 통달하게 될 것 같다.

2

그러나, 비록 이 순간이 나의 모든 노고를 보상하도록 돼 있었다 해도, 아무 결과도 나오지 않는다. 내가 너무 늦었나보다. 내가 카발라 학자들의 지침에 따라 명상을 했을 때, 분명 무엇인가가 왔었는지 모른다. 어떤 갈등이 유럽을 인위적 통일성으로 몰아갈 것인가? 단지 말랐거나 말라가고 있는 나뭇가지만 한데 묶일 수 있는데 말이다. 그것은 모든 문명의 쇠퇴이다. 반대 방향 운동의 점진적인 도래와 증가, 대립적인 다양한 형태의 유입이 여러 상에 어떻게 작용할 것인가.

> 제우스와 사투르누스가 만나면,
> 얼마나 풍성하게 이집트 밀을 수확할지!*

그리고 나는 이해한다. 나는 말할 수 있는 모든 것을 이미 말했다. 구체적인 것은 모든 사람 속에 있고 모든 사람이 자유라 부

---

*예이츠의 시 〈초자연적 노래〉 10부 "별의 합"의 일부. 이집트 밀 혹은 미라 밀은 3천 년이 지난 오늘날에도 발아한다는 이집트 무덤 속에서 나온 밀이다.

르는 제13원뿔 혹은 순환 주기의 작용이다. 그것은 모든 것을 할 수 있고 모든 것을 알고 있기에, 의심할 바 없이 자유롭게 그것이 할 일을 알고 있지만, 비밀을 지켜왔다.

3

우리는 손에 활을 들고 어둠 속을 걸어가는 헤라클레스의 이미지를 따라갈 것인가, 아니면 그와는 다른 헤라클레스, 즉 이미지가 아닌 인간, '강력한 제우스와 황금 신발을 신은 헤라의 딸' 헤베를 신부로 맞은 그에게 올라갈 것인가?

1934년부터 1936년

모든 영혼의 밤:
에필로그

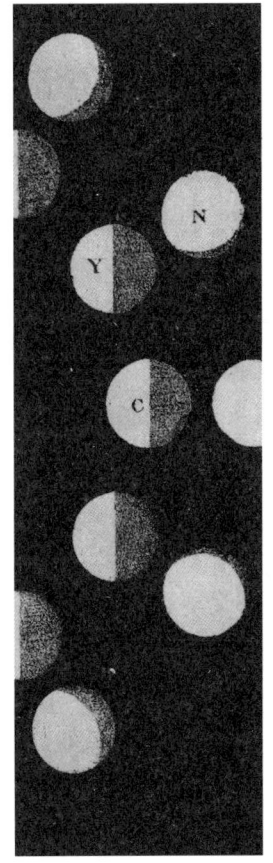

한밤중, 크라이스트 교회의 큰 종이 울리고
집집마다 작은 종들이 울린다.
오늘은 모든 영혼의 밤,
식탁 위에는 머스커텔 포도주 가득한 두 개의 긴 유리잔
거품이 넘친다. 혼령이 나타날지 모른다.
그게 자기 권리니까.
자기 죽음 때문에 예민해진
그의 몸의 요소는 아주 섬세하여
포도주 냄새를 흠향하지만,
우리의 둔한 입천장은 포도주를 통째로 마신다.

나는 어떤 정신을 가진 존재가 필요하다,
세상 곳곳에서 대포 소리가 울려도
미라가 미라 천에 감싸여 있듯이
골똘히 생각하며 꼼짝 않고 있을 수 있는 존재가.

나한테 놀라운 얘기가 있기에,
어떤 놀라운 일
살아 있는 자들만 비웃을 얘기,
맑은 정신을 가진 사람들을 위한 것은 아니지만
그 얘기를 듣는 사람은 모두
시계에서 한 시간이 흘러갈 동안 울고 웃고 할 것이라.

내가 맨 처음 불러내는 영혼은 호튼. 그는 이상한 생각을 좋아하고
달콤한 극단적 자긍심을 알았는데
그것은 플라토닉 사랑이라 불리는 것.
하도 격정적으로 사랑했기에
자기 애인이 죽었을 때
그에게 사랑의 진정제를 가져다줄 수 있는 것은 없었네.
위로의 말은 쓸모없는 숨결일 뿐.
한 가지 소중한 희망이 그에게 있었으니
그해나 다음 해 겨울,
엄동설한에 죽는 것.

그에게는 두 가지 생각이 서로 섞여 있어서
가장 많은 생각이 애인인지 하느님인지 말할 수 없지만,
그의 마음의 눈길은, 위로 향했을 때
단 하나의 이미지에 꽂혔고,
다정한 작은 혼령이
신성으로 열광하여

성경이 우리에게 약속한
거대한 신비로운 집 전체를
환히 밝혔다고 생각하지.
어항 속에서 헤엄치는 금붕어 같았네.

다음으로 불러내는 영혼은 플로런스 에머리.
사람들의 경탄을 받았던 아름다운 그녀는
얼굴에서 주름살을 처음 발견했을 때
미래에는 아름다움은 줄어들고 평범함은 늘어나서
괴로울 것을 알고
이웃이나 친구를 떠나
검은 피부를 가진 사람들 가운데서 가르치며,
거기서 사람들의 시선을 피해
아무도 보지 못하는 최후까지
몹쓸 세월이 자신을 지치게 하는 것을 받아들이기로 했지.

그 마지막이 오기 전에 그녀는
어떤 박식한 인도인이 쓴
영혼의 여행에 관한 비유적 설법에서
많은 것을 풀어냈다. 달의 궤도가 어디에 이르든
어떻게 영혼이 이리저리 선회하다가
마침내 태양 속으로 뛰어드는지,
그리고 거기에서 자유롭지만 빠르게
'우연'이면서도 '선택'이기도 하여
그 부서진 장난감들을 잊어버리고

어떻게 마침내 자신의 기쁨에 빠져드는지를.

그리고 나는 무덤으로부터 맥그리거를 부른다.
최근에 사이가 멀어졌지만
내가 어려움을 겪던 첫 봄에 우리는 친구였기에.
나는 그를 미친 놈, 나쁜 놈이라고 생각했고
그에게 그렇게 말했지만, 우정은 변함없다.
마음이 변한 것처럼 보인들 어떠리.
그가 했던 관대한 행위에
저절로 생각이 미치게 되었을 때
마음은 마음에 따라 변하는 것 같다.
나는 반쯤 만족하여 눈이 감긴다!

그는 처음에는 많은 노력을 했고
왕성하고 용기가 있었는데,
외로움이 그를 미치게 했다.
미지의 사상에 대한 명상은
인간의 교제를 점점 더 줄이기 때문이다.
그 명상은 돈을 받는 것도 칭찬을 받는 것도 아니다.
그러나 그는 그것이 내 술잔이기에
그 술잔을 주인에게 주기를 거부할 것이고
그는 혼령을 사랑하는 사람이었기에
혼령이 되어 더 오만해졌는지 모른다.

그러나 이름들이란 아무것도 아니다. 누구든 무슨 상관이랴.

그래서 그의 몸의 요소들은 아주 섬세해져
머스커텔 포도주의 향기가
그의 예민해진 입천장을 황홀케 할 수 있지만
살아 있는 사람은 아무도 포도주를 통째로 마실 수 없다.
나는 살아 있는 자들이 비웃는
미라 같은 진실이 있지만,
맑은 정신이 있는 사람을 위한 것은 아니지.
왜냐하면 그 얘기를 듣는 사람은 모두
시계의 한 시간이 흘러갈 동안 울고 웃을 것이기 때문에.

그런 생각, 그런 생각을 하고 있었기에 나는
명상이 그 모든 부분을 지배할 때까지 그 생각을 단단히 지키고 있었다.
아무것도 나의 눈길을 멈추게 할 수 없어서
세상 사람들의 악의에도
마침내 저주받은 인간들이 온 마음으로 울부짖고
축복받은 인간들이 춤추는 곳을 내 눈길은 달린다.
그런 생각, 그런 생각 속에 사로잡혀
나는 다른 것은 필요치 않다.
미라가 미라 천에 감싸여 있듯이
골똘한 생각에 감싸인 채.

                              1920년 가을, 옥스퍼드에서

해설

인간과 역사의 본질을 여는 창

이철(강릉원주대학교 영어영문학과 교수)

윌리엄 버틀러 예이츠의 《비전》을 읽고 우리가 흔히 봉착하게 되는 딜레마를 헬렌 벤들러는 다음과 같이 말한다. "《비전》을 설명하려고 할 때 빠지게 되는 위험이 두 가지 있다. 하나는 충실하게 읽으려고 애쓰다가 디테일의 늪에 빠지는 것이요, 다른 하나는 체계화를 시도하다가 중요한 디테일을 무시해버리고 싶은 유혹에 빠지는 것이다." 이런 위험들은 복잡하고 난해한 텍스트를 읽을 때 일반적으로 나타나는 것이지만, 《비전》의 경우에는 특히 그러해 보인다.

디테일과 체계화 둘 중 어느 하나를 제대로 하는 일도 쉬운 것은 아니다. 의미로 꽉 차 있는 《비전》을 몇 페이지만이라도 제대로 설명하자면 책 한 권이 될 거라고 조지 러셀이 말했듯이, 한정된 지면에서 이 작품의 내용을 세세하게 설명하기는 애초에 힘든 일이다. 성긴 그물을 던져 작품의 체계를 전체적으로 파악하는 일도 쉽지 않다. 《비전》은 한마디로 규정짓기 힘든 다양한 특성을 동시에 가지고 있기 때문이다. 《비전》에는 일상을 다룬 에세이와 편지 형식의 글이 있는가 하면, 허구적 인물들이 등장하는 소설 비슷한 글도 있고, 달의 위상과 관련된 인간의 성격을 다룬 시 형식으로 된 글이 있는가 하면, 이것들을 체계적으로 분류하고 정리한 유사 과학적인 글들도 있고, 사후 세계나 역사의 흐름과 문명의 변화 등을 다룬 종교적, 역사적 성격을 띠는 부분들도 있다. 게다가 예이츠 자신이 가지고 있는 신비적 상징체계를 설명해주는 원뿔이나 소용돌이, 바퀴 모양 등 여러 가지 도형들이 등장한다.

《비전》 자체의 성격 또한 규정짓기 쉽지 않다. 작품 전체를 예이츠의 시나 시극과 마찬가지로 예이츠라는 시인의 상상력이 만들어낸 하나의 가공적 예술 작품으로 보는 입장이 있는가 하면, 그의 철학적 탐구를 담고 있는 실제적인 삶의 기록으로 보는 입장도 있다. 실제로 《비전》을 구성하는 여러 종류의 글들은 이런 두 가지 입장 중 어느 한쪽으로 규정하기 어려운 다양성을 가지고 있는 것처럼 보인다. 우리는 이 두 가지 가능성에 대해 열린 태도로 작품에 접근하는 게 좋을 듯싶다.

분명한 것은, 《비전》이 비록 달의 28상의 변화 등과 관련된 일정한 체계를 가지고 있음에도, 그것은 과학적인 것도 아니고 객관적으로 증명할 수 있는 것도 아니라는 점이다. 그렇다고 해서 《비전》의 내용이 삶의 진실과 전혀 동떨어진 환상의 세계를 다루고 있는 것은 아니다. 《비전》은 인간의 개인적인 삶과 집단적인 삶, 개인의 성격과 인간의 문명과 역사, 현재의 삶과 전생, 윤회와 같은, 인간이 관심을 갖고 고뇌하는 문제들을 예이츠라는 시인이 나름대로 정리해보려고 했던 노력의 결과이다.

신비주의에 대한 관심

《비전》의 초판은 예이츠가 환갑 때인 1925년에 나왔고, 개정판은 예이츠가 죽기 2년 전인 1937년에 나왔다. 이렇듯 《비전》은 예이츠가 생애 거의 마지막 시기에 정리한 자신의 철학적, 예술적 관점을 보여주고 있다. 그러나 이 책이 다루고 있는 여러 주제들은 단지 그의 마지막 시기에만 관계된 것이 아니라, 그가 어린 시절부터 노년에 이르기까지 일생 동안 줄곧 관심을 가졌던 문제들이다.

예이츠가 신비주의적인 세계에 관심을 갖게 된 것은 그의 기질 때문이기도 하겠지만, 무엇보다도 슬라이고 지방에서 보낸 어린 시절의 경험이 크게 영향을 미쳤다고 할 수 있다. 예이츠의 아버지는 화가로서 경제적으로 빈곤한 생활을 하고 있었고, 그래서 예이츠는 슬라이고에서 선박 회사를 경영하는 외가에서 보내는 시간이 많았다. 이때 예이츠는 외삼촌 조지 폴렉스펜과 그 지방에 살고 있는 많은 사람들로부터 여러 가지 전설과 요정 이야기, 초자연적 현상 등에 대해 듣고 관심을 갖게 되었다. 이런 관심 때문에 예이츠는 그 지방을 돌아다니며 민담과 설화 등을 수집했고, 이 노력은 《전래동화와 민담집》(1888)과 《켈트의 여명》(1893)이라는 결실로 나타난다.

예이츠는 열아홉 살 때인 1884년 더블린의 메트로폴리탄 예술학교에 등록하는데, 그는 이때 만난 조지 러셀의 영향으로 동양의 신비 사상에 대한 관심이 고조되었다. 특히 당시 유럽과 미국에는 러시아 출신의 헬레나 블라바스키라는 신비주의자가 등장하여 사람들의 이목을 끌었다. 마담 블라바스키는 어린 시절부터 여러 가지 초자연적인 현상을 목격했는데, 성장하여 티베트 밀교, 유대교의 신비 철학인 카발라, 이집트의 마술 등을 배우고, 세계 여러 지역을 돌아다니며 민속학과 박물학, 비교종교학을 연구했다. 뉴욕에 간 그녀는 심령술사 모임에서 변호사 헨리 올콧 대령을 만나, 1875년에 함께 신지학협회를 설립했다. 마담 블라바스키는 사기성이 짙다는 이유로 나중에 비난을 받기도 했지만, 이 당시 그녀의 영향력은 엄청난 것이었다. 예이츠는 스무 살이던 1885년에 더블린 연금술협회를 창설하고 초대회장이 되었다. 스물두 살 때는 마담 블라바스키가 런던에 오자 그녀를 만나고, 런던의 블라바스키파 신지학회에 가입했다. 마담 블라바스키의 신지학은 사실상 나중에 《비전》이 다루는 중요한 주제들을 제공해주었다. 이원론, 역사의 순환, 달의 28상, 대주기 등의 개념과 함께, 거대한 바퀴와 나선형 소용돌이로 인류 역사와 문명의 흥망성쇠를 설명하는 것도 여기서 나온 내용들이었다.

예이츠에게 영향을 미친 것들 가운데는 '황금새벽연금술교단'이 있었다. 이 교단은 맥그리거 마터스가 이끄는 모임으로, 마터스는 카발라 철학에 정통해 있었다. 인간 영혼의 체계적 진보를 믿는 이 교단은 1888년에 런던에 지부를 개설했고, 예이츠는 1890년에 이 교단에 가입했다. 황금새벽교단에서는 타로 카드를 사용했는데, 원시 풍요제에서 기원하는 타로 카드는 탑과 바퀴, 마술사, 전차 등의 상징이 있었고, 이것들은 《비전》의 중요한 모태 중의 하나가 되었다.

영국 낭만주의 시인 윌리엄 블레이크의 영향 또한 절대적인 것이었다. 블레이크의 예언서들을 집중적으로 연구한 예이츠는 1893년 에드윈 엘리스와 함께 블레이크 작품집을 편집하기도 했다. 예이츠는 블레이크의 네 가지 조아(Zoas) 개념에서 자신의 '네 기능' 이론을 발전시킨 것으로 알려져 있다. 그는 '의지', '마스크', '창조심', '운명체' 등 인간의 개성에 작용하는 네 가지 심리 기능에 의해 인간의 성격과 행동 양식이 결정되는 것으로 보았다. 블레이크에 심취했던 예이츠에게 블레이크가 미친 가장 큰 영향은 무엇보다도 그의 이원론적인 사고였다. 그래서 예이츠는 세상만물이 주관과 객관, 영혼과 육체, 이성과 감성, 천국과 지옥, 빛과 어둠 등 상반되는 요소들의 갈등과 조화에 의해 이루어지고 발전해나간다고 생각했다. 《비전》이 담고 있는 기본적 입장은 인간과 역사에 존재하고 있는 모순과 갈등, 그리고 이것들의 변증법적 종합이라는 이원론적 세계관이라고 할 수 있을 것이다.

  예이츠의 이원론은 상반되는 요소들의 단순한 대립에 근거한 정적인 것이 아니라 매우 역동적인 성격을 띠고 있다. 그는 두 개의 상반되는 힘들을 두 개의 나선형 소용돌이 모양인 '가이어'들이 서로 맞물려 작용하는 것으로 생각했다. 예이츠는 이 두 가이어를 '기본적' 가이어와 '대립적' 가이어로 지칭하고, 한쪽 가이어가 강해지면 다른 가이어는 약해지고 한쪽 가이어가 약해지면 다른 가이어는 강해지는 식으로, 상반적 원리에 의해 움직이는 것으로 보았다.

  예이츠는 이 대립적 힘의 작용이 인간의 성격에서뿐만 아니라 문명과 역사의 흐름에도 나타난다고 생각했다. 그래서 그는 두 개의 맞물리는 원뿔 도형을 통하여 인간의 개성과 역사의 패턴을 설명하고자 했던 것이다. 여기에서 나타나는 예이츠의 생각은 다분히 순환론적인 세계관이라고 볼 수 있다. 예이츠는 서로 상반되는 성격의 인류 문명이 약 2천 년을 주기로 발전해왔다고 생각했다. 기원전 2000년부터 그리스도 탄생 때까지 그리스로마 문명이 있었고, 그 문명이 소멸한 이후 그와 상반되는 성격의 기독교 문명이 나타나 서기 2000년경까지 지속될 것이며, 기독교 문명이 쇠하고 나면 또 그와는 반대되는 성격의 문명이 나타나 약 2천 년 동안 지속될 거라는 것이다.

《비전》의 탄생

《비전》의 기초를 이루고 있는 자동기술은 예이츠의 결혼과 함께 처음 시작된 것으로 서문은 밝히고 있다. 예이츠의 편지를 보면, 그는 신혼여행 동안에 아주 우울했던 것으로 보인다. 예이츠의 신부 조지가 자동기술을 시도한 것은 이 상황을 타개하기 위한 하나의 방법이었다. 조지는 어떤 영적 존재들의 영매 역할을 하면서, 예이츠의 결혼이 올바른 결정이었다는 그들의 메시지를 예이츠에게 확인해주면서 그를 안심시키려고 했다. 자동기술의 시작이 진정한 것이었는지, 아니면 애초에 조지의 책략이었는지는 분명치 않다. 《비전》에는, 조지가 자의적으로 그런 상황을 꾸미고 있다기보다는, 어떤 영적 존재들의 힘에 의해 조종되어 자동기술을 계속했다는 사실을 독자들에게 믿도록 만들기 위해, 그와 관련된 여러 징후와 사건들을 언급하기도 한다. 예를 들어, 길바닥에서 따뜻한 김이 올라온다든지, 번쩍하고 빛이 내리친다든지, 휘파람 소리가 난다든지 하는 현상들이 그것이다. 특히 가장 지속적으로 나타나는 현상은 냄새였는데, 향을 피우는 냄새가 나기도 하고 제비꽃이나 장미꽃 등의 냄새가 나기도 했다는 것이다. 특히 나중에 예이츠의 아들이 태어났을 때는 장미 향기가 온 집 안에 진동했고, 병이 들면 송진 같은 강한 냄새가 났다고 한다. 그 밖에도 고양이 배설물 냄새나 막 꺼진 촛불 냄새, 새털 태우는 냄새도 났는데, 이런 것들은 모두 어떤 예시나 경고의 표시였다는 것이다. 이런 현상들은 예이츠 부부뿐만 아니라 근처에 있는 다른 사람들도 모두 목격했다는 사실을 예이츠는 얘기하고 있다. 이것은 자신들의 자동기술과 그 자동기술을 가능하게 하는 미지의 영적 존재들은 예이츠 부부가 꾸며낸 것이 아니라 외부로부터 주어졌다는 점을 강조하려는 의도일 것이다.

자동기술이 정확히 어떤 식으로 이루어졌는지 《비전》에는 잘 나타나 있지 않다. 예이츠의 자동기술 방식에는 대개 몇 가지 설명이 있을 수 있다. 그중 하나는 예이츠가 어떤 주제로 질문을 하면, 조지가 영적 존재들의 대답을 전해주었다는 것이다. 그런데, 조지가 황홀 상태에서나 잠을 자면서 말을 전해주었다는 얘기로 보아, 예이츠의 질문과 조지를 통해 나오는 대답이 즉각적으로 반복되면서 연속해서 이루어졌다고 보기는 어렵다. 말하자면 예이츠가 평상시에 이미 던져놓았던 질문을 조지가 황홀 상태나 수면 상태에 이르게 될 때 답을 했다는 것이다. 또 하나의 설명은, 조지가 예이츠의 마음을 읽어내어 마치 어떤 영적 존재가 계시하는 것처럼 구술했다는 것이다. 그런데 결국 조지가 구술하는 것이 예이츠의 마음이라면, 굳이 조지를 통하지 않고 예이츠 스스로 자신의 마음을 기술해도 됐을 것이다. 그러므로 이때 말하는 예이츠의 마음이란 그의 잠재의식에 가까운 것으로 보는 게 좋을 것이다. 말하자면, 예이츠 자신도 의식화하지 못한 집단무의식과 잠재의식의 세계를 조지를 통해 열었다고 보는 것이다. 또 다른 설명은, 예이츠의 질문이나 생각과는 상관없이, 조지가 영적인 존재들에게서 받은 메시지를 전달했다고 보는 것이다. 그런데 자동기술의 주제는 예이츠가 1917년 2월에 완성하고 이듬해에 출판한《상냥하고 조용한 달빛 속에서》라는 소고(小考)와 관련된 내용들이었다. 이 글과《비전》의 기술이 시작된 해가 같을뿐더러, 이 글에는《비전》에 반복적으로 언급되는 '다이몬', '마스크', '반자아' 같은 용어들과 인류 역사와 관련된 가이어의 개념이 나타난다. 그러므로 이 소고는《비전》의 모태가 되었다고 할 수 있으며, 따라서 세 번째의 설명은 그리 타당해 보이지 않는다. 자동기술의 주제가 당시 예이츠의 글과 연결되어 있다는 점에서, 사실상《비전》은 어떤 영적 존재들의 독립적인 메시지가 아니라, 예이츠 부부 두 사람의 대화와 교감을 통해 부인에게 전수된 예이츠 자신의 메시지였다고 할 수 있을 것이다.

분명한 것은, 부인 조지가 영매 역할을 했으므로 구술 자체는 예이츠가 한 것이 아니라 조지가 한 것으로 보인다. 우리는 그런 점에서, 어떤 영적 존재가 실재했던 것이라 믿든 그렇지 않든, 극단적으로 생각한다면 모든 자동기술의 내용 자체를 조지의 작품으로 볼 수도 있을 것이다. 물론 자동기술 내용이 평소의 예이츠의 생각을 담고 있고, 또《비전》초판 출간 이후 예이츠 자신이 여러 철학책을 탐독하면서 영적 존재의 메시지를 체계적으로 다시 정리하고 해석했으므로《비전》을 완성하는

데 예이츠의 존재를 무시할 수는 없지만 말이다. 어쨌든 이 작품은 예이츠의 단독 작업 결과가 아니라 아내 조지와의 합작이라고 보아야 할 것이다. 그럼에도 조지는《비전》이 만들어지는 과정에서 자신의 역할을 예이츠가 이처럼 노출한 일 때문에 서로 크게 다툰 것으로 알려져 있다. 기록에 의하면, 저자 문제와 관련하여 예이츠가 이처럼 솔직하기를 고집함으로써, 자신의 노출을 꺼렸던 조지와 결혼 생활 중에서 거의 유일하게 심각한 부부 싸움을 했다고 한다.

중요한 것은 그 영적 존재의 대답 "아니, 우리는 당신에게 시를 위한 메타포를 주러 왔소"라는 말에 주목하는 일이다. 말하자면《비전》은 기본적으로 시인 예이츠의 시 창작을 돕기 위한 작업이었다는 것이다. 그리고 그 내용은 크게 보아 '인간이 자신과의 싸움에서 얻는 완성과, 환경과의 싸움에서 얻는 완성'이라는 두 가지 문제였다. 자신과의 싸움에서 얻어지는 완성이란 인간 내면의 모순 극복과 조화를 통한 완성을 말함이고, 환경과의 싸움에서 얻어지는 완성이란 인간 집단이 이루는 역사를 통한 완성을 말한다. 예이츠는《비전》을 통해 인간의 개성과 인류 역사의 유형과 그 이상적 형태를 보고자 했던 것이다. 1918년 예이츠가 그레고리 여사에게 보낸 편지에 의하면,《비전》은 "많은 꿈과 예언들의 완성이라고 할 수 있는 신비철학"으로서, 예이츠는《비전》을 쓰기 시작함으로써 "처음으로 인간의 삶에 대해 이해할 수 있게 되었다"고 말했다.

《비전》의 초판은 1925년 1월, 저자의 서명과 함께 600부가 출간되었다. 그러나 도대체 사람들의 반응이 없었다. 예이츠는 이에 대해 올리비아 셰익스피어에게 자신의 불만을 토로했는데, 마치 아주 깊은 우물 속에 던진 돌멩이의 첨벙하는 소리가 아주 아득하고 희미하게 들리는 것 같다고 했다. 초판 발행 이후, 예이츠는 영적 존재들이 금했던 책들을 탐독하기 시작했다. 예이츠는 이미 "이 책의 교정지가 도착했을 때 철학 서적을 읽지 않겠다는 약속에서 벗어난 것처럼 느껴져서", 버클리와 분트, 헤겔, 토머스 테일러 등의 철학 서적과 피코 델라 미란돌라, "중세 신비주의에 관한 아주 많은 책"을 읽었다. 예이츠에 의하면 이런 책들을 많이 읽으면 읽을수록, 자신이 영적 존재들로부터 교시받았던 내용을 더 잘 이해할 수 있었지만, 기하학적 상징에 관해서는 엠페도클레스의 소용돌이를 제외하고는 찾을 수가 없었다고 한다.

1928년에는 《비전》의 개정판이 이미 한창 진행 중이었고, 예이츠는 이듬해에는 출판하리라고 생각했다. 초판 발행 이후, 예이츠가 철학 서적들과 신비주의에 관한 책들을 탐독하고 서둘러 개정판을 내려고 했던 이유는, 초판에 대한 사람들의 싸늘한 반응과 어느 정도 상관이 있을 것이다. 그는 아마도 그런 냉담한 반응의 이유를 《비전》이 결하고 있는 보편적인 철학적 체계 때문이라고 생각했던 것 같다. 그러나 개정판은 예이츠의 당초 의도와는 달리, 초판 발행 이후 12년이 지난 1937년 10월이 되어서야 빛을 보게 되었다. 맥밀런 출판사에서 1500부를 발행했던 개정판 서문에서 예이츠는 《비전》의 초판이, 28상에 관한 부분과 수정하지 않고 그대로 다시 실은 〈비둘기냐 백조냐〉를 제외하고는, 자신을 아주 부끄럽게 만들었다고 말했다. 그 이유는 그가 "기하학을 잘못 해석했었고, 철학에 대한 무지 때문에 체계 전체의 일관성이 기초하고 있는 차이점들을 이해하지 못했었기" 때문이며, 자신의 아내가 "자신이 이 책을 함께 만든 사실이 알려지는 것을 싫어했고" 그래서 자신이 "유일한 저자처럼 되었기 때문에, 부자연스럽기 짝이 없는 아라비아 여행자 얘기를 만들어냈다"고 했다.

비전의 체계

예이츠가 느꼈던 초판의 문제점들로 해서 개정판은 초판과는 전혀 다른 형태를 갖추게 되었다. 앞서 언급한 예이츠 자신의 얘기와 마찬가지로, 〈28개 시현〉과 〈비둘기냐 백조냐〉가 개정판의 1권 3부와 5권에 각각 다시 배치되고, 〈달의 위상〉과 〈모든 영혼의 밤〉이 각각 프롤로그와 에필로그로 쓰였을 뿐, 다른 모든 것은 빠지거나 완전히 수정되는 모양새를 갖추게 되었다. 대신 새로 들어간 부분들이 있는데, 개정판 맨 처음에 실린 〈에즈라 파운드를 위한 글 모음〉, 마이클 로바츠와 오언 아헌 등의 이야기가 그것이다. 〈에즈라 파운드를 위한 글 모음〉이라는 글은 이미 1929년에 출판되었던 것인데, 그 가운데 '《비전》서문'이라는 글이 있듯이, 개정판에서는 전체적으로 일종의 서문 구실을 한다. 예이츠 자신도 말하고 있듯이, "언제 나올지 모르는 책에 대한 서문을 먼저 발행"한 것으로, 이례적인 것이라 할 수 있다.

〈마이클 로바츠와 친구들 이야기〉는 로바츠가 발견했다는 《천사와 인간의 거울》이라는 책과 "레다의 잃어버린 알" 등과 관련된 상징적 이야기이다. 레다의 알에 관한 이야기는 5권 〈비둘기냐 백조냐〉에서 설명하는 인류 문명의 주기와 관련된 것이다. 백조는 제우스가 백조로 변신을 하여 레다를 겁탈하고, 그로부터 그리스로마 문명이 생겨났음을 말하는 것이요, 비둘기는 성모 마리아에게 성령이 비둘기 형상으로 임해서 태어난 예수 그리스도로부터 기독교 문명이 시작되었음을 말하는 것이다. 이 이야기는 레다의 알에서부터 기원전 2000년 이래로 고전 문명이 시작되었듯이, 현재의 기독교 문명이 끝나는 2000년경에 시작될 새로운 문명의 탄생을 위해 로바츠와 그를 따르는 사람들이 레다의 잃어버린 알을 묻으러 사막으로 떠난다는 내용을 담고 있다.

〈마이클 로바츠와 친구들 이야기〉가 5권 〈비둘기냐 백조냐〉의 서곡이라면, 다음에 나오는 〈달의 위상〉이라는 시는 달의 28상과 각 상에 속하는 인간들의 성격을 설명하는 1권 〈거대한 바퀴〉의 서곡에 해당된다고 할 수 있다. 〈달의 위상〉은 로바츠와 아헌의 대화 형식으로 되어 있는데, 주로 로바츠가 달의 28상의 변화와 그에 상응하는 인간 성격의 변화를 아헌에게 읊어주는 것으로 되어 있다. 이 이야기에는 탑 속에서 밤늦게까지 등불을 밝히고 연구하는 또 하나의 인물이 나오는데, 이 사람은 아마도 예이츠 자신의 표상처럼 보인다. 시의 마지막 부분에서 아헌은, 탑에 있는 이 사람이 "매일매일 궁리하겠지만 결코 그 의미를 찾지 못할 것"이라고 말한다. 말하자면, 예이츠 스스로 달의 위상과 관련된 인간의 본질을 제대로 이해하기는 쉽지 않을 것이라는 암시가 있는 것이다.

이상의 세 부분이 《비전》의 서두에 해당된다면, 1권부터 5권까지는 《비전》의 본론이라고 할 수 있다. 본론에서는 여러 가지 주제들이 다루어지고, 또 각각의 부분에서 다루고 있는 주제들은 다른 부분과 서로 연관이 되기도 하지만, 편의상 그 주제들을 몇 개로 간추릴 수 있을 것이다. 그것들은 인간, 사후 세계, 역사 문명이라는 세 가지 주제이다. 말하자면, 1권 〈거대한 바퀴〉와 2권 〈상징의 완성〉은 인간의 성격과 달의 28상의 변화를 설명하는 부분이고, 3권 〈영혼의 심판〉은 인간이 죽은 후에 육체를 벗어난 혼령이 환생하기 전에 겪게 되는 경험을 다루고 있는 부분이며, 4권 〈고대 문명의 대주기〉와 5권 〈비둘기냐 백조냐〉는 인간 역사와 문명의 거대한 흐름을 조망하는 부분이라고 할 수 있다.

거대한 바퀴

본론의 반을 차지하고 있는 1권은 엠페도클레스의 '조화'와 '불화'의 대립되는 두 소용돌이에 대한 언급으로 시작한다. "각 소용돌이의 정점은 다른 소용돌이의 밑바닥 중앙에 있고" 두 소용돌이는 상반적 관계를 가지고 있어서, 하나의 소용돌이가 점점 커지면 다른 소용돌이는 점점 작아지고, 반대로 하나의 소용돌이가 점점 작아지면 다른 소용돌이는 점점 더 커지게 된다. 말하자면, 헤라클레이토스의 사상대로 "서로 한쪽이 살면 한쪽은 죽고, 한쪽이 죽으면 한쪽은 산다"는 것이다. 이 소용돌이를 예이츠는 가이어라는 개념으로 지칭하면서, 만물은 이렇듯 서로 맞물리는 두 개의 상반적 가이어의 대립과 조화에 기초하고 있다고 말했다. 이것은 동양 철학에서 음과 양의 대립과 조화를 말하는 것과 유사한 개념인데, 사실상 이것이 《비전》을 이루는 가장 기본적인 개념이라고 볼 수 있을 것이다.

예이츠는 이것을 상반된 두 개의 원뿔이 맞물리는 모양으로 나타냈는데, 편의상 주로 두 원뿔의 단면들만으로 이를 표현했다.

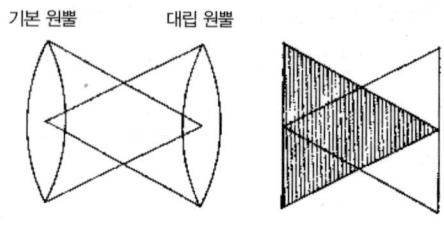

위의 그림에서 왼쪽에 있는 것은 두 개의 맞물리는 원뿔의 형상인데, 이때 중요한 것은 각 원뿔에서 운동이 나선형의 형태로 이루어진다는 것이다. 오른쪽 그림은 두 개의 삼각형이 겹치는 모양이지만, 이것들을 평면적인 것이 아닌 입체적이고 역동적인 것들로 생각해야 한다. 예이츠는 한쪽 가이어는 객관성을 나타내는 것으로 '기본상적 성향'의 원뿔(소용돌이)이라 불렀고, 반대쪽 가이어는 주관성을 나타내는 것으로 '대립상적 성향'의 원뿔(소용돌이)이라 불렀다. 이 "두 '성향'의 원뿔은 본질을 반영"하는 것으로, 위의 그림에서 어둡게 표시된 기본상적 원뿔은 외적이고 사실적인 세계와 관련되고, 밝게 표시된 대립상적 원뿔은 "우리의 욕망과 상상력의 내적 세계"와 관련된다. 기본상적 원뿔이 이성적, 도덕적인 것과 관계된다면, 대립상적 원뿔은 감성적, 미학적인 것과 관계된다. 이를 〈마이클 로바츠와 친구들 이야기〉에 나오는 말로 표현하자면, 하나는 "필요, 진실, 선, 기계 구조, 과학, 민주주의, 추상성, 평화"의 가이어요, 다른 하나는 "자유, 허구, 악, 친연 구조, 예술, 귀족주의, 특정성, 전쟁"의 가이어라고 할 수 있을 것이다. 예이츠는 상반되는 이 두 가이어의 역동적 관계에 의해 인간의 개성이나 시대와 문명의 특성이 결정된다고 보았다.

두 원뿔과 관련하여 예이츠가 설명하는 중요한 것 중 하나는 '네 기능'이라는 개념이다. 두 개의 원뿔 속에서 '의지'와 '마스크', '창조심', '운명체'라는 네 기능이 움직이는데, 이것은 철학의 추상적 범주가 아니고, 특정 개인의 궁극적 자아인 다이몬의 네 가지 기억의 결과이다. 예이츠의 설명에 의하면, 한 개인의 의지는 그의 일상적인 자아로서, 현생의 삶에서 일어난 모든 사건들의 기억으로부터 형성된다. 그의 창조심은 여러 전생의 실제 인간들이나 전생들 사이의 혼령들이 보여준 사상이나 보편적 개념들에 대한 기억으로부터 형성된다. 그의 운명체는 외부로부터 닥치는 일련의 사건들로서, 그가 여러 전생에서 겪은 사건에 대한 다이몬의 기억으로부터 형성된다. 그의 마스크는 욕망의 대상과 선의 개념으로, 그가 여러 전생에서 경험한 환희의 순간들에 대한 기억으로부터 형성된다. 예이츠는 이것을 쉽게 설명하기 위해 다음과 같이 무대 연극에 비유하기도 한다. 즉 "무대감독 격인 다이몬은 유산으로 받은 시나리오라 할 수 있는 운명체, 그리고 자신의 원래 자아인 의지에 가장 닮지 않은 역할인 마스크를 배우에게 제공하며, 배우가 창조심으로 대사와 플롯의 세부적인 것들을 즉흥적으로 만들어내도록 맡겨둔다"는 것이다.

네 기능 가운데서 특정 인간의 상을 결정짓는 것은 의지의 위치이다. 나머지 세 기능의 위치는 의지의 위치에 따라 정해진다. 성격상 마스크와 운명체는 의지와 창조심과 정반대의 위치를 차지하게 된다. 의지와 창조심이 대립 원뿔의 가장 넓은 쪽으로 접근하면, 마스크와 운명체는 기본 원뿔의 가장 넓은 쪽으로 접근하고, 의지와 창조심이 대립 원뿔의 가장 좁은 쪽으로 접근하면, 마스크와 운명체는 기본 원뿔의 가장 좁은 쪽으로 접근하는 식이다. 예이츠는 이를 다음과 같은 도형으로 나타냈다.

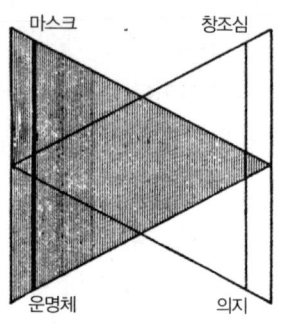

위의 도형을 잘 살펴보면, 의지의 위치가 정해지면, 의지가 원뿔의 꼭짓점(혹은 밑바닥)으로부터의 떨어진 거리만큼의 위치에 창조심이 같은 원뿔의 정반대쪽에 자리를 잡게 되며, 마찬가지로 다른 원뿔에서 마스크와 운명체는 의지와 창조심이 원뿔의 꼭짓점(혹은 밑바닥)으로부터의 떨어진 거리만큼의 위치에 각각 자리를 잡게 된다는 사실을 알 수 있다. 서로 반대되는 이들 두 쌍의 기능은 반대 방향으로 도는데, 의지와 마스크는 우에서 좌(시계 반대 방향)로 돌며, 창조심과 운명체는 좌에서 우(시계 방향)로 돈다고 한다.

인간은 자신의 네 기능의 위치에 따라 성격이 결정되는데, 예이츠는 이 네 기능의 위치에 따른 여러 형태들을 달의 28상과 연결시켰다. 예이츠의 생각으로는, 인간뿐만 아니라 모든 문화와 시대도 각각 자신의 성격을 규정해주는 상이 있다는 것이다. 《비전》의 1권 3부에서 다루는 '28개 시현'은 각 상에 속하는 인간의 특징을 설명하는 부분이요, 4권 〈고대 문명의 대주기〉와 5권 〈비둘기냐 백조냐〉는 인류 역사에 나타난 각 문화와 시대의 상을 설명하는 부분이다.

'28개 시현'의 설명에 의하면, 1상은 완전한 객관성의 상으로, 대립 원뿔의 꼭짓점이 기본 원뿔의 밑면에 닿아 있는 상태이며, 15상은 완전한 주관성의 상으로, 기본 원뿔의 꼭짓점이 대립 원뿔의 밑면에 닿아 있는 상태이다.

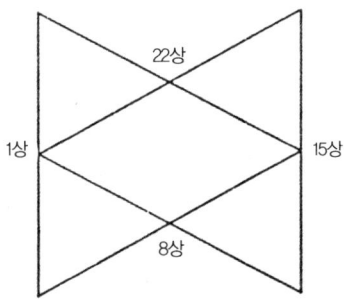

1상은 달빛이 없는 그믐의 상이고, 15상은 보름달의 상이다. 인간에게는 완전한 객관이나 완전한 주관의 상태가 있을 수 없으므로, 이 두 개의 상은 인간의 상이 아니다. 그래서 〈달의 28상〉이라는 시에서 로바츠는 다음과 같이 노래하기도 했다.

> 달의 28상,
> 보름달과 그믐달과 초승달이
> 모두 스물여덟이라. 그러나 인간이 흔들리는 요람은
> 단지 스물여섯뿐.

보름이나 그믐에는 인간의 삶이 없기 때문이라.

예이츠는 이를 다음과 같은 달의 형상으로 나타낸다.

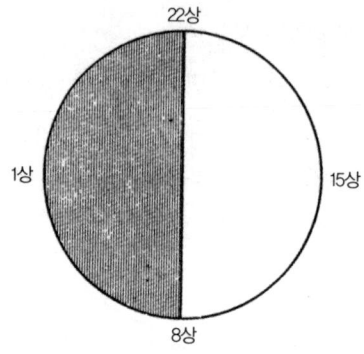

1상에 가까운 인간일수록 객관적, 이성적, 도덕적이며, 15상에 가까울수록 주관적, 감성적, 미학적이 된다. 8상과 22상의 인간은 이 두 가지 성향이 균형을 이루는 존재들이다.

    모든 인간은 1상과 15상을 제외한 스물여섯 개의 상 중에서 자신의 상을 가지게 된다. 그런데 이 체계의 결정적 문제는, 아무도 자신의 상이 어떤 것인지 정확하게 알 수 없다는 것이다. 자신의 상은 자신의 생일이나 혈액형이나 체형이나 지역에 따라 정해지는 것도 아니고, 자신의 취향에 따라 선택할 수 있는 것도 아니다. 이것은, 이를테면 자신이 태어난 해와 달과 날과 시간에 따라 자신의 운명이 정해지는 것으로 보는 동양의 사주풀이 같은 것과는 판이하다. 사람들이 어떤 상에 속하는 것인지는 예이츠가 판단하고 정할 뿐, 이에 대한 객관적 기준이라는 것이 존재하지 않는다. 어떤 인간의 성격에 비추어 예이츠가 그 사람의 상을 판단할 뿐이지, 역으로 그가 어떤 상의 인간이기 때문에 그가 그런 성격을 갖는 것은 아니다. 말하자면, 어떤 인간이 속한 상에 따라 우리가 그 인간을 판단할 수 있는 게 아니라, 그가 그런 성격을 갖고 있으니 예이츠의 분류를 따라 어떤 상에 속하는 사람일 거라고 추후로 짐작해볼 수 있을 뿐이다.

실제로 《비전》이 출판되고 나서, 이 책 속에 각 상의 예로 언급된 사람들 중에는 예이츠의 분류에 불만인 사람들이 있었다. 예를 들어 조지 러셀 같은 경우는 자신을 25상의 인간 유형에 집어넣은 것에 대해 심기가 불편했고, 그래서 예이츠의 못된 장난기가 발동한 것이라고 생각했다. 그레고리 여사도 예이츠가 자신을 24상으로 분류하고 그 상은 '아주 좋은 상'이라고 말했지만, 자신이 빅토리아 여왕과 같은 상의 인간으로 분류되는 것을 좋아해야 할지 모르겠다고 말했다.

《비전》에서 예이츠는 자신을 어떤 상에 속하는 사람이라고 말하고 있지는 않지만, 그는 스스로를 17상에 속하는 사람으로 생각했던 것으로 보인다. 17상에는 단테와 랜더, 셸리도 속하는데, 이 상에서는 '존재의 통합'과 '다이몬적' 사고의 표현이 다른 상들보다 쉽기 때문에, 다이몬적 인간으로 불린다. 17상이라는 말은 그의 의지가 17상이라는 말이고, 그에 따라 나머지 세 기능이 정해진다. 의지가 17상이면, 마스크는 3상이 되고, 창조심은 13상, 운명체는 22상이 된다. 이를 시계판 모양으로 나타내면 이해가 쉬워질 것이다.*

*이 도형은 다음 사이트 참조. www.yeatsvision.com

의지가 17상이면 마스크는 원의 정반대편에 있는 3상이 되고, 창조심은 1상과 15상을 연결하는 가상의 선을 중심으로 의지와 대칭 위치인 13상에 오며, 운명체는 창조심과 원의 정반대편인 27상에 오는 식이다. 앞서 설명했듯이, 의지와 마스크는 시계 반대 방향으로 움직이기 때문에, 의지는 18, 19, 20상의 방향으로 나아가고 이에 따라 마스크는 4, 5, 6상으로 움직인다. 창조심과 운명체는 1상과 15상을 연결하는 가상의 선을 중심으로 이들과 반대편에서 시계 방향으로 움직여 각각 12, 11, 10상, 26, 25, 24상 쪽으로 움직인다. 그렇기 때문에 15상에 의지가 있으면 여기에서 의지와 창조심이 겹치고, 이때 1상에서 마스크와 운명체가 겹치게 된다. 의지가 22상에 있으면 의지는 운명체와 겹치고, 이때 창조심과 마스크는 8상에서 겹치는 식이 된다.

상징의 완성

2권에서 예이츠는 네 기능에 대한 설명을 보완하기 위해 《비전》 초판에는 없던 '네 원리'라는 개념을 새로이 제시한다. 예이츠의 설명에 의하면, 네 기능은 "인간의 자발적이며 후천적인 힘과 그 대상들"인데, 네 원리는 그런 네 기능의 "선천적 근거"이다. 그런 점에서 네 기능과 네 원리는 별개의 것이 아니라 상호작용을 하며 인간의 삶에 관계한다. 네 원리는 '외피', '정념체', '영혼', '천상체'이다. 예이츠는 "영혼과 천상체는 정신과 그 대상"으로, "의지와 마스크에 반응하는 외피와 정념체는 감각과 그 대상"으로 정의한다.

 네 기능의 맞물린 원뿔에 달의 28상이 배치될 수 있듯이, 네 원리의 맞물린 원뿔에 태양의 열두 달이 배치될 수 있다. 네 기능이 인간의 성격과 관계되는 것이라면, 네 원리는 다이몬의 성격과 관계된다. 네 기능의 원뿔이 탄생과 죽음 사이의 기간, 즉 생애 동안에 그 운동을 완성시키는 데 반해, 네 원리의 원뿔은 생애와 생애 사이의 기간, 즉 사람이 죽은 후 다시 환생하기까지의 기간도 포함한다. 생애와 생애 사이에는 영혼과 천상체가 지배적이고, 생애 동안에는 외피와 정념체가 지배적이다. 인간이 죽으면 의식은 외피에서 영혼으로 이동하며, 외피와 정념체는 사라진다. 영혼은 정념체에서 나와 천상체와 하나가 되고 영혼만이 남게 된다. 이것은 자체 내에 순수한 진리를 포함하며 자신에게만 의지하는 순수한 정신이다.

 예이츠는 네 원리를 시간과 관련해 설명하기도 한다. 그에 의하면, 외피는 과거, 정념체는 현재, 영혼은 미래이다. 외피라는 명칭은 씨앗이 틀 때 벗겨지는 껍질에서 온 것으로, 외피를 과거라고 하는 것은, 어떤 대상들의 이미지들을 알기 전에 그 대상들이 사라지기 때문만이 아니고, 그 이미지들이 전생에 형성된 유형과 반복에 속하기 때문이다. 정념체는 감각의 대상들, 피조물, 빛에 의해 드러나는 사물이므로 그것은 현재가 된다. 그러나 예이츠는, 영적 존재들이 '천상체는 미래'라고 말했다면 이해했겠지만, '영혼은 미래'라는 말은 이해하지 못하겠다고 한다. 아마도 영적 존재들의 뜻은, 우리가 영혼을 완전한 자아실현으로서 추구한다는 의미일 것이라고 예이츠는 추측할 따름이다. 그리고 영적 존재들이 천상체의 성격을 규정하지는 않았지만, 그것은 틀림없이 영원이라고 말한다. 예이츠는 네 기능에 대해서도 시간과 관련하여 언급한다. 그래서 "마스크는 영원이며, 의지는 미래이고, 운명체 혹은 사실은 현재이며, 창조심은 과거"라고 말한다.

예이츠가 설명하는 다른 중요한 개념들 중의 하나는 소위 '제13원뿔' 혹은 '제13구'로서, 이 또한 《비전》의 개정판에서 새로 나타나는 개념이다. 예이츠는 "궁극적 본질은 하나도 다수도 아니고 조화도 불화도 아니기 때문에 상이 없는 구로 상징화되지만…… 그것은 곧 내가 제13원뿔이라고 묘사하는 것이 된다"고 말한다. 제13원뿔이라고 지칭한 것은, 그것이 우리 인간을 시간과 공간의 열두 개의 순환 주기로부터 해방시켜줄 수 있는 세계이기 때문이다. 말하자면 이것은 불완전한 인간이 지향하는 완전한 세계, 궁극적 자아인 다이몬적 세계, 해탈하여 윤회를 벗어난 모든 영혼들의 세계이다. 그러나 모순에 빠져 있는 모든 존재들은 다이몬의 영원한 순간을 알 수가 없다.

영혼의 심판

여기서는 인간의 영혼이 사후에 겪게 되는 과정을 설명하고 있다. 말하자면 인간이 죽은 후 다시 환생하기 전까지의 기간에 영혼이 경험하는 여러 가지 상태를 제시한다. 예이츠 스스로는

'《비전》서문'에서 3권이 "나의 부족함과 아내의 누적돼가는 피로감이 교신을 어렵게 할 때 쓰였기 때문에 전체 다섯 권 중 가장 완성도가 떨어진다"고 말하기도 했다.

예이츠는 인간은 사후에 여섯 단계의 상태를 경험한다고 말한다. 첫 번째가 '친족에 대한 환상'과 '명상'이며, 두 번째가 '회귀'와 '전생 꿈꾸기', '연속적 환상', 세 번째가 '전이', 네 번째가 '합일' 혹은 '지복', 다섯 번째가 '정화', 여섯 번째가 '예지'인데, 이 여섯 단계를 거치고 나면 인간은 비로소 환생을 한다.

첫 번째 단계인 친족에 대한 환상은 "외피와 정념체를 통해 우리와 연결되어 있는 모든 사람들에 대한 환상"이다. "죽는 순간 나타나는 환영들은 이 환상의 일부"로서, 여기에는 명상이 따르게 된다.

두 번째 단계인 회귀에서는 "자연으로 생각되는 정념체와 쾌락과 고통으로 생각되는 외피에서 영혼이 분리"된다. 이 단계는 '전생 꿈꾸기'라고도 부르는데, "만일 죽음이 격렬했거나 비극적이었다면, 영혼은 몇 세대 동안 정념체에 달라붙을 수"도 있고, "말다툼을 하다가 살해된 도박꾼은 자기 돈을 달라고 할 수 있고, 죽으면 모든 게 끝이라고 믿은 사람은 자신이 시체로 썩어가고 있는 것을 볼 수도 있다"고 한다. 두 번째 단계는 '연속적 환상'을 포함하고 있는데, 이 환상은 "정서를 고갈시키기 위해 존재"한다. 여기에서는 "순식간에 생각으로 집들이 지어지는 것처럼 보이며, 영혼이 먹고 마시며 담배를 피우는 것 같고, 아이가 성인이 되는 것처럼 보이며…… 만일 그 사람의 인생이 악하다면 연속적 환상도 악하고, 범인은 그 범죄를 완결 짓게 된다. 이것은 그야말로 인간 영혼의 필연적 행위로, 육신을 입고 태어나는 자들과 태어나지 못하는 자들을 서로 분리하여, 육신을 입고 태어나지 못하는 자들을 우리의 '무의식' 속에 집어넣는 것"이다.

세 번째 단계인 전이에서 "영혼은 선과 악으로부터 정화"된다. "인간이 악을 모르고 선을 행하거나 선을 모르고 악을 행하는 한, 그의 본성은 그걸 알 때까지 뒤바뀐다." 그렇지만 여기에는 고통이 따르지 않는데, 그 이유는 "평정의 상태에서는 정서도 감각도 없기 때문"이다. "전생의 선과 악의 범위 내에서…… 영혼은 선과 악에 대해 관조"하는 단계이다.

네 번째 단계인 합일 혹은 지복은 완전한 평정의 상태로, 선과 악이라는 개념조차도 사라지는 무의식의 상태이다. 예이츠는 다음과 같은 영적 존재들의 말로써 합일을 묘사한다. "천상체는 모두에게 빌려준 거룩한 옷이지만, 합일이 완성될 때 벗겨져서 그리스도가 드러나게 된다."

다섯 번째 단계인 정화에서는 기억은 모두 사라지고 영혼은 자기 이름이 무엇이었는지도 알지 못하게 되며, 마침내 자유로워진다. 영혼은 "천상체 대신 자신의 특정한 목표를 세움"으로써, "자기 생성적이고 자발적"으로 되는 것이다. 영혼은 몇 세기 동안 정화 과정에 머물러 있기도 하며, 우물이나 사원의 수호령이 되기도 하고, 막 세상을 떠나온 영혼들을 돌보기도 한다.

마지막 여섯 번째 단계인 예지에서는 운명에 따라 다음 생에 태어남으로써 완성을 이루게 된다. 영혼은 "그 삶에 대한 비전이 완결되고 수용"되어야만 다시 태어나는 것이다. 영혼은 자궁에서 잠자는 동안 내생을 받아들이고 새로운 육신을 입어 이 세상에 나오게 된다.

영혼의 이런 여섯 단계는 어떤 객관적인 검증을 거친 것도, 증명을 할 수 있는 것도 아니다. 그래서 사람에 따라서는 아주 어리석고 허무맹랑한 생각으로 볼 수 있다. 그러나 해저드 애덤스는 이런 관념들이 서구 사회에서 사라져가는 민간 신앙으로서, 예이츠가 이를 다룬 것은 현대 실증주의 철학에 대한 저항, 시적 전통의 부정에 대한 저항이라고 말했다.

고대 문명의 대주기

4권에서 예이츠는 앞서 나온 맞물리는 두 개의 원뿔로써 역사와 문명의 반복적 패턴을 설명한다. 그는 아낙시만드로스, 엠페도클레스, 헤라클레이토스, 플라톤, 플로티노스 등의 사상을 설명해나가면서, 자신의 순환론적 세계관을 개진한다.

고대 문명에서 말하는 '대주기' 혹은 '플라톤년'이란 세차(歲差)운동과 관련이 있다. 세차운동이란 태양과 달의 인력에 의해 지구의 자전축이 기울어져 원뿔 모양의 표면을 따라 움직이게 되는 것을 말한다. 지구의 자전축은 시계 반대 방향으로 회전하는데, 세차운동으로 인해 자전축이 가리키는 별자리가 조금씩 변하게 된다. 지구의 자전축은 춘분점 방향으로 기울어져 있어서 춘분점도 점점 변하게 된다.

세차운동을 처음 과학적으로 입증한 사람은 기원전 2세기의 히파르코스였다. 그는 "황도대의 별자리들이 이동을 하고 있다는 사실과 일정한 햇수가 지나면 태양은 더 이상 춘분에 양자리에서 뜨지 않는다는 사실을 발견"한 사람이다. 기원후 3세기에 프톨레마이오스는 "3만 6천 년마다 양자리가 원래의 위치로 돌아오기 때문에, 그 이동 비율을 1도에 100년으로 확정"했다.

그는 이 3만 6천 년을 '플라톤년'이라 불렀고, 그 후로 그 이름으로 알려지게 되었다.

정확하게 말하면, 춘분점이 72년에 1도씩 황도대의 별자리에서 이동을 하므로, 12황도대에서 한 별자리를 이동하는 데는, 이를테면 양자리에서 황소자리까지 30도 이동하는 데는 2160년이 걸린다. 따라서 360도를 돌아 원래의 위치를 가리키는 데는 약 2억 6천 년이 걸린다. 현재 지구의 자전축은 북극성을 가리키고 있으나 1억 3천 년 후에는 직녀성 근처를 가리킬 것이며, 2억 6천 년이 지나면 다시 북극성을 가리키게 된다. 대주기는 세차운동이 한 번 마무리되는 데 걸리는 기간, 즉 약 2억 6천 년의 기간을 말하며, 예이츠도 대주기가 2억 6천 년의 기간이라는 생각을 따랐다.

이런 지구의 자전축의 변화는 예로부터 사람들에게 많은 우려를 주었고, 지구 종말론 등 갖가지 예언의 원인이 되기도 했다. 지축이 달라지면 기상 변화가 심해지고 엄청난 자연재해가 일어날 것이며, 결국은 지구 멸망이나 천지개벽으로 이어진다고 생각하는 것이다. 예이츠는 프톨레마이오스가 "별들이 그 자체로 인간의 운명에 영향을 미치지는 않지만, 어떤 특정 순간에 우주의 상태를 계산해주는 지침이 되며, 이런 의미에서 개인의 삶에 영향을 준다는 플로티노스의 확신에 무게를 실어주었음이 틀림없다"고 말한다. 예이츠 자신은 인간 성격의 여러 유형을 설명하는 데 사용했던 맞물리는 두 개의 원뿔 혹은 가이어가 인간의 역사와 문명의 흐름뿐만 아니라 이런 천체의 대주기를 설명해줄 수 있다고 생각했다.

비둘기냐 백조냐

5권 첫머리에는 검은색과 회색으로 그려진 맞물린 원뿔이 나온다. 앞서 설명한 바 있듯이, 두 개의 삼각형이 반대 방향으로 겹쳐진 것처럼 보이지만, 예이츠가 의미하는 것은, 이 둘은 삼각형이 아니라 소용돌이 모양으로 선회하면서 원뿔의 모양을 갖게 되는 가이어들이다. 예이츠가 설명하는 바에 의하면, 괄호 속에 있는 숫자는 상들을, 다른 숫자들은 서기 연도를 말한다. 또한 250년, 900년, 1180년, 1927년 약간 아래쪽에서 원뿔을 자르는 굵은 선은 《비전》 초판이 나온 1925년과 관련된 역사상의 네 기능을 보여주고 있다.

　여기서 알 수 있는 것은, 예이츠가 달의 28상을 인간의 성격을 규정하는 데 사용할 뿐만 아니라 시대와 역사의 성격을 규정하는 데도 썼다는 사실이다. 말하자면, 각 시대마다 그에 따른 상이 있다는 것이고, 인간의 상이 개인에 따라 들쑥날쑥하여 예측할 수 없는 것과는 달리, 각 시대의 상은 그 연도에 따라 순차적으로 정해지는 것이기 때문에 각 시대의 특성을 그 연도에 따른 상에 비추어 예측할 수 있다는 것이다. 이런 생각은, 인류 문명과 역사가 일정한 주기를 가지고 발생, 융성, 쇠퇴하도록 되어 있다는, 다분히 숙명론적이면서도 순환론적인 사고라고 볼 수 있다. 그러나 예이츠가 주로 관심을 갖는 것은 시대에 따른 어떤 정치적 상황의 변화가 아니라 인류의 예술과 사상의 반복적인 패턴이다.

　5권의 도형에 의하면, 예이츠는 현재의 기독교 문명이 그리스도의 탄생 때부터 시작하여 1050년경에 절정에 이르고, 그 이후로 쇠퇴하여 2100년경에는 완전히 종말에 이르는 것으로 보는 것으로 나타난다. 말하자면, 예이츠는 인류 문명이 약 2천 년을 주기로 전혀 다른 성격, 반대의 성격으로 변한다고 본다 (이것은 세차운동에 의해 지구의 자전축이 하나의 별자리에서 다음 별자리로 넘어가는 기간과 유사하다). 이것은 기독교 문명 이전의 그리스로마 문명의 경우도 마찬가지로, 기원전 2000년경에 백조로 변신한 제우스 신과 인간 레다의 결합에 의해 생겨난 고전 문명도 2천 년간 지속이 되었다는 것이다.

따라서 2천 년이라는 기간은 하나의 문명이 시작되고 융성했다가 사라지면서 완결되는 하나의 주기인데, 예이츠는 그 2천 년의 주기 속에는 천 년 단위의 소주기가 있어서, 그 소주기들도 각각 시작과 융성과 쇠퇴의 패턴을 가지고 있다고 생각한다. 그런 점에서 본다면, 기원전 1000년은 그리스로마 문명의 전성기이면서 동시에 기원전 2000년부터 1000년까지의 소주기의 끝이며, 서기 1000년도 마찬가지로 서기 1년부터 1000년까지의 소주기의 끝이다. 그렇다면 서기 500년이나 1500년은 천 년 단위 소주기가 가장 융성하던 때가 된다. 이것은 서양 역사에서 서기 500년은 비잔티움 문명이 꽃피던 때이며, 서기 1500년은 르네상스 시기라는 사실에서 드러난다.

이것을 상으로 바꾸어 말하자면, 서기 1년은 대주기의 1상이며, 서기 1000년은 15상, 서기 2000년은 28상이 된다. 소주기의 관점에서 보자면, 서기 1000년은 28상이 되고 서기 500년이 15상이 된다. 마찬가지로 서기 1500년도 두 번째 소주기의 15상이 된다. 그러므로 서기 1000년은 어떤 주기에 주목하느냐에 따라 15상이 되기도 하고 28상이 되기도 한다. 말하자면 서기 1000년이란, 어떤 문명이 가장 융성하던 시기인 동시에 또 어떤 문명이 완결되고 소멸하던 시기이기도 하다. 그런 점에서 이런 전환기들은 융성과 쇠퇴의 양면성을 갖게 되는 것이다.

예이츠가 첫머리의 맞물린 원뿔 도형에 이어 인용하고 있는 〈레다와 백조〉라는 시는 고전 문명의 탄생 순간을 형상화하고 있다. 그는 그리스로마 문명의 2천 년이 지나고 나서, 그것과는 반대되는 성격의 기독교 문명이 생겨나 2천 년간 지속되고 있다고 생각한다. 마찬가지로 그는 멀지 않은 미래에 기독교 문명이라는 기본상적 문명과는 반대되는 대립상적 문명이 나타날 거라는 말하는데, 이것은 그의 시 〈재림〉이 예언하고 있는 세계이기도 하다. 그러나 그가 생각하는 그 미래는 그리 밝게 보이지 않는다. 예이츠는 기독교 문명의 "기본상적 체제는 독단적, 균일적, 통합적, 여성적, 인간적이고, 평화가 그 수단이며 목적"인 데 반해, 앞으로 다가올 문명의 "대립상적 체제는 닥쳐오는 힘에 복종하며, 표현적, 계급적, 복합적, 남성적, 가혹적, 외과적"일 것이라고 보기 때문이다.

> 사막 모래 속 어디에선가
> 사자의 몸과 사람의 머리를 한 형상이,
> 멍하고 태양처럼 무자비한 눈초리를 한 채,
> 가랑이를 천천히 움직이고 있다. 주위에는 온통
> 격분한 사막 새들의 그림자가 맴돈다.

예이츠가 말하는 이런 역사 문명의 주기는 어떤 객관성이 있는 것도 아니고, 역사적 사례에 의해 정확히 입증할 수 있는 것도 아니다. 이것은 우리의 '지식'에 보탬이 되는 것이 아니라 우리의 '삶'에 보탬이 되는 것으로 보아야 할 것이다. 《비전》에서 예이츠가 인간의 성격과 인간의 역사 문명에 관련하여 제시하고 있는 여러 상징과 유형과 패턴들은 어두운 밤길을 걸어가는 듯 알 수 없는 인간의 삶과 역사를 비춰주는 빛, 인간과 역사의 본질을 여는 창인 셈이다.

**윌리엄 버틀러 예이츠
연보**

6월 13일 아일랜드의 수도 더블린에서 존 버틀러 예이츠와 수잔 폴렉스펜의 장남으로 출생. 부친은 초상화가였고, 증조부와 조부는 목사였으며, 외가인 폴렉스펜 집안은 선박 회사를 운영하는 부유한 가문이었음.	1865
아버지의 미술 공부를 위해 집안이 모두 런던으로 이주함.	1867
잉글랜드의 고돌핀 학교에 입학. 방학 때는 외갓집이 있는 슬라이고에서 주로 시간을 보냄.	1875
경제적인 이유로 다시 아일랜드로 이사해, 더블린의 에라스무스 고등학교에 입학.	1880
17세인 이 무렵부터 시를 쓰기 시작함.	1882
더블린의 메트로폴리탄 미술학교(현 국립예술디자인대학)에 등록. '영겁의 시간'이라는 뜻의 'AE'로 불린 조지 러셀 등과 어울려 동양의 신비사상에 관심을 가짐. 트리니티 대학에 입학하기를 거절하여 부친이 실망함.	1884

최초의 서정시들이 대학 잡지인 《더블린 대학 리뷰》에 실림. 더블린 연금술협회 회장으로 선출됨.	1885
전문적 문필가가 되기 위해 미술 공부를 포기. 존 올리어리를 만나 아일랜드 민족주의에 자극을 받음.	1886
집안이 다시 런던으로 이사. 영국의 잡지에 최초로 시들을 발표함. 런던의 블라밧스키 접신술협회에 가입함.	1887
윌리엄 모리스, 버나드 쇼, 오스카 와일드 등과 교류하기 시작함.	1888
첫 시집 《어쉰의 방랑과 기타 시편들》 발간. 올리어리의 소개로 평생의 연모 대상이 된, 여배우이자 민족주의자인 모드 곤을 만나 사랑에 빠짐.	1889	《어쉰의 방랑과 기타 시편들》
시 〈호수 섬 이니스프리〉를 발표. 황금새벽연금술교단에 가입.	1890
런던의 시인클럽과 아일랜드 문인협회의 창립회원이 됨. 모드 곤에게 처음으로 청혼하나 거절당함.	1891
더블린의 아일랜드 문학협회의 창립회원이 되고, 아일랜드의 문예부흥운동에 전력함. 시극 《캐슬린 백작 및 여러 가지 전설과 서정시들》과 《아일랜드 동화집》을 발간.	1892	《캐슬린 백작 및 여러 가지 전설과 서정시들》 《아일랜드 동화집》
신화 민담집인 《켈트의 여명》 발간.	1893	《켈트의 여명》
프랑스 파리를 처음 방문하고, 모드 곤에게 다시 청혼하나 거절당함. 런던에서 라이오널 존슨의 소개로 그의 사촌 올리비아 셰익스피	1894

어(필명 다이애나 버넌)를 만남.		
《시집》과 《아일랜드시집》을 편집하여 발간.	1895	《시집》 《아일랜드시집》
에드워드 마틴의 소개로, 아일랜드 문예부흥 운동을 이끌었던 그레고리 여사를 알게 되고, 파리에서 아일랜드 극작가 존 싱을 만남.	1896	
그레고리 여사의 장원인 쿨 파크에서 여름을 보냄. 모드 곤과 함께 영국에서 아일랜드 민족주의자 울프 톤의 기념비건립 모금을 위한 강연 여행을 다님. 시집 《비밀의 장미》 출간.	1897	《비밀의 장미》
모드 곤과 함께 잉글랜드, 스코틀랜드, 아일랜드 등을 답사.	1898	
더블린에서 아일랜드 연극협회를 창설. 《갈대숲의 바람》이 그해의 최고 시집으로 왕립아카데미상을 받음. 파리에 있는 모드 곤을 방문하여 다시 청혼하나 거절당함.	1899	《갈대숲의 바람》
런던에서 모드 곤에게 다시 청혼하나 또 거절당함. 황금새벽연금술교단의 런던 지부장으로 선출됨.	1900	
아일랜드 국립 극협회를 창설하여 예이츠가 회장을 맡고, 모드 곤, 더글러스 하이드, 조지 러셀이 부회장을 맡음.	1902	
시집 《일곱 숲에서》 발간. 40회의 미국 강연 여행으로 재정적 성공을 거둠. 모드 곤이 맥브라이드 소령과 결혼하자 큰 충격을 받음.	1903	《일곱 숲에서》
그레고리 여사, 싱과 함께 애비 극장의 운영 위원이 됨. 《시집 1899~1905》 출간.	1906	《시집 1899~1905》

여덟 권의 초기 시집들의 완전 개정판인 《사전집》 완간. 12월 노르망디로 건너가 남편과 별거 중인 모드 곤과 함께 체류하며 그녀에게 불어를 배움.	1908	《시전집》
에즈라 파운드를 만남.	1909	
애비 극장의 자금 모집을 위해 런던에서 강연함. 시집 《녹색 투구와 기타 시편들》 출간.	1910	《녹색 투구와 기타 시편들》
《아일랜드 극장을 위한 극》 출간. 셰익스피어 여사의 소개로 후일에 부인이 된 조지 하이드 리즈를 만남.	1911	《아일랜드 극장을 위한 극》
에즈라 파운드를 비서로 두고 함께 일함. 《낙담 속에서 쓴 시편들》 출간.	1913	《낙담 속에서 쓴 시편들》
시집 《책임》 출간. 에즈라 파운드가 셰익스피어 여사의 딸 도로시와 결혼함.	1914	《책임》
파운드 부부와 겨울을 서섹스에서 보냄. 파운드에게 자극을 받아 일본 노(能)극에 흥미를 가짐. 나이트 작위를 거절함.	1915	
더블린에서 일어난 민중봉기의 주모자로 맥브라이드가 지목되어 처형됨. 그 후 노르망디에 있는 모드 곤을 방문하여 청혼하나 끝내 거절당함. 밸리리의 고탑(古塔)을 구입함.	1916	
모드 곤의 양녀인 이솔트에게 구혼하나 거절당함. 10월에 조지 하이드 리즈와 결혼. 신혼여행 때부터 그녀의 접신에 의한 자동기술이 시작되고, 《비전》으로 발전됨. 시집 《쿨 호수의 야생백조》 출간.	1917	《쿨 호수의 야생백조》
훗날 화가가 되는 장녀 앤 버틀러 출생. 밸리 리 탑을 수리하고 탑에서 지내기 시작함.	1919	

시집 《마이클 로바츠와 무용수》 출간.	1920	《마이클 로바츠와 무용수》
훗날 상원의원이 되는 장남 윌리엄 마이클 출생.	1921	
아일랜드 내란이 발발하고, 이에 자극을 받아 시편 〈내란시기의 명상시편들〉을 씀. 영국정부가 아일랜드의 자유정부를 인정하자, 예이츠는 상원의원으로 추대되어 6년간 일함. 트리니티 대학에서 문학박사 학위를 수여. 시집 《일곱 편의 시와 단편》 및 자전적 에세이 《떨리는 베일》 출간.	1922	《일곱 편의 시와 단편》 《떨리는 베일》
아일랜드 작가 중 최초로 노벨문학상을 수상함.	1923	
《비전》 초판 출간.	1925	《비전》(초판)
10월경부터 폐충혈 등으로 건강이 악화됨.	1927	
4월에 가족과 함께 이탈리아의 라팔로로 이주. 상원의원 임기를 끝내고 건강 때문에 재선을 사양함. 시집 《탑》 출간.	1928	《탑》
12월에 라팔로에서 병으로 쓰러짐.	1929	
5월에 옥스퍼드 대학에서 문학박사 학위를 수여.	1931	
4월에 쇼, 러셀 등과 함께 아일랜드 문학원을 설립하고, 10월에 마지막으로 미국 강연 여행을 함.	1932	
9월에 시집 《나선 계단과 기타 시편들》 출간, 11월에 《시전집》 출간.	1933	《나선 계단과 기타 시편들》 《시전집》
시극 《유리창 위에 쓴 말》 출간.	1934	《유리창 위에 쓴 말》

폐충혈이 재발하자, 요양하기 위해 마조르카 섬에 가서 겨울을 지냄. 시집《3월의 보름달》출간.	1935	《3월의 보름달》
병이 중태에 이르렀으나, 여름에 BBC 방송에서 현대시 강연을 함.	1936	
BBC 방송에서 4회의 강연을 하고, 10월에《비전》개정판을, 12월에는《에세이집 1931~1936》을 출간함.	1937	《비전》(개정판) 《에세이집 1931~1936》
극작품《쿠훌린의 죽음》집필에 착수하고,《예이츠 자서전》을 출간함.	1938	《예이츠 자서전》
병이 돌발하여 1월 28일에 세상을 떠남. 프랑스 로크브륀에 매장됨.	1939	
2차 세계대전이 끝나고 정세가 안정되자, 9월 예이츠의 유해가 아일랜드 군함에 실려 고국으로 돌아옴. 육군의장대가 호위하고, 정부 대표로는 모드 곤의 아들인 당시 외무장관 션 맥브라이드가 참석함. 예이츠의 유해는 슬라이고 근교인 불벤산 기슭 드럼클리프 교회 묘지에 재매장됨. 〈불벤산 기슭에서〉의 시구 "싸늘한 시선을 던져라 / 삶에, 죽음에 / 말 탄자여, 지나가라!"라는 문구가 묘비명으로 새겨짐.	1948	

옮긴이 **이철**
서울대 영어영문학과와 동 대학원을 졸업하고, 하버드대 비교문학과와 코넬대 영어영문학과에서 해외파견연구를 했다. 현재 강릉원주대학교 영어영문학과 교수로 재직 중이다. 옮긴 책으로 《열정적인 너무나 열정적인》(공역), 《낭만주의 선언》《생일편지》《물방울에게 길을 묻다》 등이 있다.

세계문학의 숲 031

비전

2013년 2월 22일 초판 1쇄 인쇄
2013년 2월 28일 초판 1쇄 발행

지은이 | 윌리엄 버틀러 예이츠
옮긴이 | 이철
발행인 | 전재국

발행처 | (주)시공사
출판등록 | 1989년 5월 10일(제3-248호)

주소 | 서울 서초구 사임당로 82(우편번호 137-879)
전화 | 편집 (02)2046-2869 · 영업 (02)2046-2800
팩스 | 편집 (02)585-1755 · 영업 (02)588-0835
홈페이지 | www.sigongsa.com
세계문학의 숲 홈페이지 | www.sigongclassic.com

ISBN 978-89-527-6833-9(04840)
　　　978-89-527-5961-0(set)

본서의 내용을 무단 복제하는 것은 저작권법에 의해 금지되어 있습니다.
파본이나 잘못된 책은 구입하신 서점에서 교환하여 드립니다.